DOBUN SHOIN

Childcare Contents ; Children and Environment
2006

DOBUNSHOIN
Printed in Japan

保育内容

子どもと環境

－基本と実践事例－

第三版

田尻由美子・無藤 隆［編 著］

同文書院

執筆者一覧（執筆順）

【編著者】

無藤　隆（むとう たかし）　白梅学園大学名誉教授
第１章～第４章

田尻 由美子（たじり ゆみこ）　元精華女子短期大学教授，佐賀大学非常勤講師
第６章 ／ 第７章１・２節 ／ 第９章 ／ 第10章１・２節，実践事例２・６④
／ 第14章 実践事例１～５ ／ 第15章１～４節

【著　者】

滝澤 真毅（たきざわ まさき）　帯広大谷短期大学教授
第５章 ／ 第13章５節 ／ 第17章，実践事例

落合　進（おちあい すすむ）　学研アカデミー保育士養成コース講師
第７章３・４節 ／第11章１～３節 ／ 第19章

高桑　進（たかくわ すすむ）　京都女子大学名誉教授
第８章

藤井　修（ふじい おさむ）　社会福祉法人京都保育センター理事長
第10章３・４節，実践事例３・４・７

宮里 暁美（みやさと あけみ）　お茶の水女子大学教授
第10章 実践事例１・５・６①～③ ／ 第16章 実践事例１・２ ／ 第18章，実践事例１・２

丸山 良平（まるやま りょうへい）　上越教育大学名誉教授
第11章 実践事例１～５ ／ 第16章，実践事例３

林　幸治（はやし こうじ）　近畿大学九州短期大学教授
第12章，実践事例 ／ 第13章１～４節

佐々木 淑子（ささき よしこ）　元（公財）鉄道弘済会 人見認定こども園園長
第13章 実践事例１～５ ／ 第15章５・６節

富田 健弘（とみだ たけひろ）　愛知文教大学・愛知文教女子短期大学学長
第14章

山口 雪子（やまぐち ゆきこ）　岡山短期大学准教授
第14章 実践事例１～５

● カバー写真（正面：ユスラウメ）提供　藤井　修

はじめに

卒業生からのメッセージのなかに,「子どもたちに『ねぇ先生！』と声をかけられると,どんなに些細な言動であっても，頼られているという幸せな気持ちになります。そして,その思いに応えてあげたいという気持ちがわいてきます。」とあり，つづけて,「将来，豊かな自然に囲まれた場所で，その自然を最大限に生かした幼稚園をつくり，子どもたちが体全体で自然の良さを感じ取り学べるようにしたいです。学生時代に生き物や自然とどのような視点でふれあっていくかを『環境』の授業で学び，それが現場で大いに役立っています。学んだことを十二分に生かして，将来の夢を必ず実現させたいと思います。」と締めくくってくれました。

このような思いを寄せてくれたことに驚きと感動を覚え，また，責任と義務に気づかされたのでした。もっともっと心に残るような授業をし，さらに教科書にいたっても，いつまでもそばに置いてもらい，役立ててもらえるものをつくりたいと思いました。

保育内容「環境」の教科書は数多く出版されており，どれも優れた本で，これらを超えることは困難と思われます。しかし今回，多くの先生方の力を結集して，卒業してもなお「おおいに役立つ」教科書をつくることに挑戦しています。

保育者養成は短期大学などの2年課程が多く，必修科目といえども半期15回の授業で完結するのが一般的です。このなかで領域「環境」のすべてを伝えることは不可能かもしれません。そこで，子どもを取り巻く環境の各要素に対しての「基礎知識」や，それとかかわる保育における「視点」を簡潔に,そして明確に伝えることに力を入れました。また,保育の実践力を身につけるため，できるだけ学生自身が保育事例にふれてヒントを得，保育を生み出す力をつけられるように，事例を多く取り入れることにしました。

本書の構成は「概論」と「保育の実際」の2部仕立てとし,「概論」では，発達と環境にかかわる保育についての重要性や留意点をわかりやすくまとめ，加えて園環境の法的基準や時代的背景から「命の教育」や「環境教育」についてもふれています。第2部の「保育の実際」は環境の要素で章立てし，各章とも保育における意義と「身につけるべき知識や技術」を記載し，加えて保育実践事例を数多く載せて「保育の実際」がわかりやすいようにしています。実践事例には具体的指導計画として活用できるように「ねらい」「指導上の留意点」を記載しています。巻末には，各章の参考文献やインターネットの関連サイトなどを紹介しています。また,幼稚園教育要領と保育所保育指針の抜粋も掲載しました。

本書が多くの学生の手引書となり，また現職保育者の振り返りやヒントを得るためのマニュアルとなって，いつまでもそばに置いて活用していただけることを心から祈っています。

2006年春　編著者

第三版改訂にあたって

2006（平成 18）年に教育基本法や学校教育法などが改定され，これまで以上に幼児教育の重要性が明確になりました。また，2008（平成 20）年には幼稚園教育要領や保育所保育指針の改訂（定）があり，幼稚園と保育所での「保育」のねらい・内容が統一され，ともに最初の教育機関として足並みをそろえることとなったのです。この改訂では多様な体験の必要性や子育て支援，幼・保・小連携，教育機関としての質を保証するための自己評価や第三者評価の実施，職員の研修の義務付けなどが盛り込まれました。

2018（平成 30）年に改訂された幼稚園教育要領では，幼稚園教育において育みたい資質・能力及び「幼児期の終わりまでに育ってほしい姿」が明確に示され，教育要領のねらいや内容との関係についても示されました。また，領域「環境」には新たに伝統や文化に関する教育の充実を図るために，内容の項目（6）として「日常生活の中で，我が国や地域社会における様々な文化や伝統に親しむ。」が新設され，内容の取扱いの項目（4）には，伝統的な行事や遊び，異文化に親しむことで，社会とのつながりや国際理解の意識の芽生えを養うとする内容が新設されました。今回はこれらの改訂を中心に，全体の見直しも行い，改めて再版することといたしました。

幼児期には，身近な環境にかかわるなかで心身を躍動させ，心を十分に育てて人間性の基礎を培い，学びへの意欲につながるような体験をたくさんすることが大切です。これからの保育・幼児教育の充実に役立つ具体的な記述をできるだけ多く取り入れた教科書としました。ご活用願えれば幸いです。

2023 年 9 月　編著者

目　次

第２部　保育の実際

第1部

概 論

【写真提供】月かげ幼稚園（第７章）

第1章 幼児教育の基本

幼児教育とは何か。いくつかの条件を挙（あ）げつつ，考えていきたい。何より幼児期にふさわしい教育である。また，家庭や地域と連携して進めるものである。さらに，小学校教育の基盤をなす。それらの要件はさらに丁寧に検討すると，何を意味するのだろうか。

幼児期にふさわしい教育とは何であろうか。幼児期とは，何より子どもが家庭から外の世界，つまりはこの世の中にある諸々にはじめて出会う場である。そして，まだ十分に知的言語的情動的に学習課題に集中して取り組むということではなく，むしろ，日頃の生活で出会うものに関心をもち，かかわっていくところから，いろいろなものに馴染（なじ）み，わかっていく時期である。さらに，集団の保育の場としての環境に毎日数時間身をおいて，そこで活動をすることにより，発達を促される。

1 子どもの活動の視野を広げる幼児教育の場の特徴

世の中にある諸々のあり方を知ることを，幼児教育の基本に据（す）えたい。子どもはそれまで家庭にいて，親との親密な関係のなかに浸りつつ，家庭やその近隣にある物事にかかわって生きてきた。その子どもの活動の視野を一気に広げるのが幼児教育の場である。それが小学校になれば，学習ということに焦点が絞られ，学ぶことに向けての活動を主に進めつつ，生活を行っていく。

では，園でこそ，そして幼児期でこそ出会うべきものとは何であろうか。実際に幼稚園に足を運んでみればわかるだろう。まずそこには，他の同年代の人である子どもがいる。その子どもたちと一緒に遊び，生活をする。はじめは知らない相手と親しくつき合うようになることや，協力することなどを学んでいく。

園での集団生活を営む。衣食住の基本的な生活は，家庭にあるものの延長であるが，大勢とともに行うものとなる。１人でできることは自分でやるようになり，また他の人と一緒に行うようにもなる。基本的生活習慣の自立は，家庭で本来扱うべきことであるが，しかし園でもまた，その継続を進めていく。

園にはいろいろな遊具が置いてあり，はさみやのりをはじめとする道具がある。それらは遊び道具であり，また世の中にあるものを代表してもいる。「もの」，とくに人工的に作られたもののしくみを理解し，それを操作できるようになることの始まりである。

自然へのかかわりも広げられる。動植物に飼育や栽培の活動を通してかかわる。また，土や砂や水といった生き物ではない自然へもかかわり，その様子をわかっていく。

社会生活についても，保育者や家族以外のさまざまな大人との出会いを通し，また，社会生活のルールを守ることを知ることを通して，個々の家庭を含めた大きな社会のあり方を展望する。そこには，社会生活を営む際の区切り目となる行事への参加も含まれる。

2 発達の基本を支え育てる

子どもには，どの子どもでもたどる発達の道筋を元にしつつ，その子どもなりのペースと経路をたどる発達の流れがある。幼児教育の大事な特徴は，そういった発達の流れを尊重し，それに沿う形で援助を行うことである。それは例えば，小学校教育などで発達の基本を踏まえつつも，自然な発達（つまりいかなる時代にも成り立ちそうな）では達成し得ない，特殊な文化的所産（分数とか，電気回路とか）を教えていくこととは異なる。逆に家庭では，発達の自（おの）ずからの流れにいわば乗りながら，家庭生活を営むことについて援助するだろうし，将来の社会生活に向けてのしつけもするだろうが，園でのように自覚的に発達の流れに沿うカリキュラムを作ったりはしない。

３歳から５歳の就学前の時期までの幼児期において，発達の個別の事柄は発達心理学において記述されることになる。保育においては，その記述をふまえていくが，必ずしもそこでいう発達を単に促すものだとは言いがたい。発達心理学において扱おうとする発達過程は基礎的なものであり，教育の場である保育において想定されるものは，それに基づきながらも，もっと保育の場に即したものであるし，年齢ごとの大まかな特徴を把握するとともに，個人ごとにとらえていくものである。とはいえ，発達において子どもの伸びようとしていくかかわりと努力を重視するのだが，その発達過程への見方は，基本的には発達心理学と保育においてとらえ方は共通する。

つまり，発達のとらえ方として，幼児期の発達的特徴，また細分化した時期ごとの特徴とともに，子どもの発達は内容領域により異なる姿を示すものであるため，それごとに考えておく必要がある。それと同時に，発達の流れを，どのような基本的なあり方からどのような方向に進むものかという視点でとらえていく。例えば，依存から自立へ，行動から振り返りへ，１人から協力へ，興味のあるところや日常のよく出会うものから網羅的なところへ，といった具合である。子どもごとには，大きく何が成長しているかということと，その逆にどこで停滞し，つまずいているかという視点をもつことが大事になる。

3 園のなかの環境に置いてあるものにかかわる

幼児教育では，その方法論として，子どもが比較的自由に活動する空間を設定し，そこにさまざまなものを置いて，子どもの活動を誘発するというやり方を取る。「環境ベースのプロジェクト活動」とでも呼べるものである。園に置いてあるものとは，保育者であり，子どもであり，また積み木などの遊具であり，絵を描く道具であり，花壇やちょっとした草むらであり，また飼育している動物である。それに子どもは出会い，興味をもってかかわり始める。それが保育者の援助のもとで，さらにこうしたいという目当てをもった活動へと発展していくのである。

そこではまず，園のなかの物事が何か，どんなかかわり方が可能か，どうすればどのようになるのかといったことがわかるようになっていく。そこでは「多様性」ということが原則になろう。特定のものの，いろいろな面を知ることが先に来るからである。そのうえで，より適切なかかわり方をわかっていく。もちろん，特定の使い方を先に教えてもらい，その後，いろいろなかかわり方を試行することもあるだろう（例えば，すべり台を正しく登って降りるようになってから，逆にすべる側から登るとか，上でまわりの景色を眺めるなどの行動をするかもしれない)。多様性と正規の仕方の両面を行き来しつつ，かかわりが発展していくのだろう。

そのかかわりとは，単にこうするのだと教えてもらうのでは足りない。実際に自分でやってみることが肝腎(かんじん)である。そうでないと，やり方のポイントがつかめないし，多様な面があることに出会えない。積み木の使い方を例に挙げれば，最初は適当に積んだり，つなげたり，ときに投げたりもするかもしれない。試行錯誤したり，他の子どものやることを真似(まね)たりしているうちに，高く積むのによいやり方を見つけていくだろう。

とくにまだ特定のやり方に習熟していないところでは，その方法，かかわりの幅を広げるように進むだろう。子ども独自のやり方もその一部となり，また他の子どもとのかかわりも相まって発展していく。

4 「自己発揮」と「自己抑制」というかかわりの発達

子どものもっとも基礎となる発達は，その自己のあり方にある。とくに，まわりの物事へ積極的にかかわれるようになることと内面の意欲とが結びつくと，子どもの心の発達が園の中にある諸々へのかかわりを通じて進んでいくようになる。そのことを「自己発揮」と呼ぶ。

だから，単にやりたいことをやるということを指しているわけではない。しかし，まずはやりたいことが子どもの側から出てこなければならない。そうであってこそ，子どもの心全体が動き出し，対象との本気のかかわりを可能にするからである。また，この時期の特徴として，まず，多くのものにいろいろな仕方でかかわることが必要なのであり，つねにある特定のやり方によりかかわるのがよいのではない。子どもがいつも同じパターンの絵を描くようなもので，その限りだと，何も描こうとしないよりはまだよいが，十分に自己を発揮できるとは言えない。

次第に多くのものに積極的に，また楽しんでかかわっていけるようになる。だが，そうなっていくと，ときに思うようにならない現実にぶつかる。自分の計画や技術が足りないこともある。園の規則や他の子どものやりたいことと衝突することもある。そうすると，やりたいことをやってしまうということから，まわりに合わせ，相手に応じていく必要が出てくる。つまり，「自己抑制」が求められる。自分のやりたいことを維持しつつ，不満や焦りをほどほどに抑えなければならないし，新たに相手と交渉したり，まわりのやり方に合うような工夫を迫られる。

自己抑制は単に我慢することではない。やりたいことをやろうとするためなのである，しかし，まわりとの関係のなかで，いわば回り道をしていく。例えば，自分が独占していた積み木を使わせてほしいと言われたときに，相手に半分分けるとか，交替で使うとか，一緒の遊びにしていくとか，いくつかの選択肢があり得る。いずれも１人でやろうとしていたことの邪魔にはなるが，でも，その一方で，もっと発展できる機会にもなる。自分のやってみたいことも大きく飛躍するかもしれない。ただ，時間がかかったり，他の工夫を要したりするようになるのである。

5 身体的活動的にかかわる

「かかわり」と，子どもと対象との関係を呼んできた。小学校などなら「理解」とか「認識」,「学習」と言いそうなところである。だが，子どもが例えば積み木を使って積み木遊びをする，砂場で穴を掘り水を流すといったことは，子どもと対象の「かかわり」という以外にない。

それは遊びの活動だからであるだけでなく，対象に対して身体を使い，実際に触って活動していくからである。その対象にかかわるなかで興味をもち，気づき，工夫するということが重ねられてくる。対象に対してこうしたいと思ったり，あるいはときに何となく触ってみて，そこから次にこうしようと思うようになって，さらに対象をめぐり，動きを起こしていく。

もちろん，ときに対象を目の前にして，どうしようかと考えることもある。言葉にして相談したり，独り言でつぶやいたりする。だが，その考えや言葉も，前後の身体的動きによるかかわりと密着していて，どう動くか・動かすかという点についての思案である。

つまり，対象との関係において「動いていく」ということが基本的あり方である。対象に対してその対象が置かれる場において可能なことは何かをじっくり考え込むというより，ともあれ動き方を試行するのである。そのことを通して，動き方の潜在的可能性が開かれていく。そして，その動き方に対して，おもしろさや楽しさ・やりがいなどの情緒的な感じ方が重ねられていく。園の環境全体において，そこにある諸々のものに対して，動き方の可能性とそこでのいわば情緒的彩りが，子どもの活動を通して作られていく。

6　充実するなかで遊びとしての活動が生まれていく

好きなことを選んで活動することを「遊び」と呼んでよいだろう。遊びの定義は難しいが，幼児教育では子どものやってみたいことを進んで楽しく行うことを大体は指しているようだ。

活動としての充実が子どもなりに可能になっていった状態を，遊びというのである。テレビゲームをしたり，テレビを見たり，遊園地で乗り物に乗って楽しむこととは異なる。園での遊びとは，すべて子どもの能動的なかかわりが持続して，はじめて可能になるものである。ボタンを押せば自ずとおもしろい光景が展開するわけではない。積み木のように，それ自体をいくら眺めてもおもしろくもないし，ちょっと手を触れると，何かすごいことが生じるわけではない。すべて子ども自身が手を動かして組み立てていくのだし，そこに言葉や身体の動きや声の出し方などでおもしろみを加えなければならない。

対象との関係のなかに子どもが没入していくことから，子どもの心身全体の関与が生まれ，その発達の準備がなされるのである。それと同時に，対象とのかかわり方の可能性について精一杯広げられるように視野が拡大していく。熱中するのだけれども，それは対象についてどうしようかと思うことに向かうのである。いたずらな興奮とそこで我を忘れることが重要なのではない。むしろ，多少醒めつつも，さて次にどうしようか思いつつ，活動を進行させることから，遊びの充実と子ども主体の関与が成り立っていく。

7　目標志向的な活動への発達と創発性の始まり

幼児期の発達のもっとも基本となることの１つに，活動が次第に目標志向的になることが挙げられる。はじめは好きなことだけするとか，少し触ってみるとか，真似したりする。先の展望をとくにもたない。でも次第に，こういうことを実現したいと思って，それに向けて，どのようにしたらよいのかの段取りを考える。試行しても，途中で眺め直して，この先どうすればさらにおもしろくなるだろうと考えてみる。

学校においても，仕事や趣味においても，いかに目標をもって，それに向けて自分の行動を組織していくかが決定的に重要である。計画的に行動できるか，途中で進行を振り返り，見定めて，その目標が本当に達成できそうか，直すなら何を変えねばならないかなどの検討をするのである。幼児期に明確な目標と計画をもち，その目標を満たすべき手段を順次実行することを期待するのは早すぎる。そしてそのようなあり方は，遊びとしての充実とおそらく両立もしない。だが，漠然とあんなことといった目標めいたものをイメージし，それに向けてともかく歩み出し（何かを作り出し），途中で目標が具体的になったり発展しつつ，それと今までのものがつながるかを見て，新たな試みに再び動き出すくらいのことは幼児期の終わりに可能になるだろう。

その一方で，すべてが目標志向的になればよいのではない。移動先に向かいつつも途中の景色を楽しむように，ねらいをもって活動していたとしても，その周辺で楽しめることはいくらでもある。そして，そのなかから適当なものを採り入れることで，活動は豊かになり，目標も発展していく。

実際に活動していくうちに新たな思いつきが生まれることは多い。何も考えずに動いていたら，思いがけず，おもしろい形が生まれ，それをさらに格好のよいものにしようと，今度はそれが目当てに変わるといったことである。むしろ，園にあるものはそういった試行錯誤からおもしろい結果が出てきて，さらなる活動を誘うものが多い。例えば，砂場などがまさにそうである。砂に触ってみると，浅い穴が生まれ，横に小さな山が生まれる。それが気になってさらに穴を掘ると，その出た砂が山らしくなってきたので今度は山を高くすることに熱中する，といったことである。それは「創発性」（つまり，活動のなかから新たな可能性が生まれること）の始まりであり，そこに気づき，活用することが，すぐれた問題解決の大きな特徴であり，遊びの自由さの根底にあるものでもある。

8 仲間との協同的なかかわりと相手への理解の深まり

同年代の普段からつき合う「仲間」と協力する関係が育つことも，幼児教育の重要な柱である。友だちができ，仲良くするにはどうしたらよいかを日々のつき合いから感じ取れること，そしてそのやり方のあれこれを身につけることが人間関係の基本となる。だが，その人間関係は，子どもがまわりの物事にかかわって活動していく際に一緒になる仲間でもある。人間関係の構築と維持のために相手とつき合うというより，興味あることを一緒にするという意味での仲間作りなのである。

相手と一緒に過ごしたい，そして共感し，一緒の気分に入りたいとおそらく幼児でも感じているのだろう。だが，とりわけ幼児は相手の見えない心を探り，共感していくというよりは，一緒の活動をして，そのなかで同じ気持ちになっていく。対象にかかわるおもしろさは，相手に共感してもらえることでさらに高まる。相手のしていることが何かおもしろそうに見えてきて，一緒にしたくなる。そういった自分とものと人との三者の関係を行き来しつつ，仲間と一緒に対象にかかわる活動は進展していく。

対象へのかかわり方もそこで何がおもしろいかの「意味」も，相手とやりとりをし，また相手が対象にかかわる様子を見ることでさらに広がる。互いの食い違いも，また発展する契機にもなるだろう。

相手との意見の調整も次第に複雑なものになっていく。それぞれのやってみたいことがはっきりとしてくるにつれて，よけいに互いの調整作業は難しくなる。でも，その一方で，相手への理解は深まっていくので，簡単な身振りや動きや言葉の背後にある意図が見えてくることもある。自分の側のやってみたいことも言葉や身振りなどで伝えることができるようになる。うまく折り合いをつけるような案を思いつくようにもなる。まわりを見回し，一緒に発展させられるような活動のヒントを探し出しもするだろう。

こういった協力的活動は目標を志向するようになることと相まって，幼児期以降の学習その他の活動のもっとも重要な基盤となる。

9 かかわりから気づきが生まれる

幼児がかかわりつつ，そのかかわりの一端について言葉に変えていく。そこに認識の芽生えとしての「気づき」が生まれている。言葉は単に自分の思いや感じ方を述べるだけでなく，対象についての記述を行う。だが観察活動をしているわけではなく，言葉の根にはおそらく実際にやってみたことの感覚や動きの元があるに違いない。ウサギを抱いた感触を，例えば「あたたかい」とか「ふわっとしている」と言ったりする。気づきとここで呼んでいるのは言葉と同じではないが，言葉になっていく過程で子どもが対象について，また自らのかかわり方について感じ取った何かの特徴についてはっきりと把握できたことを指している。

だから，それには体験の根があり，また言葉として発展していく過程でもある。園にある諸々に子どもがかかわり，いろいろな行為のできる可能性に目

落ち葉のおみこし

覚めていく。それが1つひとつ明確になるところで，気づきとなるのである。また，自分たちがやってきたことを振り返ったり，これからどうしようかと迷い考えたりするところでも，気づきが明確なものになっていく。

幼児教育は園の事物について気づきを可能にしていって，次に，それが世の中の全体にある諸々の理解の土台になっていくようにしていくのである。

以上，幼児教育を園の中に置かれたさまざまなものにかかわることから説明してきた。園が集団保育の場であり，一律の活動をするのではなく子どもがまわりにあるものを使って遊びを作り出すことに重きが置かれていることを重視した。そこで進められる子どもの発達過程こそが幼児教育の核心であるととらえているのである。

【写真提供】
たかつかさ保育園

第2章 領域「環境」のねらい

1 幼稚園教育要領等に示される「環境を通して行う教育」

1）幼児教育の見方・考え方と資質・能力

2017（平成 29）年に告示された幼稚園教育要領，保育所保育指針，幼保連携型認定こども園教育要領では，園の教育（保育）の目的・目標を受けた上で，「見方・考え方」が示される。幼稚園教育要領では以下である。「このため教師は，幼児との信頼関係を十分に築き，幼児が身近な環境に主体的に関わり，環境との関わり方や意味に気付き，これらを取り込もうとして，試行錯誤したり，考えたりするようになる幼児期の教育における見方・考え方を生かし，幼児と共によりよい教育環境を創造するように努めるものとする。」（第1章 総則，第1 幼稚園教育の基本）。この考えは保育所保育指針の第1章の趣旨にも含まれていると解釈できる。

この見方・考え方が幼児教育の具体的なあり方を示すものである。教師（保育者）と幼児の信頼関係が基本中の基本となる。身近な環境への関わりが大事なのだが，それは「主体的」にである。関わり方や意味に気づき，取り込むということは単に環境にあるものの特性を理解するということを超えて，子ども主体側から関わり，その特性は主体として把握する意味として理解され，そしてその理解は「かかわり方」が不可分なものとして現れる。さらに環境から提示されるとそれを取り込むということではなく，主体側の繰り返しによることと，主体側の思考を介して意味を捉え，自らのかかわり方を振り返り，また新たにかかわり直すという過程を通して可能となる。そのための環境は教師側の責任として構成するものであるが，しかし同時に，子どもがその環境を作り変え，引き出し，また新たなものとしていくことで子どもに取って意味あるものとして成り立つのである。

ここから幼児期に育成されるべき根幹にある育ちのありようを規定できる。それが資質・能力の捉え方である。

（1）豊かな体験を通じて，感じたり，気付いたり，分かったり，できるようになったりする「知識及び技能の基礎」

（2）気付いたことや，できるようになったことなどを使い，考えたり，試したり，工夫したり，表現したりする「思考力，判断力，表現力等の基礎」

（3）心情，意欲，態度が育つ中で，よりよい生活を営もうとする「学びに向かう力，人間性等」

（幼稚園教育要領 第1章，第2 幼稚園教育において育みたい資質・能力及び「幼児期の終わりまでに育ってほしい姿」より）

資質・能力とは，このように子ども主体側に即して見方・考え方がどう育っていくかを述べている。何よりの特徴はプロセスとしての捉え方にある。体験活動の中で「する」ことであり，そこからすることが広がることである。環境への出会いを通してやってみたいことについてかかわり，そこからかかわり方と意味を見出し，そこで安定して可能となったことをさらにいろいろな場面で用いるのだが，それも自分がやってみたいことへの工夫として実現を図る。その推進は環境への出会いにおける心の動き，とりわけ面白いと感じ，好きになることと，そこから焦点化される興味とその実現へと取り組み続けることにより可能になる。それらは別々に獲得されるということではなく，一つの活動に必然的に伴う上述の三つの側面として現れ，伸びていくのである。

2）保育内容の５つの領域と「幼児期の終わりまでに育ってほしい姿」

次に保育内容の規定が考慮される。資質・能力の育成は保育内容におけるねらいと内容により具体的には育まれるから，その内容に応じて具体的な現れが異なってくるし，また育成の仕方も異なるところがあるはずだとされる。そこで保育内容の「5 つの領域（健康・人間関係・環境・言葉・表現）」が，見方・考え方と資質・能力との関係で位置づけられなければならない。保育内容におけるねらいとは，資質・能力を具体的に生活において見えるようにすることである。「姿」として保育実践の中で教師が出会い，捉えうることとしてあり，そこで指導すべき内容が捉えられる。幼児が実際にまわりの環境に種々いろいろにかかわり，さまざまな生活をしていく中でその生活のあり方に応じた独自の種別を示すことと，それに応じてかかわりのあり方を身につけることを指している。とはいえ，ねらいは生活の全体を通して実現を図るのであり，その互いのつながりを考慮していく。

資質・能力はこの保育内容とねらいごとにさまざまな現れ方をする。それを幼児教育の終わりに向けて重点的に整理したものが「幼児期の終わりまでに育ってほしい姿」である（巻末附録 2, p.199 ～ 200 参照）。保育の内容におけるねらい及び内容に基づく活動全体を通して資質・能力が育まれている幼児の幼稚園修了時の具体的な姿であり，教師が指導を行う際に考慮するものである。資質・能力の具体的な姿とは保育における活動において保育者が捉える様子である。特定の対象と活動の過程の中で子どもがどうかかわり，育ってきているか。指導計画にそれは反映され，さらに実際の指導過程，そしてその振り返りにおける視点となるものである。幼児期の終わりまでに育ってほしい姿はプロセスとして述べていて，完成形を提示しているのではない。どう育っていくか，その育成の基本的方向を示している。その様子は保育内容によりかなり異なるところがあるので，それごとに重点化して述べてある。資質・能力の三つの柱に対応するところをそれぞれの姿の記述に入れ込んである。指導の参考にするという意味で，保育者が捉えうる保育中の子どもの活動での様子を表す。そう見ていくと，これらの記述は園において子どもが体験するであろうことの多様な豊かさを表すと捉えることができる。

保育内容「環境」と関連する活動においては特に，「思考力の芽生え」，「自然との関わり・生命尊重」，「数量や図形，標識や文字などへの関心・感覚」などが姿として現れてくる。子どもがものに出会い，仕組みや特性について考え工夫し，自然について寄り添い捉え直し，数量や文字などに気づき，使っていく。周りの環境にある物事へのかかわりの姿の代表を挙げている。

2　領域「環境」のねらいと内容の基本

領域「環境」のめざすところは幼稚園教育要領

によると，次のようになる。

「自然などの身近な事象への興味や関心を育て，それらに対する豊かな心情や思考力の芽生えを培うようにすること。」

「周囲の様々な環境に好奇心や探究心をもって関わり，それらを生活に取り入れていこうとする力を養う。」

つまり，子どもが積極的にまわりの物事にかかわって，理解し，自分なりに使ってみたりすることである。幼児教育全般のねらいと重なるが，とくに，まわりの物事についてかかわり，わかることを強調する。まわりの物事にかかわりたいと思うだけでなく，さらにそれがどうなっているのかといったしくみやあり方に関心をもって探究していけるように育てていく。子どものわかり方とは，子どもの日頃の生活に取り入れていくことである。つまり，その場でかかわり，しくみなどに気づくだけでなく，それを他の子どもとの遊びに採り入れ使ってみるとか，他のものと一緒に合わせてつながりをとらえるようになっていくことである。

同じく幼稚園教育要領の第２章ねらい及び内容が示す領域のねらいはこうである。

① 身近な環境に親しみ，自然と触れ合う中で様々な事象に興味や関心をもつ。
② 身近な環境に自分から関わり，発見を楽しんだり，考えたりし，それを生活に取り入れようとする。
③ 身近な事象を見たり，考えたり，扱ったりする中で，物の性質や数量，文字などに対する感覚を豊かにする。

身近な環境として「自然」，「もの」，「数量」，「文字」などをとくに重視しているのである。また，それらについて大人から教わり，知識を得るというより，子ども自らが対象についてその特徴を見出し，どうなっているかを考え，規則性に気づき，活用できるようにしていく。また，明確な認識というより，感覚的感性的に把握するものである。つまり，何がどうなっているかの具体的な様子をわかっていき，また活動のなかで具体的にかかわれるようになっていくことを大事にする。以下，個別の内容に即して考えていこう。

3 領域「環境」の個別の内容

1）自然に触れて生活し，その大きさ，美しさ，不思議さなどに気付く

自然は動植物と無生物からなるが，もう１つ大事なことは，それが１つのまとまりをもったものになっていることである。その生態学的システムは多くの生物が共存し，互いに依存し合って生きている。また，その生物が土や砂や水という環境の中で生命活動を営んでいる。そして，さらにそれらを囲む大きな自然が森や山や大地や空や海として存在している。

そういった自然は個々の人間の小さな思いを超え，人間を含み込んだ大きなものとしてある。そこに出会うときの感動は，例えば夕焼け空の美しさと広がりのように，日常の至る所にあるはずなのに，忘れやすい。けれども，その感動が人間の人間としてのあり方を支えてくれる。また，ちょっとした花や草や虫の不思議さに驚くこともある。

しかし，実際にとくに現代の人工的で便利な生活の中で生きている子どもに，自然の大きさ・美しさ，また不思議さを伝えることは簡単ではない。歳を経てこそ感じる感動なのかもしれない。だとすると，小さな子どもに伝わるような素材や活動を工夫する必要がある。

例えば，空の広がりを感じるには面白い形の雲などがきっかけになる。空の広がりは高いところ

から眺めるとよいのかもしれない。小さなところから始めるのもよいのだろう。毎日，近所を散歩して，田んぼのそばの小川をのぞいてみる。メダカが泳いでいる。庭のダンゴムシを探して歩き，いそうな場所を見つける。草花遊びをして，少しでもうまく遊べるのを探す。葉に触り，閉じる様子に驚く。朝顔の花が咲く数を毎朝数える。高いところにまでツルが伸びて，２階の方でも咲いていることに驚く。

そこに驚き（sense of wonder）がある。そこから次第に，大きな自然にも関心が向くかもしれない。例えば，磯遊びをする。雷雨のときに部屋から激しい雨脚（あまあし）と稲光を見る。風の吹く晩秋に銀杏（いちょう）の葉が降りしきるなかで遊ぶ。

２）生活の中で，様々な物に触れ，その性質や仕組みに興味や関心をもつ

子どもを囲む生活環境には，多くのものが置いてある。人工的な機械の類（たぐい）や道具類である。また砂や水のように，自然の一部と見なさないで生活のなかのものとしてとらえることもできる。

水は高いところから低いほうに流れる。小山の上から樋（とい）を延々とつなげて，先のほうに水が流れ落ちるようにする。そういった仕掛けは子どもが作るにしても，それを通して水は少しでも低いほうに流れることがよくわかる。段ボールなどをつなげて，小さなボールが上から転がるようにする。丸いものは転がることや上から下へと重力に引かれて落ちていくことが理解されるだろう。

ブロック類で組み立てて，何か車とか家とかを作る。そこでも，組み立てたしくみによる車として動くようになる。歯車などの部品で動くものはそれを分解し，また組み立てることで，部品とその組み合わせが全体の形や動きを決めることがよくわかる。

ものには独自の特徴がある。その特徴はそのものを操作し，特徴を活かした動かし方をするとよく見えてくる。触ったり，押したり，持ったりすることで，ものの特質が把握できる。

さらに，その仕掛けを自分で組み立てて作ったり，仕掛けのあるものを分解したりすると，仕掛けと働きがつながることが見えてくる。すべての人工物はものとしての特徴をもちつつ，機能をよく活かして可能にする仕掛けがあって意味がある。その科学的な理解はまだ難しいが，遊びや生活において操作し，触り，使ってみる。そうすると，ものがもっている特質やその仕掛けが動きや働きとつながっていることがわかっていく。

３）季節により自然や人間の生活に変化のあることに気付く

自然や生活に大きな流れでのリズムを与えているのが季節である。日本のような風土では季節感が自然と生活の感性のあり方に大きく影響している。また同時に，自然や生活の様子に気づいていくのに季節による変化は大きな意味がある。

庭に実のある木があれば，花が咲き，実がなり，その実をとってジャムにしたりする。ブドウ棚を作っている園では，子どもにブドウを摘（つ）ませると，子どもは本当にそれを大事そうに持ち，一粒食べて，残りの数粒は家庭へのおみやげに大事に保管したりもする。

春になればチューリップの花が咲く。大人ほどそれに感動するわけではないようだが，球根を前の年に自分たちが植え，冬の間，花壇の土の様子を眺め，芽が出てきたときに，いつ花が出てきて，開くのだろうと子どもたちは楽しみに待つ。そうなると，感動も大きい。

冬になり，水たまりが凍ることに気づく。日陰に水を入れた容器を置いておき，翌朝，どうなっ

ているか見てみる。氷になっているところとそうでないところがあると，どうしてかと考える。土のところに霜柱があり，あまりのきれいさにそれをビニール袋に入れ，帰りまで大事に取っておこうとすると，いつの間にか水になっていて驚く。自然，とくに植物や氷などの季節による変化は子どもにもよくわかる。その時々の時期を保育者が見定め，活動を用意することで，季節の流れが子どもによく感じ取れる。

生活の面での変化は，現代の機械化された生活の中で目立たなくなってきた。エアコンの入った部屋で暮らし，車で移動していたら，暑さや寒さはわからなくなる。それでも衣替えとか，暖房や冷房の入れ替えや，季節ごとの果物やその他の食べ物の変化など子どもにもわかりやすいものもある。季節の行事も大事な意味がある。日本人が大事にしてきた季節感を伝えていきたいのである。

4）自然などの身近な事象に関心をもち，取り入れて遊ぶ

自然物と子どもの遊びや生活とのつながりについて目を向けるようにしていく。例えば，雨・雪・風・光などについて理解を進めるには，それについて客観的な観察に至る以前に幼児期は，子どもが遊びの活動にもち込むことが必要である。便利な現代生活のなかで，極端な場合は雨のなかを歩いたことがないといったことも出てくる。ひなたぼっこなどはもはやしないだろう。夕陽の沈む方向をわからない小学生がいるという調査結果もあるそうだが，西の空に沈む太陽を眺めるとか，夕焼けが広がったから家に戻る，西日の下で影踏みをしたり，影の長さに驚いたりといった経験がなくなっていることが基本的な問題であろう。そのような経験が十分にあった後に科学的な理解への教育が意味をもつ。

光と影，昼の明るさと夜の暗さなどにも子どもは気づいていないかもしれない。尋ねれば影が何かは答えて，夜は日が沈んでいるから暗いとも言うかもしれないが，それがどの程度に実感があるのだろうか。夜の暗闇の中でどれほど月明かりが明るく感じるか，星空がきらきらと美しいのか。それはその一方で，月も出ていない闇夜の足下も見えない暗さがわかっていなければ感動はない。

太陽の光に気づくことのために，日だまりの温かさを感じるとか，光を小窓から導き入れ，その日の床にさす様子を楽しんだり，影絵をしたりできる。逆に，そういった遊びを入れていかないと，昼間太陽が出ていることはわかっても，それ以上には進まない。それは単に実感というのではなく，日の光がまっすぐに進むとか，影は光を遮（さえぎ）るとできるとか，光は温かさ・暑さをもたらすとかといった科学的理解の体験的な芽生えである。木の実・花びらを遊びに使うといったことも同様であり，楽しさとともに，学習に至る芽生えである。

5）身近な動植物に親しみをもって接し，生命の尊さに気付き，いたわったり，大切にしたりする

命のあり方に気付き，科学的な理解とともに，命を大切する気持ちを育てたい。実際に動植物に接し，かわいがり，大事に思うところから育ってくる。園で動植物を飼育・栽培することは，家庭でもし十分にその機会がないのであればとくに大切なことになる。

まずは親しみをもつことから始まる。動物をかわいがる機会を用意する。乱暴に扱うことのないように，一定の配慮を子どもに守らせる必要もある。年長くらいになれば，園で飼育しているウサギなどの世話を一通りするようになるだろう。日常的に接していると，例えば，ウサギの糞には2

種類あるとか，そのにおいや形が異なるとか，いろいろなことに気づきもする。

栽培については，種をまくとか，芽が出る様子を見るとか，そういった成長に，長い時間をかけてかかわることが意味をもつ。花が開くとか，実がなることを楽しみに待つようになる。成長の時間がわかることが命のあり方に気づく大事な面である。

命の教育とは，単に大事にするといった抽象論ではなく，動植物の個別の様子や変化に気がつき，その各々の特性に応じてかかわれるようになることから出発する。そうやって日頃から世話をしたり，かわいがっているうちに，かけがえのない命という感覚が育っていくのである。

園での植物栽培

6）日常生活の中で，我が国や地域社会における様々な文化や伝統に親しむ

子どもの園における保育は，地域社会における文化のみならず，絵本や各種メディアを通して，日本さらに世界の文化へと広がっていく。その背景があって，そこに導くために園の中の環境が設定され，環境にあるものにかかわり，そこから将来，小学校や家庭や地域やメディアで出会うものを楽しみにし，新たな環境で活躍するのだという自己イメージを作り，またそこに踏み出すための用意となることを園で行っている。とはいえ，それらの活動は将来行うことのための練習という面が先立つわけではなく，実際に園の中の環境に出会って，手で触れて，人と対面して，はじめて子どもにとって意味あるものとなる。

そのような文化はいわゆる文化財としてあるだけでなく，日常の生活や時に特別なイベント（祭りなど）での活動と，そこで実行するいろいろな人との触れ合いに親しむことにより子どもが関心を持って積極的に関わっていく。

それらの文化には日本としての伝統がいくつもあり，また現代の文化的活動があり，同時に諸外国から入ってきた文化も日本社会の中で広がっていく。外国系の人も増えてきた。多様な文化に接するとともに，我が国に暮らすことの素晴らしさを感じる機会を増やしていくのである。

7）身近な物を大切にする

鉛筆や消しゴムといったものであれ，それを大事にすることは，豊かな社会においても心して育てたいものである。いつの時代にも倹約することが大事であり，その価値観を伝えたい。また，少ないものを使って工夫する力を引き出したい。紙を切った残りの部分も箱などに入れておいて，小さな紙が必要になったら使う。切り抜いた後の奇妙な形を利用したりできる。

ものを使い込むことで，ものを大切にする気持ちも育てたい。古びたら使い捨てるのではなく，使うほどに味わいが出てくるものを玩具でも道具でも食器でも用いたい。ものを大切にすることは，まわりの大人が見本を示してこそ子どもに伝わる。大事にして使っていたり，工夫しているところを示す。廃棄物を再利用したりするのもよいだろう。紙パックやペットボトルを利用することはよく行われている。

とはいえ，例えば水遊びをするといったときに水を倹約して，一切やらないというのも，節水の必要があれば別だが，望ましいとも思えない。倹約を最大の目的にするのではなく，ものの意味ある使い方を示すのである。使うのならそれで役立たせたり，最後まで使い切ったり，楽しんだりする。消耗品に対して，とくに繰り返し長く使うものは手入れをして，美しく，使いやすくしていく。

片づけたり，掃除をしたりすることも意義がある。きちんとしまうべき場所に置き，次に使うのに便利なようにする。使えるものとゴミとを分けて片づける。

8）身近な物や遊具に興味をもって関わり，自分なりに比べたり，関連付けたりしながら考えたり，試したりして工夫して遊ぶ

子どものまわりには遊具があり，多くのものが提供され，それを使って，活動を進められるようになっている。例えば，保育者が材料や道具を与え，その説明に従ってものを作ることもあり，それもまた，子どもの関心や技能を広げるうえで有効だが，それに終わることなく，自由に遊ぶ場面でも，子どもがまわりの素材を使って遊びを展開する力を身につけてほしい。

子どもが園で行うべき中心は園に置かれたものを使って，自らの遊びを作り出すことである。まず，身の回りにあるものや遊具に興味を抱く。すでに遊んでいる子どもの遊びに加わっているときもある。そこで何かを作り出そうとする。積み木を使い，「おうち」を作るかもしれない。そこで，3階建ての家を作る。だが，うまく大型積み木を何段にもできない。どうするか。友だちと一緒にやっていて，どこをどの部屋にするかの意見が一致しない。話し合う。お互いの意見を入れつつ，さらにおもしろいものにするためにどうするかを考える。このようにして，子どもが考え，工夫する力を引き出していく。同時に，子どもにはまわりのものがそういった遊びを展開し，自分の力を発揮する好素材として見えてくる。これがあるなら何かしようと考え出すようにもなる。

9）日常生活のなかで数量や図形などに関心をもつ

小学校の算数は数・量・図形の領域からなる。その基礎は幼児期に子どもが数を数え，量（重さや大きさ）を比べ，形の特徴を利用する遊びとするところにある。算数は筆算を導入するところから始まるが，その前に，指を使い，ものを使った「数える」という行為において数の基本は習得されている。量の感覚や基本図形の把握もなされている。

数を数えるという行為（ものを数えて，全体でいくつあるか）のなかに基本的な数の理解は組み込まれている。自然数の大小，加えること（2つの数を続けて数えるなど），引くこと（2つの数のどちらがどれほど多いかなど），10の補数（残りいくつで10になるか），などである。大きな数も買い物ごっこの折に作るお金のように，ゼロをたくさん付けると大きくなる程度は理解しているようだ。10でまとめて数える等は10進法の始まりである。量の感覚もどちらが大きいか，長いか，重いかなどを比べるとか，どの程度の数になるかを測ってみる等で養われていく。

図形感覚は，まさに立体の積み木がそれにあたる。立方体（四角），直方体（長方形），三角柱（三角）などの立体を用いて遊び，その形の特徴を利用して積み上げる。三角を2つ組み合わせて四角として片づけたりする。丸はまさに球形がボールであり，ボール遊びは球・丸の理解の活動でもある。

こういった例でわかるように，幼児教育では日

頃のさまざまな遊びのなかに算数の基礎が組み込まれている。遊びはまた，算数感覚を育てるのである。

10）日常生活の中で簡単な標識や文字などに関心をもつ

文字の読み書きも，幼児教育でいかに導入すべきかが繰り返し問われるところである。小学校では，かな文字の読み書きの初歩から教えることになっているが，多くの子どもは実際にはかなの拾い読み程度はできるようになっている。書く方は勝手に真似をするし，組織的に教えれば，５歳くらいならかなりの文字の読み書きが可能であるようである。

では，実際子どもの文字の読み書きを，とくにドリルを導入しないでも進めていけるものなのか。環境にある文字というとらえ方が役立つ。文字は記号の一種であり，形に意味と発音が結合したものである。漢字は意味があり，かなには意味がないが，おそらく発達的には意味あるところから意味のない発音だけの理解へと進むだろう。交通信号の類は，「一方通行」，「止まれ」など図形に意味が対応している。一応の読み方もある。街を歩くと，そういった記号にあふれている。園の中にもクラスのマークなどがある。子どもの名前も最初はマークのような塊（かたまり）として把握されているだろう。次第に発音が音節に分化し，それに対応してかなの読みができるようになる。

絵本なども読み聞かされて絵を見ているところから，次第にその読んでいる説明が字で書いてあることに気づくようになる。文を暗記していると，字のところを読み上げたりもする。その内，実際にある程度読むようにもなるだろう。歌を歌うときも年長くらいになると，歌詞を紙に書いて貼っておき，それを見ながら歌ったりする。

11）生活に関係の深い情報や施設などに興味や関心をもつ

幼児期なりに社会生活への広がりが生まれていく。さまざまな年代や職業の人とも出会う。街の店や仕事場にも気づく。現代では，マスメディアやコミュニケーション手段も重要である。そういった生活と幼児が無関係であるはずもない。ごっこ遊びに出てくるものに注意すると，子どもの興味を引くものが何であるかよくわかる。

そういったものを保育の場にどこまで採り入れるか。何を子どもに伝えるかは難しい。すでに家庭で情報機器やその他の機械類に接しているし，買い物経験などもあるのだから，園では自然や人間関係に重きを置いた直接体験を重視すべきであろう。その一方で，例えば，家庭でのコンピュータ経験はゲームに偏ることが多いので，園でパソコンでの表現を奨励する機会もあってよい。

家庭や地域で子どもたちがどのような経験をしているかを知り，それを補うことを主としていくべきだろう。絵本の読み聞かせが少ないなら，絵本の時間を増やし，あるいは月極（つきぎ）めの保育絵本などの仲介を園で行う。コンピュータの能動的な使い方を導入する。地域に出て，大きな店や消防署や駅などを訪問する。

保育には社会生活への気づきを促していくことや，そこでのさまざまなものや人の働きに気がつくような活動を組むことも必要である。その際，家庭や地域との連携・協力は不可欠になる。

12）幼稚園内外の行事において国旗に親しむ

（省略）

【写真提供】
たかつかさ保育園

第3章 発達と環境

本章では，領域「環境」のあり方について，子どもの発達との関連を論じたい。発達的な根拠はどこにあるのか。また，領域「環境」の扱う個別内容の発達的傾向はどういうものなのか。

領域「環境」に含まれる主要なものとして,「ものの仕組み」,「生き物（動植物）」,「文字」,「数」,「社会」について採り上げる。もっと広く，それらへのかかわりの主導力となる子どもの力の発達を，探究，自己抑制，協力，身体的活動と気づきといった面について採りあげて，とくに論じておきたい。それらが対象にかかわる際に子どもが用いる，いわば方法にあたる。それらの幼児期の3年間の発達の流れを見通しておきたい。

1 子どもの発達を進める力

1）探究する力が育つ

まわりの物事に興味を抱く。それがさらに探求心へと発展していく。そのような筋道を描き出せる。単に表面的なおもしろさだけでなく，その奥にある何かを知ろうとするのである。

まず，そのもののまわりや時間的に前後するものを含めて，存在していることに気づくことが始まりであろう。詳しく見るようになる。単に積み木が置いてあるのではなく，誰かが置いて使っているのであり，また，横に連なっているものの一部なのである。単に実がなっているのではなく，その前の小さな芽から出てきて，また誰かがそれを摘（つ）んで利用するのである。チューリップが咲けば，元は球根であったのだし，一度咲いたら，後は散り，もし花びらを取れば，もう花は咲かないのだから花びらは落ちたままになる。つまりは，時間空間的な広がりを理解していくのである。

また，表面の特徴から内側への理解が進んでいく。人間の心について，外側の表情や行動や言葉とは異なる考えや感じ方があり得るとわかるようになっていく。いろいろなものについて，内側にあるものが外側とは異なっていて，外の特徴を規定していると理解するようにもなる。例えば，機械の外の動きは内側の機構により動いている。動植物は内側の組織があって，それにより外側の生き物らしさが可能になっている。

さらに，そういった時間空間の広がりの把握や機構の理解は因果関係へと発展していく。その対象の時間・空間・内面といったまわりにあるさまざまなものと表面的に見えるものとのつながりをつけようとする。単に一緒になるというだけではなく，因果的に関係を作っていくようになる。こうなったらこうだと説明をするのである。

直接的に体験するだけでなく，大人から教わったり，本で見たりしたことと，今見ていることを関連づけることもできるようになっていく。また，図鑑その他を調べて，今もっている疑問に当てはめることもするようになる。もちろん，正しい知識の適用が可能ではないので，多くは間違えるのだろうが，しかし大事なことは言葉として知ったことを実際のことに当てはめようとすること自体にある。

また，一方でわかったことを他の事態に当てはめようともする。そのように応用し，さらにいろいろな場面でわかったことを総合しようとする力も育っていく。活発にその努力をするからこそ，しばしば，見当はずれな理解をすることにもなるのである。

2）感情を制御できる

自己抑制する力の基礎となる心理的な過程は感情を制御することにある。そもそも，自己発揮するとは，まわりのものに即していえば，さまざまなものについてそれを興味深く思い，かかわれば何か楽しい・やりがいのあることが起こるだろうという肯定的な気分と将来に向けて開かれた可能性を感じ取ることなのである。何を見て，何をやっても，おもしろいかもしれないぞ，やってみたいと思うことである。

だが，その積極的な気持ちがあまりに強くなっても，物事のすべてが思うようになるわけでもないし，すぐに実現するわけでもない。まわりの人と対立するかもしれないし，そのものの特性に合わないことをしようとしているのかもしれないし，可能ではあっても辛抱強く取り組み，また子どもの技量を超えるような工夫がいるのかもしれない。

そこで，我慢するということや，回り道をするための気持ちのゆとりをもつことが必要になる。例えていえば，山の上の高いところから景色を見たら気持ちがよいだろうけれど，その前に一歩ずつ登る苦労に耐えなければならない。それならいっそ，その歩くことや途中の景色を見ることも楽しめるようにしないともったいない。うまく登っていく工夫もあるのかもしれない。

そのときにとくに障害になるのが，感情の動きである。嫌な気持ちが起こって耐えられない。楽しいことがすぐに生じないから飽きてしまう。それをほどほどに収めつつ，先の見通しを付けて耐えていくとか，今できることに集中していく。また工夫するにもゆとりが必要であり，感情が激しすぎるとうまくいかなくなる。ゲームに負けて悔しがるのはよいが，それに圧倒されると，悔しくて泣きじゃくり，お互いに不快になる。そこをこらえて再度挑戦すれば，ときには勝てるかもしれない。

まわりに気を取られないで集中するのも感情の制御が元になる。何をしなければならないかを明確に保持し，他からの刺激に惑わされない。そこで生じる好奇心や興味をいったん止めておく必要がある。追究活動で単調になり，何かもっと刺激のある楽しいことを求める気持ちが湧いてきても，それを抑制し，作業を続けるのである。

3）人と協力する

どんな活動にあっても，１人で行うとともに，他の人と行うことにもなる。社会生活ではとりわけ他の人と協力して活動を進めることが大事だし，その力は幼児期から始まって，発達していく。

ともに探索し，ともに作っていくところから，次第に協力関係が成り立っていく。まずは，楽しさを共有するのが始まりである。何か一緒であるという楽しさが感じられる。それが，互いに同じことをしたり，同じ身振りをしたり，同じ場にいることや同じものを持っていることを確認して，さらに盛り上がる。同じ気分の中に入り，同じ気分を作り出すことが協力する関係の元なのである。そこから，対象にともに向かっていくだろう。

どんなことをしようかと思う。とりあえずやってみる。こうなったと思いがけない結果を喜ぶ。新たな発見をする。そのことを共有し，一緒に達成できたことが喜びを増す。こんなことをやってみたらどうだろうと提案をする。少しだけやって見せて，もっとやろうと誘う。活動が発展していき，一緒になって活動を広げる楽しさを味わう。

対立することも出てくる。それをこうしたらと別なやり方の提案で同意を求めたり，さらに，互いが満足できる妥協の案を出すようにしていく。行き詰まったらあっさりとあきらめたり，まったく違うことを始めたり，おどけて笑わせて雰囲気を変えたりする。

次第に一緒に作ったり見つけたりする大きな構想が生まれてくる。そのもとで，適当に動いているところから，分業，並行して作業を進めたり，片方から指示を出したりもする。思いつきも相手に了解を求めていく。自分のやりたいことが十分にできなくても，相手の意見を受け入れ，何とか活かそうともする。

協力関係の発達をたどってきた。幼児期の終わりに完成するわけではないが，少なくともともに探索し作り出す楽しみを覚え，そこで互いに考えや感じたことを出し合ってもよいことと，それを何とか組み込んで双方が満足できるものにしようと努めるくらいには進んでいくのである。

4）身体的かかわりから気づく

身の回りの環境にあるものにかかわるのには，身体的な活動により対象に出会うのである。絵本を見たり，言葉で教わったりもするだろうが，それは補足的なことである。実際に触り，操作し，探し，見つけといったことを身体を動かして行う。

そこでの手触り，におい，音などの感覚とともに，対象を動かし，対象の回りをめぐり，といったことがその性質を知るのに大事になる。観察を子どもがしたいとか，させようというのではない。おもしろいことを見つけようとか，楽しい活動を生み出したいと子どもが思うとき，対象をさまざまにいじるし，対象の周囲を動き回るからである。

その対象にかかわる動きや感触が対象の特徴を明らかにしていく。ドングリを探し，見つける。その小さいものがたくさん木の下にある。拾うと，つるりとした感触とその下の部分のざらざらしたところがある。転がして遊べそうだ。別な木の下には少し違う形のものもある。穴が空いているのがあるけれど，どうしたのだろう。このように，動き回り，動かし，触ることが，そのものの特性を知ることの土台になっている。

こうなっているんだと思うことが気づきである。それはその前の，対象に触れ，いじるところから，そのときの感覚を元に作られる。さらにそのうえで，どうなっているのかという探究心が生じていく。ドングリに穴が空いていれば，その中はどうなっているのか探してみる。虫が入っていれば，虫が開けたのだと思う。ドングリがたくさん落ちていたところを見上げると大きな木があって，そこから落ちてきたのだとわかる。

無数ともいえる環境の中の事物にかかわり，動き動かしつつ探索することから次第に気づきが多様に生まれる。それを元にさらに探究活動へと発展する。こうして子どもは対象と対象のある場について具体的に把握していくのである。

2　領域「環境」の代表的内容をめぐる発達

1）もののしくみを知る

とくに道具や人工的なものは一種の仕掛けであり，それがどのようにして機能するかについて子どもは興味をもつ。その始まりはともかく使ってみることや，うまく動く場に居合わせることである。複雑な電気的電子的なしくみは大人でも理解は難しい。まず子どもにとっては，自分が力を入れて動かし，その結果，対象に変化が生じるといったところである。例えば，釘を叩けば，それが板に食い込む。そういった，自分が働きかけ，その結果に応じて変化が生まれることがしくみの原理の原点である。

そこから，対象の変化について，働きかけと結果の間に媒介するものが入ることを理解する。働きかけ，それが1つのものを動かし，その動きが次のものの動きを作り出す。その結果として対象に変化が生まれる。道具はまさにそういうものである。こちら側の身体の動きを道具が媒介し，拡大して，対象を動かしていく。

その間に立つものがものの中側に入り込むと，しくみと呼んだほうがよいものになる。働きかける側の身体的動きから発しても，それから離れて動きが伝わっていくようになる。そこで，動きの始まりが別なところにあるとかボタンを押すとなると，ほとんど自動的に仕掛けが動くように思える。大事なことは，その仕掛けがスタートから終着に至るまで一定の経路をたどり，経路はいくつかのもの（つまり部品）を通るという理解である。

実際の機械やその他のしくみは，経路がいくつも並行し，力の伝わる順序も始まりから終わりというより循環していたり（例えば車のエンジン），電気仕掛けのように経路がほとんど目に見えなかったりする。しかし，そのきちんとした理解は幼児の力を大きく超えている。幼児期は目に見えるような動きを中心に理解していくのである。

2）生き物の存在を知る－動物の場合

動物とは文字通り動くものである。ただし，機械の動きと実際の生物の動きは通常かなり異なる。動物の動きは例えばまっすぐに進むというより，もっと複雑で揺らぎつつ前進する。また，自発的に動き出すものでもある。もちろん，機械も進歩して，人間や動物の動きに近くなるのだが。

動物への理解は人間の身体のあり方と動きから発するものなのだろう。手足の有無。鳥などは羽があるが，それも手の類とみなされよう。顔があり，顔には目や口がある。表情もある。動物も蛇には手足がないように，そういった特徴をもたないものもあるが，それらは動物らしさが不足しており，典型的な動物の理解よりも遅くなるだろう。

表情を含めた生き生きとした様子が人間を含めた動物の特徴である。それに子どもも大人も魅了されるし，注意を引きつけられる。表情によって感情を共感でき，さらにその生き生きとした感じは，動物の全身に行き渡り，身体の内側にも浸透しているととらえられる。

動物は食べたり，息をしたりする。生まれ，成長し，死を迎える。人間についての理解と重なり，また相互影響しつつ，その理解は育っていく。食べることは，食物を体内に取り入れ，それを消化し，栄養やエネルギーに変え，残りは排泄される。その理解はおそらく人間を第一の例に進められ，他の動物にも適用されていくのだろう。各動物固有の事情は後から実際の体験を通して把握されていくようである（例えば，ウサギは何を食べるか）。

誕生と死の理解は実際の体験が不可欠である。人間については，体験が多くの子どもでは少ないため，まずは動物についての体験があり，それが人間に当てはめられるのかもしれない。死ぬことは生の終わりであり，後戻りできないということは次第に理解されていく。

3）生き物の存在を知る－植物の場合

植物もまた生きているのだということは幼児期の終わりくらいには理解されるようである。植物も水を食べ物として必要とするとか，種から生まれ，成長し，枯れる。枯れるとは死ぬことである。さらに，根は足であり，茎は胴であり，花などは顔といった動物になぞらえた理解もするだろう。

植物の機構についてはまだ難しい。根から水を吸い，他の栄養分も取る。それが茎の中を通り，植物の隅々にまで至るというくらいは分かるかもしれない。光合成といったことはもちろん小学校高学年以上の課題である。

幼児は動かないものへの関心は薄い。そこで，植物へのかかわりは，開いた花を数えるとか（朝顔のように毎日たくさん開く場合など），葉を取って遊びに使うとか（落ち葉の遊び，オシロイバナを色水遊びに使う等），実を食べたり，葉のくさいにおいをかいだり，といった活動に出てくる。

植物の成長変化は時間がかかるので，幼児は通常それについて関心をもたないし，気づかない。大人と違って，秋の紅葉を見て春の芽生えを思い出したり，夏の緑の茂った様子を振り返り，時間の変化に感動するといったことはあり得ない。そこで，その成長への気づきは，例えばチューリップの芽が出てきたときや，実がなってそろそろ食べられそうだとか，そういった変化が目立ったとき，次の活動への期待が成り立つときに生じる。

このように，植物へのかかわりと理解はかなり子どもを囲む環境のみならず，活動を示唆する保育者の誘導が要となる。単に植物が豊かに生育している園庭や地域ならそうなるわけではない。

4）文字について知る

話し言葉については，幼児期の終わりまでに日本語の基本を獲得し，その後，学校教育その他において，言葉の精密な使い方と書き言葉の習得が目ざされる。書き言葉の習得に向けて，幼児期にすでにその準備が始まっている。

１つは，言葉における発音と意味の分離であり，音節の取り出しである。例えば，しりとりでは，意味と無関係に音だけに注目し，また音節（「つくえ」の「つ」とか）を取り出して遊ぶ。

また，その場の状況を離れての用法もある。つまり言葉だけで意味が通じるようにすることである。話し言葉はその場の相手や活動，置かれたものに頼って意味を理解できるものだが，書き言葉は発せられた場面と無関係に理解可能であるようにする。その非状況的使い方はすでに話し言葉でも，発表場面のように時々見られる。

絵本などでは，絵を通しての意味の理解と，説明として記されている文章との対応をつけることになる。子どもは絵を手がかりとして文を理解しようとする。

文字刺激は現代の環境では至る所に存在し，実用的な役割を果たしている。記号や半ばデザインされた文字（交通信号や商品のマークなど）は幼児でもすぐに覚えていく。そこで意味をあらわす記号というものに馴れていく。とくに日本語の「かな」はその１つひとつが大体は発音の音節と対応するので，音節への分解が可能になると，まもなく読めるようになり，読みに馴れるにつれて，文として読むようにもなっていく。

文字を書くことは遊びのなかで適当に書き写したり，うろ覚えで書いたりするが，正しい筆順や書き方は正規の指導を必要とする。その前の段階として指先での細かい操作が可能になっている必要があり，幼児期の終わりくらいにあたる。

5）数について知る

３までの数は直感的には乳児期の後半にすでにわかっているという。つまり，点１つと２つと３つのパターンを区別するのである。実際，大人でもそのくらいの小さな数のまとまりについては，いちいち数えなくても，直感的に把握できる（「サビタイズ」という）。

実際にいくつかのものを与えられて，全部でいくつか答えられるようになるのは3歳過ぎくらいが普通である。例えば，おはじきが5個あれば，それを端から指さしつつ「1，2，3，4，5」と数え，「5」（「ご」とか「いつつ」とか）と答える。つまり，集合数としての数が理解できている。これは唱える数とは異なる。1から10までまた20までを数えることと別に，唱えるのは教えればもっと早く覚える。

とはいえ，そこからすぐにいくらでも数えるようになるのではなく，多くの幼児は就学前までに20までとか30までくらいを数えるようになるだろう。幼児は数を数えるのが好きだから毎日いろいろなものを数えるが，その積み重ねを3年ほどかけてようやくその段階に達するのである。

何より，どんなものでも数えられるようになっていく。おはじきでも，鉛筆でも，紙でも，車でも，人間でも，さらに縄跳びの跳んだ数や走るときの速さ（公園を1周したときの速さを口で数えることで示すなど）などである。また，一列でなくていろいろな配置についても数える（そのためには，一列に並べ直すか，すでに数えたものとまだ数えていないものを覚えておく必要がある）。

数える行為のなかには足し算や引き算や10進法の芽生えが含まれている。おはじきが5個あって，もう3個増えると，初めはすべてを数え直すが，その内，すでに5個あるので，そこから「6，7，8」と数えて加える。暗記してすぐに「8」と答えるようにもなるだろう。日本語は12なら「じゅうに」と呼び，10進法を基礎としている。10でまとめる数え方などもある。

このように小学校の算数以前に筆算の基礎としての数える行為はほぼ完成していて，それが算数への導入となるのである。

6）社会のあり方について知る

昨今の子どもは，幼児期は家庭と園で暮らし，地域社会に出て生活経験をすることが少なくなっている。そのため，親・家族，同年代の子どもと先生を除いては，さまざまな年齢や仕事，立場・境遇の人たちを知る機会が乏しい。社会生活や公共的場面での振る舞い方を学ぶこともあまりない。社会的な経験を広げ，いろいろな人に出会い，街の様子を知る機会を園での保育活動として意識的にもうけることも必要になってきた。

家庭を中心にそこでの家族関係やマナー・ルールのもとに生活してきた幼児が，他の関係とマナーやルールにおそらく園などではじめて出会うことになる。家庭とは異なるやり方があることにとまどいつつ，次第に馴れていくだろう。次に，家庭でも園でもない外の街でのあり方に気づいていく。それはとくに実地での体験が重要になる。買い物をすれば，店，お金，商品等についておぼろげながら理解が進むだろう。そこでのやり方も多少見当をつけて，ごっこ遊びで再現したりする。

体験の範囲が狭いと，その限りでの表面的な理解に止まる。とくに，やってもらう立場をいかに越えていくかがポイントになる。家事にしても手伝う機会が少なく，座っていれば料理がでてくるようであれば，調理や買い物などに気づきようがない。それを補い，地域社会にある施設や店や仕事に体験を通してかかわりながら子どもの視野を広げ，家庭や園以外の世界を見えるようにすることが幼児期の課題である。

第4章 環境の構成

環境に応じた保育において，保育の園環境の設定が１つの，だがもっとも重要なことであることはいうまでもない。本章では，その要点を考えておこう。

1 環境構成の基本

1）ものの環境

保育は園の環境に置いてあるもの（およびそこにいる人）との出会いから子どもの活動を誘発していく。子どもはその環境にあるものをいじり，何かおもしろいことが起こらないかを試す。また，保育者から指導を受けたり，他の子どものやっているところを見て，そのものの使い方を学び，やってみるだろう。そして，その結果からさらに活動を発展させていく。何もないような空間で，言葉や思考だけでおもしろい遊びを展開できるほどの力はまだもっていないのである。

そのものに出会うとは，そこでの手触りがあり，手応えがあり，そのつど，子どもにとってある程度予測可能で，ある程度は思いがけないことが起こるということである。さらに，自分なりに次にこうしようと思い，それに従って，ものに働きかけると，その通りになったり，思いがけないことが起こる。その起こったものが目の前にいわば「痕跡（こんせき）」として残るので，それを元に次の活動を発想していく。

環境構成として大事なことは，多様なものを置くことである。手触りや動かし方はさまざまにあることで，子どものまわりの物事へのとらえ方が広がり，また子どもの興味が喚起される。子どもの動作としても，例えば，跳ねる，叩く，ひねるといったさまざまなものがあり，その可能性を広げるのである。さらに，子どもにとって働きかける結果がすぐに現れるものがよい。叩けば音が出る。線を引けば，その跡が線として残る。ものを別なものの上に置けば，高い積み木の塔ができる。

組み立てたり，組み合わせたりして，さらに複雑な形となる積み木のようなものとか，砂場のようにいろいろな働きかけに応じて山や穴が生じたりするものもある。そのつど，身体に受け止められる具体的な手応えがある。

2）人の環境

園には子どもがいて，保育者がいる。それ自体が大事な環境構成である。だが，その人との出会いをさまざまに可能にする工夫がいる。

そのクラスの中で誰とでも遊んでよいという雰囲気と時間が必要である。子どもが動き回る場があり，動きつつ，他の子どもの遊びを見聞きし，入っていきたいと思えるようにする。遊びの場を他の子どもも見られるようにしておき，できれば，そのそばを移動可能にしておく。

特定の子どもとじっくりと付き合えるように，気が合う同士で遊んでいて差し支えないということも意味がある。遊びたい相手と遊ぶのである。じっくりと遊んでいても邪魔をされないようにする。邪魔をする子どもがいたら，保育者がかかわって，別な遊びに誘導したり，また仲良く遊べるような設定を入れたり，やりとりを仲介していく。

それと同時に，他の子どもとの付き合いへと広げる意味で，グループ編成に他の普段遊ばない相手も入れておき，その子どもを含めて一緒に活動できるようにもする。放っておくと，男女別また年齢別になるので，その新たな組み合わせが生まれるような工夫も必要である。

子どもの１人での遊びが広がったときに，他の子どもと一緒にしていくとか，さらに大勢の遊びに展開できるように助けることも保育者の基本的な仕事である。２，３人の遊びが幼児期には多いのだが，もっと大人数の活動をときに保育者が仕組むことで，大勢での活動の楽しさを子どもは知るだろう。また，大勢の集団での自分や他の子どもの位置づけを知ることにも意味がある。

なお，近隣の人々との付き合いを可能にするように，街を訪ねたり，人を招いたりする交流の活動も心がけたい（第 18 章 社会・地域施設にかかわる保育，p.182 も参照）。

３）自然環境

ものの環境では，主に人工的なものとしての遊具などを考えていた。それに対して，動植物やそれを含めた自然は独自の意義がある。どのような動物を飼育するか。どういった植物を園に植え，子どものかかわりを可能にするのか。

何より，動物らしさと植物らしさを実際に身体的感覚的に実感できることが大事であろう。ウサギやハムスターがぬいぐるみとは異なり，ずっしりとした重みがあり，温かさがあり，微妙な動きをし，子どもの側の働き掛けに何かしら応えてくれる。地面に置けば，すぐに走ったり，うろついたり，跳ねたりする。

植物として，例えば，木であれば，落ち葉を拾い，その無数のどれもが同じ形をしていることや独特の色合いであることを知る。木に登ると，枝や幹に足がかりや手がかりがあり，上に多くの枝と葉がついており，虫が這っていたりする。草はある日花が咲き，またその花弁を色水遊びに使えたりする。

登れたよっ！

動物は大きくなり，死んだり，子どもが生まれたりする。植物も種から芽が出て，成長する。その世話を通して，日々の変化を実感できる。

園の中に毎日のように出会え，触ることができ，世話できるものがあることが大事である。実がなる木など，実がなり，熟すことを楽しみにできる。食べることは印象を強くするだろう。季節に応じていろいろな木があり，実がなると，活動が何度も繰り返せる。

動物を飼育するなら，きちんとした環境と手順ですることが大事になる。ちゃんと世話して，死んだりすることもあるだろうが，そのことと，いい加減な処置で死なせてしまうことは，意味が異なる。

なお，多くの動植物がそこで暮らしている雑木林などは貴重である。とくに，動植物とその生態の環境とを一緒に経験できることに意味がある。

4）子どもの活動を助ける環境

保育室や庭には子どもの活動に必要なさまざまな道具が置いてある。絵を描くなら，紙を取り出し，クレヨンや色鉛筆を使い，机が必要だろう。はさみやセロテープやガムテープ，ひも，色紙，等も置いてある。砂場のそばには，バケツやスコップやじょうろが置いてあるかもしれない。

そういった活動のための道具は，保育者が必要なときに出すものもある。始終使うわけではないものや，使い方によって危険があるもの，保管をちゃんとしないといけないもの，高価なものなどは，そうしていることが多い。それに対して，上に挙げたものなどは，子どもが始終使い，自由な遊びでも必要になる，取り出しやすいところにまとめて置いてあることが多いだろう。どこに何を置くか，子どもにもよくわかるようにしておく。

子どもが何かしたくなったときに，その道具はどこに行けば見つかるか，出せるかがわかっているようにする。またすぐに使える状態にしておく。道具を探すことで時間をわずかでも取ると，やりたいことが消えてしまったり，忘れたりしかねない。道具の置いてある場所が作業するところと離れていると，使いにくい。置き場所を移動できるようにするか，持ち出してずっと使えるようにすることにも配慮したい。

その逆に，活動の最後には，所定の場所に片づけることが大事になる。保育者が一緒に片づけながら，その習慣を身につけさせる。

なお，子どもの作ったものを一時的に置いておいて，また次の日に活動を再開したりできる余裕のある空間があることが望まれる。壁面などに作品を飾りとしておいて，子どもの達成感を高めつつ，お互いの刺激とすることも多い。

2 園の環境が子どもにとってもつ意味

1）子どもにとっての環境の意味

環境の構成において，これを置けば，子どもがこのような活動をするとか，こういった影響を受けるはずだといった一対一の対応をつけることはできない。子どもの側のかかわりは対象に規定されるが，一律に行動が決まるというものではないからである。そのうえ，活動は次々に発展して，１つのものでは決まらないさまざまな可能性に広がる。

その意味では，環境の構成は半ば保育者が作るのであるが，半ばは子ども自身が作り出すのであり，また他の子どもの作り出すものと合わさって，それが再び子どもにとっての環境となっていく。子どもの作り替えたものが影響するというだけでなく，子どもが環境にあるものを使えば，その使ったということが環境にあるものの意味を変えていく。このように使えるかと多くの子どもがわかれば，そしてその使い方がおもしろそうなら，他の子どもはそれを取り入れるだろう。

そもそも一年中同じ環境構成の部分もあるが(遊具は簡単に変えられず，道具はつねに必要である)，多くは保育者がその折々の意図を込めて入れ替える。その意図はまたその前までの子どもの遊びの流れを保育者が見て，その発展を図って，構成するものでもある。あるいはあえて，子どもに足りないと思う活動を入れるために，新たなものを置くこともあるだろう。その使い方を保育者自身が使うようにして示せば，それがものと人の両方の環境のあり方ともなる。

そこで大事になることは環境の事物が子どもにとってどのような活動を誘発しやすいか，子どものどのような工夫を引き出し得るか，どのような発想を刺激するかの見通しをもつことである。それは決定的には言いがたいが，経験的にある程度は見当がつく。

2）正しい使い方とそうでない使い方

子どもがいかに使うかが肝腎である。1つの観点は，その想定される使い方をするかどうかである。すべり台なら，階段を昇り，上から滑り降りる。本来，それ以外の使い方を想定してはいないだろう。だが，実際には子どもはさまざまな使い方をする。例えば，すべり台の上の台のところでまわりの景色を眺め，庭にいる友だちに声を掛けたり，ときに座り込んで「基地」に見立てたり，すべるときもさまざまな姿勢を取る。すべり降りるところの下から昇ることもある。

ブランコなら，初めは，座って人に押してもらったり，足を揺らすくらいなのが，上手に身体全体を使って漕ぎ，さらに立ち上がって大きく天まで届く勢いで漕げるようになる。立ち漕ぎを禁止しているのでなければ，それは許された使い方の範囲での熟達である。上手にできるようになることを促す遊具や遊びは園に数多くある。

はじめは教わった通りに使い，次第に上手になるにつれ，習熟だけでなく，はみ出した使い方をすることも珍しくない。逆に，最初はルールを無視しているのが，次第にルールに沿っていくこともある。例えば，リレーごっこをしているときなどは，保育者の指導がないときは走路などや勝ち負けの基準などを設定せずに，ただぐるぐると走り回り，その内，アンカーで勝負がつくとか，走路からはみ出して近道をしてはいけないなどを決めて遊ぶようになるだろう。

こういったはみ出した使い方・遊び方もまた，対象であるものの特性に見合っていることも多い。すべり台の台の上で座り込み，ごっこ遊びをするのも，他の子どもが使わないなら，高い狭いところでの遊びとしておもしろい。リレーで勝ち負けがはっきりとしないのも，はじめはただ走り回ることを楽しんでいるとすればもっともである。むしろ，そういった特徴が幼児期らしいのである。

ドングリのパチンコゲーム

3）子どもの発想を助ける環境

ものを作り出し，組み立てることが保育では奨励される。そのため，その作るための発想を手助けする援助がいろいろなかたちで行われる。

何より，同年齢・異年齢の子どもがいろいろな活動をしていることが相互に刺激になる。上の年齢のやっていることは下の年齢の子どものあこがれとなり，例えば，年長のお店屋さんごっこにお客さんとして呼ばれて，その役を取りつつ，いつかお店屋さんになってみたいと思う。

絵本などからヒントを得ることも多い。劇化の活動などが生まれるだろう。保育者が指導のなかでヒントを出して誘うこともある。

園の中にいつも見ているものではないものが置いてあると，それが刺激になる。子どもにとっての新鮮さや目新しさが大事になる。掲示物なども適宜入れ替えていくと，それがヒントになって，

遊具と子ども

新たな活動を生み出すだろう。秋の遊びなら，掲示物や絵本や飾り物その他を，落ち葉やドングリやススキやその他で統一していくこともできる。

遊びが固定してきたときに，新たな組み合わせを示唆することは意味がある。積み木だけでなく，上から斜めの板を立てかけて車を転がすといった組み合わせである。子どもが思いつくことも多い。そういった工夫を保育者が認め，他の子どもに広げるとよい。組み合わせてよいものといけないものとがあるだろうから（例えば，大型積み木の上からボールを投げては危ない），それも見ていく。

4）子どもの居場所となる環境

子どもは熱心に集中して活動するだけでなく，数時間の内のどこかで，ほっと休みたいときがある。そんな折に，ぶらぶらと園内を歩いたり，床に座っていたりする。ブランコに座り，緩やかに揺さぶっていることもある。集中した活動の時間とリラックスした時間とが半日のなかで交替するものなのである。休む時間はほんの数分もあり，20分とか30分ということもあるだろう。本当に休んでいるということより，あまり集中せずに済む活動をするとか，歩き回るとか，静かに１人でできる数分の活動をするなどが多いようである。活動の間の移行の時間であり，またエネルギーを蓄えるときでもあり，さらに気持ちが内側に向かうこともある。

心を休める居場所が必要である。ある程度囲まれた空間があるとよい。別な小さい部屋を絵本室にしているところがある。そう始終使われることはないだろうが，時々子どもが来て，絵本を１，２冊見てまた去っていく。もっとも，孤立しすぎても子どもは入りにくい。絵本のコーナー程度でもよいだろう。椅子に座ったり，座り込んだりすると多少囲まれた気分になれればよい。

園長室などが園にまだ適応できず，友だちと遊べない子どもの居場所になることもある。園長先生が対応してくれて，ゆったりできるのである。

5）子どもの動きを広げる環境

子ども同士の交流や集中が可能となるように，あまり邪魔の入らない場が確保できるという両立を工夫したい。回遊できる空間という考えはその１つのかたちである（仙田満による）。子どもが園内をめぐることができるようにする。１つの部屋も出入りの口が複数あり，入っていくところと出ていくところが別にできる。そうしておくと，何かおもしろい遊びはないかと子どもはめぐりつつ探すことができる。鬼ごっこなどの遊びもおもしろくなる。出入り口が１つの空間は，そこをのぞいて誰か知らない子どもが遊んでいると，それだけで入りにくくなるので，中に通路になるところがあるとよいのである。

といって，すべてが通路になると，遊びに集中できない。通りかかる子どもとぶつかるし，ものを広げられない。邪魔が入りすぎるのである。そこで，多少囲われたほうがよい。部屋の中のごっこ遊びコーナーとか，砂場とか，出入り可能であり，外から見えるのではあるが，同時に，多少囲みがある。

庭などもただ広いままでは，例えば，そこでサッカーをしている子どもたちがいると，ボールが飛んでくるので，他の子どもにとっては庭全体が何となくサッカー場のように感じられて，庭で遊びにくくなる。そこに，ベンチとか小屋などを区切りを兼ねて置いておくと，ボールを防げるだけでなく，別な遊びの空間になり，異なる種類の遊びの展開の場とできる。

子どもはちょっとしたところをすり抜けたり，くぐったりすることが好きである。そのために土山にトンネルを造ることもある。植え込みの下が遊び場になることもある。何かを庭に置くにしても，そのまわりを回ることができるようにしておくと，遊びの幅が広がる。

3 環境における安全と指導

保育者による監督が可能な環境として，子どもの遊びの安全を保つ必要がある。またそれは子どもの遊びを高めるための指導を行うためにも不可欠である。

基本は，園内の環境のすべての場所に保育者の目が届くことである。とはいえ，とくに自由に遊んでいるときなど，クラスの子どもが散らばることも多いので，園の保育者全員がどの場所にも監督できるように打ち合わせておく。また，数名の子どもにかかわっているときでも他の場所の子どもに目がいくように，保育者は手元とともに遠くを視野に納めるようにする。また，特定の子どもに長くかかわりすぎないで，適宜，他の子どものところにも巡回していく。このことは安全のためのみならず，子どもの活動の発展のためにも必要なことである。

本当に子どもに危険のある遊び方や使い方ははっきりと禁じる。できれば，少々ルールに違反しても大丈夫なような遊具を用いる。安全なやり方を十分に指導する。万一失敗すると怪我をするような道具の場合（包丁やのこぎりなど），必ず保育者がそばについている。

鎌を使って稲刈り

とはいえ，完全にまったく危険がないようにするのは難しい。多少の切り傷程度はあり得ることを日頃から保護者と話し合い，生じたらすぐに連絡するなどして，子どもの発達に必要な遊びの幅を狭くし過ぎないようにする。

遊びの道具・遊具をいつも同じ場所に置くことと，定期的に問題がないかどうかチェックする。片づけられていないのなら，元に戻す。子どもの遊びのなかでのちょっとした危ない出来事があれば，もっと重大なことになる前に，危険を正すような指示をしたり，置き場所や使い方を変えていく。

動植物などでは，子どものアレルギーなどの問題が生じることがある。前もって調査しておき，安全な遊び方を工夫する配慮が求められる（第19章 安全保育，p.188 ～ 193 参照）。

【写真提供】
たかつかさ保育園

第5章 保育者の役割

1 保育者の3つの役割

保育の場にいる子どもたちの環境を見回してみよう。

先生がいる。友だちがいる。室内のイスやテーブルや棚や時計。色紙にクレヨン。絵本や紙芝居や楽器。廊下の壁には絵が飾ってある。トイレや水飲み場。走り回って遊べる広い部屋もある。

屋外に出れば，砂場。ブランコ，すべり台，ジャングルジムなどの遊具。花壇には花が植えられている。ウサギ小屋にはウサギが，草むらにはいろいろな虫がいる。

散歩に出かければ，道路をいろいろな自動車が走り，交通信号機があり，目立つ看板を出したお店がある。犬を散歩させている人が通る。家々の庭先には，季節の花が咲いている。郵便を配達している人がいる。公園にも赤ちゃんやお年寄り。木の上で小鳥がさえずり，青い空にはひとかたまりの白い雲…。これらの人，もの，すべてが，広い意味では，子どもを取り巻く環境なのである。

保育者は，そのような子どもを取り巻く環境の中の，1つの要素としてとらえることができる。

しかし，保育者の役割はもっと幅広い。

ここでは，保育環境の中で保育者が果たしている役割について，整理してみたい。大きく分けて，保育者には3つの役割がある。

1）環境要素の1つとしての保育者

保育者の役割の第1は，保育の場で子どもたちを取り巻く環境の1つの要素として存在することである。

子どもは，家族，友だち，地域の人々によって構成された社会の中で生きている。保育者も，子どもを取り巻く社会環境の一員である。とくに，保育の場では，子どもにとってもっとも重要な環境要素の1つであるといってよい（図5－1）。

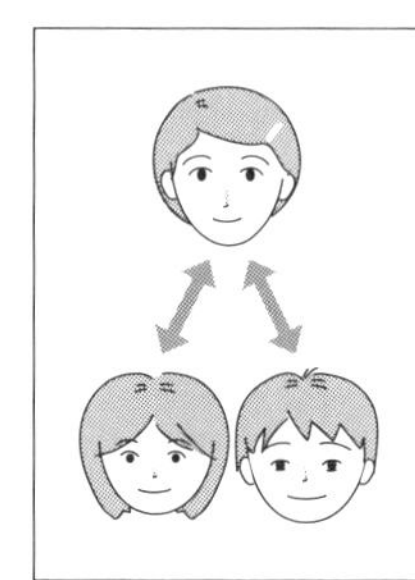

図5－1 子どもの環境としての保育者

保育を通して，子どもと保育者のあいだにきずなが結ばれていく。子どもは保育者に受け入れられたい，認められたいと願い，また，保育者をお手本にし，保育者に励まされ，ときには叱られながら，いろいろな経験を積んでいく。

このように，保育者は，子どもにとってもっとも身近な人間環境として存在するのである。

2）コーディネーターとしての保育者

1人ひとりの子どもと，その場その場の状況に応じてかかわることだけが保育者の仕事というわけではない。子どもの活動の場所と内容を提供する仕事が，保育者にはある。これが，保育者の役割の2つ目である。

例えば，「お店屋さんごっこ」をするのに，保育室の中にどのような道具や素材を，どのように配置するか。そのときどきの保育の活動に応じて，保育の環境を設定し，その環境と子どもとのかかわりを方向づけることも，保育者の役割なのである（**図5－2**）。

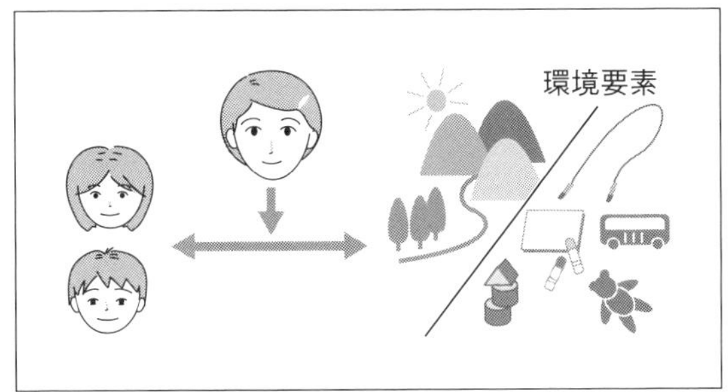

図5－2 子どもの環境とのかかわりをコーディネートする保育者

これは，室内の環境設定だけにとどまらない。例えば，バス遠足の目的地を選ぶことを考えてみよう。大きな公園，動物園，科学館，農場や牧場，パン工場…。保育者は，どんな体験を子どもに準備するかを考えながら，遠足の行き先と，そこでの活動を選ぶ。

環境を設定する場合，行き当たりばったりというわけにはいかない。「こんな経験を積んでこんなふうに育ってほしい」という保育の目標が，必ずあるはずである。環境の設定は，その目標の実現のための手段でもある。

3）子ども同士のかかわりを促す保育者

保育という営みは，図5－1のような保育者と子どもの1対1のかかわりだけで成り立っているわけではない。集団で生活していれば，子ども同士のさまざまなかかわりが当然生まれてくる。共感，思いやり，協力，競争，葛藤，ルール，トラブルとその解決など，子どもたちが子ども同士の関係のなかで経験することはたくさんある。

しかし，ただ子どもを集団にしておけば，勝手に経験を積んでいろいろなことがどんどんできるようになっていくというわけではない。

トラブルが起きたときに，最初から「せんせー…」と保育者に頼るのではなく，子ども同士で話し合ったり協力したりしながらトラブルを解決できるようになるためには，保育者による適切な援助が必要になる。

発達に遅れのある子がクラスの子どもたちの中に居場所を得るために，子どもたちにどのように働きかけていったらよいか。子どもたちの個性や関係に合わせて，当番，班やグループの活動をどんなふうに組織していくか。

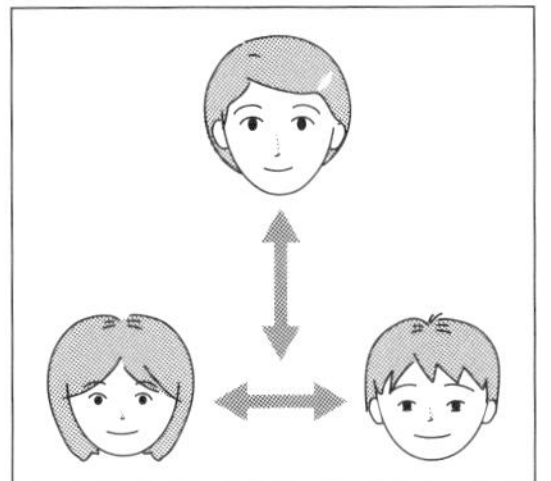

図5－3 子ども同士のかかわりを促す保育者

このように，保育者は，子どもの人的環境を調整し，子ども同士のかかわりを促していく役割をもっている（**図5－3**）。この役割を，ここでは，環境としての保育者の3つ目の役割として整理しておきたい。

2 活動の多様な側面を生かす保育者

本章で紹介した保育者の3つの役割のうち，最初と最後のものは，「人間関係」とのかかわりがとても深い。

それはある意味で当然である。保育が人と人のかかわりである以上，どの領域であれ，「人間関係」を抜きには，保育は考えられない。あるいは，「健康」を考えるときに「環境」抜きでは考えられないし，「言葉」は「表現」と深いつながりがある。

本章では「環境」としての保育者の役割について述べてきた。しかし，「環境」という1つの領域にとどまらず，保育活動の多面性を，多様なままに子どもの経験の豊かさや深まりに結びつけていく視点が，保育者には必要なのである。

第6章 指導計画の作成

1 保育の計画の意義

幼稚園や保育所などの集団保育の場は，単に家庭生活の補完や遊び場なのではなく，子どもと環境との積極的なかかわりを可能にし，人としての基盤や学習の基盤などを培うという意図的な保育を行う場である。したがって，楽しく毎日遊んでいればいいとして子どもを好き勝手にさせたり，保育者が思いつきの行き当たりばったりで保育をすることでは幼児教育の目的を達成できない。園では在園期間の園生活全体を通して，子どもに必要な経験が積み重ねられるように，その時々に経験させたいこと，身につけさせたいことを明確にして，それにふさわしい環境を準備し適切に援助していく必要がある。

かつては家庭や地域のなかで実現できたことも，現代社会では幼稚園や保育所で意識的に子どもの活動に採り入れなければ，子どもに必要な体験が得られないことが多い。さらに，動植物とのかかわりや自然現象においては，その時期や四季の変化を逃しては経験できないこともある。

保育者は，１人ひとりの子どもの発達の状態を把握しつつ，クラス全体のその時期の発達課題を大まかにとらえて，経験させる必要のあることを明確にして保育を計画的に実施する。その計画は子どもが興味や関心をもって取り組んだり，あるいはそのことによって充実感を味わうなどの主体的活動を大切にしながら，活動の前後におけるつながりや発展の見通しをもって積み重ねていく必要がある。

しかしながら，このように具体的な指導計画によって指導の方向性を示しつつも，一方では子どもの成長や意欲，偶発的な自然現象や遊びの発展によって，柔軟に計画を修正することも大切である。計画を立てることにとらわれてそれに縛られることのないようにしなければならない。また，反省・評価して，つねに指導計画の再構築をすることが求められる。

2 教育課程と全体的な計画

幼稚園における教育課程や保育所における全体的な計画とは，幼稚園教育要領や保育所保育指針などを下敷きにして，地域文化やそれぞれの園の実情に照らして考えられた教育目標や保育目標（望ましい子ども像）の実現を図るため，子どもたちの全在園（所）期間を通してどのような園生活を営ませるかという具体的ねらいや内容を年齢ごとに編成したものである。園職員全体の共通理解が大切で，家庭や地域の実態など，あるいは子どもの生活経験や発達の過程などを十分理解し実態にあった計画であることが望まれる。

3 指導計画

指導計画とは教育課程や全体的な計画をもとにして，各年齢別に，またクラス別に保育者が立てる具体的実践計画のことで，教育目標や保育目標に向かって具体的な指導のねらいや内容，環境の構成，子どもの活動の予想，保育者の援助のあり方などをあらわしている。子どもたちは生活の大部分である遊びを中心にして，日々体験を繰り返すことにより成長発達するが，保育者は何が必要で，いつ，どこで，どのように援助・指導したらよいかなど，その具体的見通しをもつことが必要である。また，クラス担任だけでなく，園全体の職員が連携して保育の目標を達成するように，充実した計画にしなければならない。

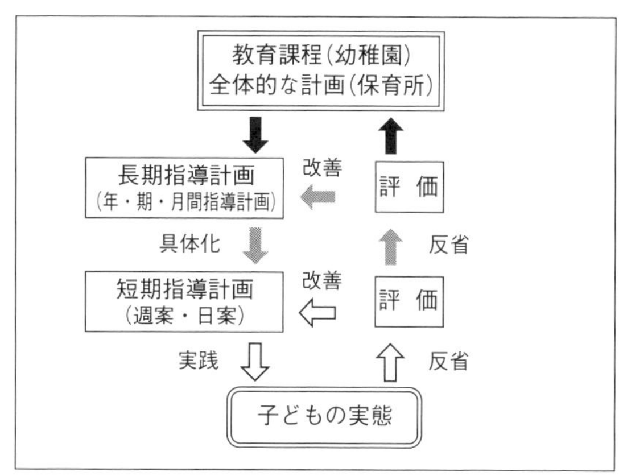

図6－1 長期指導計画と短期指導計画

1）指導計画の種類

指導計画には大きく分けて2種類ある。1つは長期的見通しをもったもので，年，期あるいは月ごとの長期指導計画である。園の教育全般にわたる基本的指標としての教育課程・全体的な計画をもとに，子どもの年齢ごとの1年を見通して想定したものが年間指導計画である。さらに，子どもの発達の節目をとらえ具体的に期で区切ったものや月ごとに計画する月間指導計画がある。

2つ目は子どもの毎日の生活に密着したより具体的，実践的なもので，週や1日の短期指導計画である。長期指導計画をもとに子どもの生活や活動の流れ，興味の状態などの把握とともに，状況に応じて子どもと環境とのかかわりや保育者と子どものかかわりを具体的にとらえ，保育実践に結びついたより現実的な指導の計画である。

子どもの生活行動をよく読みとり，興味や関心の実態を把握して，教育・保育目標が達せられるよう長期の指導計画と短期の指導計画の関連をうまく組み立てておくことが重要である。長期指導計画は前年度までの子どもの日々の活動から予測して立てられ，また，それによってあらかじめ用意された環境から日々の活動は生まれてくるというように，短期指導計画と長期指導計画は循環しながら関連しあう関係にある（**図6－1**）。形式にとらわれず，各園の実態にあった，やりやすい方法で作成すればよい。日々の保育の振り返りや実践後のまとまった期間ごとの反省・評価は大切で，長期指導計画や教育課程・全体的な計画を再構築するための資料ともなり，よりよい計画にしていくには必要である。

2）指導計画作成における留意事項

実際に指導計画を作成する際に留意する事項には，次のような点がある。

(1) 子どもの発達の理解

子どもの興味・関心・遊び・自然とのかかわりなどの園生活の実態をとらえることにより，子どものその時期その時期の発達段階や生活の様子を的確に理解することが大切である。これはその子どもにとっていま何が大切かを理解することで，具体的ねらいや内容を設定し，そのねらいを達成するために環境の構成をする際の基本である。活動内容や援助する点などについての共通する大まかな発達段階の把握をするとともに，1人ひとりの個別の発達の理解が必要である。また，園内だけでなく家庭や地域における子どもの様子も理解し，そこでの経験を採り入れたり，深めたり，補ったりして子どもの園生活を豊かなものとしていく必要がある。

⑵ 柔軟性のある指導計画

あらかじめ立てた計画を念頭において，実情に応じた指導を行うという意味で，計画にとらわれずその時々の状態や子どもの要求を見極め，柔軟性をもった計画である必要がある。計画とは予想であって，そのとおりに子どもの活動が展開するものではなく，子どもが環境にかかわって生まれる活動は一様ではないことのほうが多い。また，自然現象などは偶発的な場合が多く，突然降りだした雨や雪，雷，ひょうなどに即応して保育に採り入れることもあるであろう。雲の種類，形や動きは季節や天候により予測できることもあるが，１日や数日の流れのなかで急変することもある。その時々を的確にとらえて，子どもの豊かで多様な体験のために保育に生かす保育者の目や鋭い感性が必要であろう。

⑶ 長期の見通しをもつ

家庭生活の延長として社会にかかわる体験は重要であるから，地域行事や社会の伝統・文化とのふれあいなどは見通しをもって計画的に準備し構成される必要がある。また，動植物は季節の移り変わりにともなう自然条件の違いや地域の土壌の違いなどで異なってくる。それぞれの適切な栽培方法や栽培時期，観察できる時期などがあり，子どもたちが四季折々の動植物に触れるためには生育条件を調べ，保育への生かし方を考える必要がある。

さらに，その前後の保育活動の広がりとして，収穫物を使った保育活動や収穫の喜びを表現する保育活動にも見通しをもった計画が必要となる。

３）短期指導計画作成の手順

指導計画は園ごとに独自に作成されるものであり，その作成に当たっては形式にとらわれる必要はなく，必要事項が満たされ，保育者間の共通理解が得られるものであればよい。「第２部 保育の実際」では，主な環境要素別に，保育における意義や代表的遊びの保育実践事例を紹介している。その保育実践事例には「ねらい」や「指導上の留意点」を記載しているが，これらを参考に実際に指導計画を作成する場合の基本的手順を述べておく（図６－２）。

⑴ 子どもの実態を知る

年間計画や期・月間指導計画などをふまえながら，週案なら前の週までの，日案なら前日までの子どもの遊びや生活の実態を理解し，それとのかかわりにおいての指導計画を考える。興味･関心，意欲や気分，経験していること，伸びようとしていること，つまずいたり乗り越えようとしていることなどを知る。

⑵ 保育者の「願い」を検討する

いま１人ひとりが大切にしようとしていることが理解できたら，その時期に見合った育ちの方向を知ることができる。その方向に向かって，身につけさせたいことや経験させたいことなどの保育者の「願い」が，指導計画の「ねらい」や「内容」として設定できる。活動させること自体に保育者の関心が集中しやすいが，その活動によって何が育つのかといった視点をつねにもつことが重要である。

⑶ 環境の構成を考え準備する

活動内容の十分な理解と「ねらい」の検討によって，それを実現するのにふさわしい環境を工夫し準備する。子どもの自発的活動を引き出し，発達に必要な経験が得られるような環境についての見通しをもっている必要がある。しかし，必ず

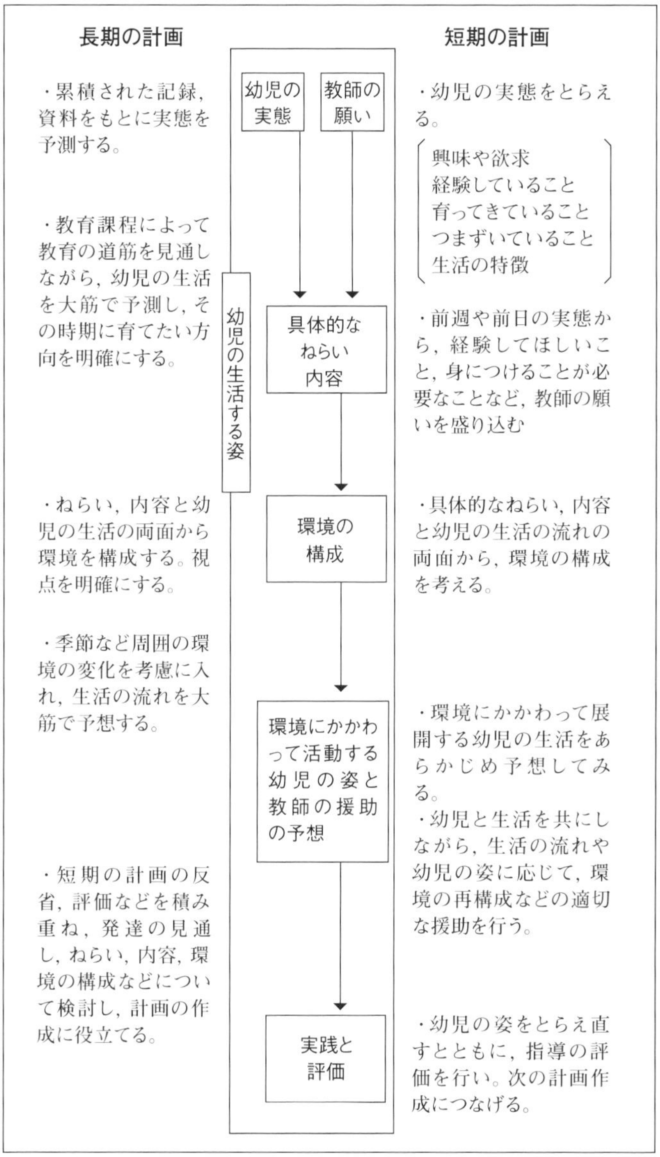

長期の計画		短期の計画
・累積された記録，資料をもとに実態を予測する。	幼児の実態／教師の願い	・幼児の実態をとらえる。 （興味や欲求 経験していること 育ってきていること つまずいていること 生活の特徴）
・教育課程によって教育の道筋を見通しながら，幼児の生活を大筋で予測し，その時期に育てたい方向を明確にする。	具体的なねらい内容	・前週や前日の実態から，経験してほしいこと，身につけることが必要なことなど，教師の願いを盛り込む
・ねらい，内容と幼児の生活の両面から環境を構成する。視点を明確にする。	環境の構成	・具体的なねらい，内容と幼児の生活の流れの両面から，環境の構成を考える。
・季節など周囲の環境の変化を考慮に入れ，生活の流れを大筋で予想する。	環境にかかわって活動する幼児の姿と教師の援助の予想	・環境にかかわって展開する幼児の生活をあらかじめ予想してみる。 ・幼児と生活を共にしながら，生活の流れや幼児の姿に応じて，環境の再構成などの適切な援助を行う。
・短期の計画の反省，評価などを積み重ね，発達の見通し，ねらい，内容，環境の構成などについて検討し，計画の作成に役立てる。	実践と評価	・幼児の姿をとらえ直すとともに，指導の評価を行い。次の計画作成につなげる。

（中央の縦枠：幼児の生活する姿）

図6－2 指導計画作成の手順
（幼稚園教育指導 資料第一集 指導計画の作成より）

しも設定どおりに子どもがかかわっていくとは限らず，子どもの主体的活動によって，選ばれ，組み替えられ，新たに構成されていくものでもある。

⑷ 予想される子どもの活動と適切な援助

多少の困難や工夫，努力を要する取り組みには，活動としてのおもしろさがあり，また，それを乗り越えたときの成長が期待できる。しかし，しばしばつまずきや行き詰まりを生じることもあり，保育者の適切な励ましや助言・援助が必要であったり，努力を認めたり，できばえをほめ満足感や達成感を味わわせることも必要である。また，一緒に遊び適宜アイディアを出すことで，遊びを広げ深めたり，おもしろさ不思議さに言葉かけをして気づかせたりと，子どもの活動を生き生きとさせるための保育者の役割は重要である。たとえ子どもの活動が思う方向に展開しなくとも，柔軟に対応しつつ大事な育ちの方向を見失わないような援助をしていくことが重要である。

⑸ 評価・反省から指導計画の改善

予想外の活動が生じたり，子どもが集中しなかったり，さらには「ねらい」が達成できなかったりと，指導計画がそのとおりにうまくいくとは限らない。たまたま計画どおりにいったと思われても，実は保育者が計画どおりにやらせてしまっているだけの場合もある。大方の場合，多少のずれや想定外の事態が生じたり，あるいは想定自体が間違っていたりすることもある。しかし，その結果をふまえ再度子どもの実態を見つめなおし，環境の再構成を行うなど指導計画を修正し改善していくのが保育である。

4）部分指導案の作成

表6－1は日案のなかの主活動にあたる部分の部分保育指導案の例である。以下①～⑦は記入内容についてであるが，記載する方法（形式）についてはとくに決まりがあるわけではない。本人は

もちろん，読み手に理解できるように書くことが重要である。

① 日付，天候，対象児の年齢，人数など
② 前日までの子どもの実態・様子（クラスの様子）
③ ねらい（子どもの立場で）や活動の内容
④ 配時（時間配分）
⑤ 環境の構成（教材・用具，場の設定など）
⑥ 予想される子どもの活動
⑦ 保育者の援助

「ねらい」は長期的繰り返しのなかで育つと思われる力（例えば協調性，創造性など）を養うというようなものよりは，その日その時間の保育活動で達成できるようなものにすることが重要である。

流れとしては，導入→展開→まとめとなるようにする。導入では，主たる内容への意欲がもてるように，例えば，歌，指遊び，絵本読み，お話などを行う。展開では安全への配慮はもちろん，精神的・物理的援助や励まし，ほめて達成感を味わわせることなどを適宜行う。また，行き詰っていればヒントを与えたり別の方向へ導くなどの調整が必要である。最後にはまとめとして，ねらいの達成を確認する働きかけやこれからの保育活動（次の日や次の行事など）に向けた期待をもたせる言葉かけなどで締めくくると良い。

表６－１ 部分保育指導案

<table>
<tr><td>保育の実施日</td><td>12月22日</td><td>天気</td><td>晴れ</td><td>対象児</td><td>（５）才児　男15名　女15名　計30名</td></tr>
<tr><td>クラスの状態</td><td colspan="5">・クリスマス会が近いので話題にすることが多い
・身近な素材で製作遊びをすることに興味をもっている</td></tr>
<tr><td>ねらい</td><td colspan="2">身近な素材で工夫して楽しく製作する
クリスマス会への期待を高める</td><td>内　容</td><td colspan="2">クリスマスツリーの飾りをつくる</td></tr>
<tr><td>教　材</td><td colspan="5">空き容器（ヨーグルトカップなど）30個，綿，アルミホイル，毛糸，はさみ30本，のり30本，黒サインペン30本，クレヨン，新聞紙10枚，白画用紙30枚，モール数本，ダンボール紙</td></tr>
<tr><td>時　間</td><td colspan="2">環境の構成</td><td colspan="2">予想される子どもの活動</td><td>保育者の援助と配慮</td></tr>
<tr><td>０分

５分</td><td colspan="2">・グループごとに席に座る
［配　置］
保育者
・おやつの空き容器を洗って乾かしておく
・さまざまな素材
綿，アルミホイル，毛糸など
・見本を用意しておく
サンタクロース，鐘，星など</td><td colspan="2">・各自決められた席に座る
・クリスマスの話を聞く
・「あわてんぼうのサンタクロース」の歌を歌う
・ツリーの飾り作りについての話を聞く
・素材の特徴に気づく</td><td>・グループで決められた席に座るように声かけをする
・クリスマスに関する声かけをし，ツリーやサンタクロースに興味をもたせる
・サンタクロースの歌を歌ってクリスマスに期待が高まるようにする
・ヨーグルトカップや身近な素材でクリスマスの飾りを作り，ツリーの絵に貼り付けることを話す
・素材の特徴に気づくような声かけをし，素材を活かしてつくることを話す（形，重さ，手触りなど）
・見本を見せて，イメージが膨らむように配慮する</td></tr>
</table>

時　間	環境の構成	予想される子どもの活動	保育者の援助と配慮
	赤	・出来上がったサンタクロースなどの見本を見てイメージを膨らませる	・はさみなどの使い方の説明をして安全に配慮する ・サインペンのキャップはしっかり閉めるなど道具の使い方についても説明する
10分	・はさみ，のり，黒サインペン各30本， ・クレヨン各自 ・セロテープ ・折り紙，画用紙 ・グループごとに新聞紙 ・のりを拭くタオルや雑巾	・道具の使い方の注意を聞く ・道具を取りに行く	・テーブルに大きく新聞紙を広げテーブルや床を汚さないように注意する ・グループごとに協力して道具を取りに来るように声かけをする ・子どもにわかるように手順をおって説明する ・グループごとにサンタクロースや鐘，星などを手分けして作るよう声かけする
20分	<u>サンタクロースの作り方</u> ・保育者がパーツを描いておく ・各パーツにクレヨンで色を塗ったり折り紙，アルミホイルなどを貼ったりする ・はさみで切ってヨーグルトカップに貼り付ける（のり，セロテープ） ・ひげ，帽子，髪の毛などは自由に綿，毛糸を使う <u>鐘の作り方</u> ・カップの底に保育者が穴を開けておく ・ヨーグルトカップをアルミホイルで覆う ・小玉を作ってモールでカップの中につける モール アルミホイル	・作り方の説明を聞く ・グループごとにサンタクロースや星，鐘を作る ・のりなどで汚れた手はぬれたタオルで拭く ・片づけをする ・グループごとにできた飾りを見せ合う	・不満をもたぬよう，作りたいものが重なってもよいことを知らせる ・子どもの様子を見てまわり安全に配慮する ・製作が遅れている子どもにはやさしく声をかけ，手を添えて援助する ・自分の作品を見せてくる子どもには上手くできたことをほめ達成感を味わわせる ・はさみが上手くできない子どもには一緒に手を添えて切るなどして援助する ・のりなどで汚れた手はタオルで拭くように声かけをする ・グループでほぼでき上がったところで片づけるよう声かけする ・ゴミはゴミ箱に，道具は前に持ってくるように声かけし，小さなゴミが落ちていないか見て回って，できるだけ自分たちで片づけるよう見守る ・グループごとにできた作品を見せ合い「みんな上手に作ったね」と声かけし，自信をもたせるとともに喜びを共感する
50分	<u>星の作り方</u> ・保育者がダンボール紙を切って星型を作っておく ・星型の紙にアルミホイルや折紙を貼る	・楽しく「あかはなのトナカイ」を歌う ・クリスマス会を心待ちにする ・明日の製作遊び（ツリーを作ろう）に期待をもつ	・「次は歌を歌おう」と声かけし，保育者と一緒に歌うように促す ・上手く歌えたことをほめ，クリスマス会への期待をもたせる ・明日はダンボールで大きなツリー（もみの木）を作り今日の作品を飾ることを伝え，明日の活動への期待をもたせて終わる。
60分	ダンボール紙　ちぎり絵		

第7章 園内環境

園舎や園庭，さらには乳幼児がかかわることのできる地域をも含めて，日々の遊びが展開される保育環境は保育の質そのものを決定すると言っても過言ではない。「今日は十分遊んだ」,「またやってみたい」などと満足して園を後にする。朝には「今日はあの遊びをしたい」「今日こそできるようになりたい」などと期待いっぱいで,思わずスキップをしたくなるようなそんな気分になる。乳幼児が自ら遊びを作り出し，発展させることができるような，あるいは個々の発達課題に向かって成長を助けるような保育環境を,保育者がつねに準備・点検し，乳幼児のかかわりを援助していくことが大切だ。

この章では，法的基準やそれを補う各種通知など保育環境を規定する枠組みについて，保育者として心得てほしいことのいくつかを紹介する。このことで日頃から社会的背景や保育環境の変容に関心をもって臨んでほしい。また，主に園舎や園庭などのハード面に焦点を絞って，保育者が環境を構成するうえで配慮すべき点について述べる。

1 園の環境を規定する枠組み

1）法的基準

幼稚園の園内環境を規定するのは「幼稚園設置基準」であり，保育所は「児童福祉施設の設備及び運営に関する基準」，また幼保連携型認定こども園は「幼保連携型認定こども園の学級の編制，職員，設備及び運営に関する基準」である。もともと幼稚園は学校教育法で規定される教育機関であるのに対して，保育所は児童福祉法で規定される福祉を目的とする児童福祉施設のうちの１つであり，それらの目的を達成するための必要な園舎や園庭についての基準が設けられている。また，これらを補うものとして文部科学省からは「幼稚園施設整備指針（2014 年７月）」がでており，保育所関連では「待機児童解消に向けた最低基準に係る留意事項等について（2001 年３月）」や「子育て支援のための拠点施設の設置について（1999 年１月）」，「児童福祉施設における福祉サービスの第三者評価事業の指針について（2002 年４月）」などの各種通知が出ており，保育に携わるものとして心得ておくことが必要であろう。

2）基準の弾力化，子育て支援

園庭の広さについて，例えば２歳児以上の幼児 100 人で比較すると，幼稚園は 400m² であるのに対して保育所は 330m² でよいとされている（**表７－１**）。また，保育所では待機児童を削減するという社会の要請に対応するため，所有権や貸借権などがない公園や寺社の境内などの敷地で，園に隣接しない場合（つまり園庭がない場合）でも認可されるという規制緩和がなされた。また，公立保育所の民間委託や送迎保育，駅前保育，家庭的保育事業の推進など，社会の要請によるとしてさまざまな弾力化が進められ，大都市ほど園庭をはじめとする保育環境の悪化が懸念される。

さらに，地域の子育て支援のための相談業務や

表7－1 「幼稚園設置基準」と「児童福祉施設の設備及び運営に関する基準」における園庭の比較

	幼稚園	保育所
法的基準	幼稚園設置基準 （第3章の第8条）	児童福祉施設の設備及び運営に関する基準 （第5章の第32条）
基準の内容	「園舎及び運動場は，同一の敷地内又は隣接する位置に設けることを原則とする。」「園地，園舎及び運動場の面積は別に定める」［（別表2）：2学級以下 330＋30×（学級数－1）平方メートル，3学級以上　400＋80×（学級数－3）平方メートル］※1	「満二歳以上の幼児を入所させる保育所には，屋外遊戯場（保育所の付近にある屋外遊戯場に代わるべき場所を含む※2 ※3）」「屋外遊戯場の面積は，満二歳以上の幼児一人につき 3.3 平方メートル以上であること」
広さ	幼児 100 人（3クラス）の場合 400＋80×（3－3）＝400m² 幼児 200 人（6クラス）の場合 400+80×（6－3）＝640m²	2歳児以上の幼児 100 人の場合 3.3×100＝330m² 2歳児以上の幼児200人の場合 3.3×200=660m²

※1　学級は35人以下とすること。

※2　当該公園，広場，寺社境内等については，必要な面積があり，屋外活動に当たって安全が確保され，かつ，保育所からの距離が日常的に幼児が使用できる程度で，移動に当たって安全が確保されていれば，必ずしも保育所と隣接する必要はないこと。

※3　当該公園，広場，寺社境内等については，保育所関係者が所有権，賃貸権等の権限を有するまでの必要はなく，所有権等を有するものが地方公共団体又は公共的団体の他，地域の実情に応じて信用力の高い主体等保育所による安定的かつ継続的な使用が確保されると認められる主体であれば足りること。（以上，2001年3月厚生労働省通知，「待機児童解消に向けた児童福祉施設最低基準にかかわる留意事項等について」より）

サークル活動，一時預かり事業などが課せられ，助成を受けて子育て支援のための施設整備を行う保育所が見られたり，幼稚園でも夏期休暇中の預かり保育などを実施する園が多くなった。

3）第三者評価

時代的背景から福祉サービスの質を保持する必要が生じ，かつ情報を公開する目的で福祉施設の第三者評価制度が始まり，保育所についても2004（平成 16）年度から実施されている。その後，2012（平成 24）年からは実質的な義務化を含む評価基準の改定，さらに 2014（平成 26）年から評価項目のスリム化，基準見直しなどが行われてきた。評価項目のうち保育環境として，例えば「主体的に活動できる環境を整備している」「戸外で遊ぶ時間や環境を確保…」「身近な自然とふれあうことができるよう工夫…」のような内容が示されているが，園舎や園庭の物的環境・自然環境の豊かさを示すに十分な評価基準とは言いがたく，個々の園が工夫し，より豊かな園環境となるよう努力することが望まれる。ちなみに，幼稚園に関しても「幼稚園における学校評価ガイドライン」が 2008（平成 20）年 3 月（2011〈平成 23〉年改訂）に，文部科学省から出ている。

2　園　舎

保育環境は生活の場として家庭の延長であるとともに，遊びや学びの場として家庭を補完する場である。

園舎には，次のような点での配慮が求められる。

1）安全・安心であること

乳幼児が安心して一日過ごせる場所，保護者が信頼してわが子を委ねることができる，どこよりも安全な場所でなければならない。部外からの侵入者に対しての策を講じることはもちろんであるが，誤飲やつまずく，ぶつかるといった危険がある家具や物，金属片やガラス片などがないよう日頃からの点検が必要である。

また，健康を維持するためには日照や採光，通風，騒音などにも配慮したい。室内の換気構造を工夫し，庇（ひさし）とバルコニーを長くとってそのそばに比較的大きな落葉樹を植えるなど，冬の陽だまりや暖気の採り入れ，夏の日よけと通風による涼の採り入れなど工夫した環境作りが可能である。

家庭的な温かい雰囲気のなかで乳幼児同士や保育者との交流がもてるようにする。とかく原色の色使いで幼稚な壁面構成が保育室や廊下などを埋め尽くすケースが多く，それを幼児が好むとされるが，家庭では活けた花や上品な絵画のインテリアが落ち着いた雰囲気を作りだす。コンクリートの冷たさや化学合成品の安っぽさではなく，木を主体にした温かくやわらかい住まいは子どもにとっても大人にとっても居心地のよい空間に違いない。

さらに，すべて大人から見渡されるようなオープンスペースばかりではなく，穴ぐら，あるいは隠れ家のような場所は乳幼児の心の安定には必要である。

2）主体性が発揮でき，心身の発達が促されること

さまざまな素材や道具を集めて自由に扱い，遊びに取り入れられるようにしておく。また，乳幼児の身体サイズにあった家具や遊具などを配置した，種々の遊びのコーナーを設定しておく。写真や小動物の飼育などを数多く採り入れるとよいが，飼育箱や水槽が高い台の上に設置されていて覗き込めなかったり，絵や写真が大人の目の高さに展示してあるなどはナンセンスである。あくまでも子ども主体の環境構成になるよう十分配慮する。

知的好奇心や探究心が育まれるよう，さまざまな教材・遊具，絵本や図鑑などを用意しておく。ただ，メダカの水槽に死骸が浮いていたり，身動きもできない小さな容器に大きな亀が入れられていたり，直射日光が当たり水も枯れた飼育小屋など小動物の虐待かとも思える光景を見かけることがある。これで何を子どもに育てたいとしているのか疑問である。小動物の飼育においては飼い方を保育者が熟知し丁寧に大切に育てること，また，その際に幼児が一緒に世話をするように配慮することが肝要である。

また，出入り口だけでなくテラスやバルコニーなどからも，園舎と園庭の間を自由に出入りし，屋外の自然環境と十分にふれあうことができるように配慮する。さらに，地域社会とのつながりや文化的環境は発達のうえで欠かせないものなので，保育内容や室内環境での伝承や雰囲気作りに工夫をしていく。

3）人や環境にやさしいこと

通風・採光あるいは屋上緑化などの工夫で環境に配慮した園環境は可能であるが，このことは乳幼児の体温調節機能などの基本的な身体作りのうえでも利点がある。

食器や教材，教具においては人工物ではなく木材，陶器などの「自然の素材」を多用し，雨水の貯水や安全で旬の食材を使用することなどが望ましい。また，保育に影響のない範囲での節電・節水，紙の節約などの工夫は，保育者が率先してその姿を示すことで教育的意味がある。廃材や裏紙などの素材コーナーの設置は物を工夫して大切に最後まで使うことを体験させることができ，環境教育（Environmental Education；EE）の視点で

写真７－１ 園庭の立体的利用
中央の木には自動車タイヤをたくさん縛りつけ，登りやすくしてある

の意義がある。シャボン玉液や水遊びに，危険な溶剤が入っていた空き容器などを使うことは習慣化の恐れがあるとともに環境配慮の視点でも問題である。

3　園　庭

１）園庭の意義と概説

園庭とは，そもそも園舎と一体的であり，かつ対比されるものでもある。空間的に，また環境構成要素の点からも制約が多い園舎内から園庭に子どもは解き放たれる。そして園舎内とは異質でより多様な環境のもと，主体的かつ自由な発想で思う存分体を動かせる園庭は子どもの心身の発達に必要不可欠な環境そのものである（**写真７－１**）。

一般的に園庭は周囲が柵や塀で囲まれ，植栽した樹木や花壇，ブランコやすべり台，鉄棒などの固定遊具，砂場や足洗い場，池のような水場などが子どもの安全性と動線に配慮して，それぞれの幼稚園の教育的意図のもとに配置されている。

２）園庭を構成する要素

⑴ 基　盤

園庭の面のことである。多くの園では土，あるいはその上を砂で覆ったものであるが，全面が砂場そのものであったり芝生などで覆われた緑地や庭園のこともある。また，都会の園では，アスファルト舗装やその上を合成樹脂で被覆加工した園庭もある。ここは自由な運動スペースであるとともに，設置されている固定遊具や可動遊具で遊んだり，栽培植物や飼育動物と触れ合う場でもある。

⑵ 遊　具

固定遊具には，ブランコ，すべり台，低鉄棒，ジャングルジム，シーソー，雲梯（うんてい），登り棒，クライミングウォール，築山（つきやま）とそこに掘ったトンネルなどがある。また最近では，それらを合体させた複合系の固定遊具もよく見られるようになった。

可動遊具・組立遊具には，ビニールプール，跳箱，平均台，三輪車，その他にもさまざまなものがある。

これら遊具の教育上の意義については，もっぱら子どもの体や運動機能の発達から論じられることが多い。しかしとくに固定遊具がそうであるように，園庭は本来，子どもが野山や原っぱで木登りをしたり枝にぶら下がったり斜面をすべり降りたりなど，自然の中で体を動かす体験を再現する場と考えることができる。したがって，園庭の斜面や樹木を固定遊具のように活用する発想と工夫が望まれる。

⑶ 砂　場

砂場は子どもにとって魅力的な遊び場である。砂遊びに水はつきものなので，水場に近い日当たりのよい場所が望ましい。

注意点としてガラスの破片や犬猫の糞が混入しないよう，十分な配慮が必要である。また，衛生面から時々砂の天地換え（上下の砂を移し替える）や減った分の砂の補充も怠らない。

⑷ 水遊び場

砂遊びと並んで水遊び・泥んこ遊びも子どもにとっては刺激的な体験である。足の洗い場でもよいが，安全に配慮しながら，池や小川などの水遊び場の設置も望ましいものである。可動式のプールを利用するのもよい。

⑸ 樹木・植え込み・生垣・柵

多くは園庭の外周に沿って植栽，設置される。草本の場合，プランターなどに植えることも多い。高木は園庭の日当たりに支障のないように配慮する必要がある。

植物の種類はその土地に本来生育するもの（潜在自然植生）を意識しながら，目立つ花の咲く木，実の成る木，においのある木，葉の形に特徴のある木，そのほか子どもの興味を引くものを選ぶようにしたい。さらに，樹種によっては木登りやブランコ遊び，木の上の小屋など，園庭の立体的な利用にも役立つ。

⑹ 花壇・菜園

ほとんどの園では柵やレンガで仕切った花壇や菜園を見ることができる。それを補うように，植木鉢のアサガオ，トロ箱で栽培するイネや水草などもよく見られる。

これらについては，第２部で詳しくふれる。

⑺ 禽舎（きんしゃ）・獣舎

ジュウシマツ，セキセイインコのような小鳥などを飼育するために，園庭に禽舎（小鳥小屋）やウサギ，ヤギなどの獣舎を設置する園もある。

4　自然の復元

園庭の最大の利用目的が，現実には運動場であることが多い。その結果，子どもが自然と触れ合えるのは園庭の周辺に作られた花壇や菜園，プランターなどに植えられた植物ということにならざるを得ない。このような人手のかかった人工的な自然環境だけではなく，その地域に本来あるような草原や雑木林を復元し，そこを子どもの自由に遊べる場としようとする試みも見られるようになってきた。その代表的なものがビオトープ作りである。

１）ビオトープ（biotop(e)）とは

ギリシャ語の bios（生物）と topos（場所）からなる生態学上の造語で，一言であらわせば“動植物が棲息（せいそく）するまとまりをもった場”という意味である。具体的には，大きければ田んぼ１枚以上からほんの１坪（3.3m^2）以下の広さの中に木や草を植えて昆虫などの小動物の訪問や定着が見られる自然環境，といった程度で，形態の厳密な定義はない。ただし普通は池や小さな流れ，湿地などの水環境がそのなかにあり，生態系の「循環」や「継続性」，「自然環境の復元」などの考え方が強く意識されている。このビオトープ作りが，本

写真７－２ ビオトープの一例

写真７－３ ビオトープと子ども

来そこにあるべき自然環境の復元や環境教育の一環として，地域社会的な市民運動や学校で行われるようになってきている。

2）ビオトープの意義

園庭にもっとも一般的な花壇・菜園での植物栽培は，花を咲かせたり作物を収穫したりすることが一番の目的である。その過程において，子どもが好奇心から根を抜いたり，葉や花を引きちぎったりすることが制限されるのはやむを得ないであろう。そこでその好奇心を満たせるように，また草花遊びに自由に利用できるように，園庭に雑草が生えるがままにしたスペース（雑草園）を確保したいものである。

このような，人手をあまり加えない空間に池のような水場を加えた自然環境が園におけるビオトープと考えればよい。作ってからは次第にそこに生えている植物の種類や形などの有り様が変わっていく。そして水にはトンボが産卵してヤゴがすみついたりアメンボが泳いだり，また草木にもさまざまな小動物が見られるようになるはずである。このような環境は子どもにとって，自然に触れて感じ，遊ぶ魅力的な場となるに違いない。自然体験の実践的活動として，このビオトープ作りはきわめて有意義である。

3）ビオトープの形

ビオトープといっても園庭全体に雑木林や草むら，小川と池，水田までがあるようなものから，園庭の片隅にバケツを並べてイネやその他の植物を植えただけのものまで，じつにさまざまである。このうち，前者のような大がかりなビオトープ作りには設置の経費と管理の問題から実現には困難が生じることが多い。

そこで，保育者１人からでも簡単にできそうな小規模のビオトープ（ミニビオトープ）作りを勧めたい。例えば，せいぜい畳１枚程度の造園用プラスチック製の池やトロ箱に水を張って水草や水稲などを植えたものを中心にした自然環境作りである。“池”の周辺にはその地域の自然を念頭に置きながら草木を植え，雑草が生えるがままにしておくこともよい（**写真７－２, ３**）。

以上のように（ミニ）ビオトープ作りは，より自然に近い環境を復元することでもある。したがって，保育者は園内外の自然環境を十分把握しておくべきであり，そのためには園内外の自然地図の作成が必要不可欠である。

【写真提供】
月かげ幼稚園（写真７－１），新宿区立戸塚第三幼稚園（写真７－２），梶ヶ谷幼稚園（写真７－３）

第8章 いのちを大切にする保育

21 世紀の子どもたちを取り囲む自然・社会・保育環境は近年大きく変貌している。子どもたちの健全な成長を保障するためには，単に保育に関する知識や技能を修得するだけでなく，１人ひとりの人間性を磨くため日本文化の伝統をふまえた包括的な幼児教育に真剣に取り組まなければならない時代なのである。このような物質文明の進んだ便利な社会に対応した保育者の養成には，現実の子どもたちの心身に現れているさまざまな異変について正しく理解し，どのような対応策を取るべきかを冷静に探る必要があろう。子どもたちの生活について，最近多くの方面から驚くべき実態が報告されており，対応が一筋縄ではいかないことが容易に推察されるからだ。

1 「いのち」という言葉がもつ時間と空間を超えた内容

最初に，私たちが何気なく使用している「いのち」という言葉について考えてみよう。

いのちを表す言葉には「命（いのち）」,「生命（せいめい）」,「いのち」があり，それぞれがさし示す内容は異なっている。「命」という場合は，私の命とか花の命というように個々の生きものの命をさす。それに対して「生命」という場合は，生命科学とか生命の単位は細胞であるとかいうように，個々の生き物の命ではなくて概念的な生命である。ひらがなの「いのち」は，個々の命の根底に共通する広くて深い内容を含んでいる。

この言葉「いのち」は未分化のようであるが，宇宙のいのちともつながる時間と空間を超えた包括的な内容を含んでいる。

最初の命の体験から最後の「いのち」を感じ取ることのできる子どもたちをこれからは育ててゆきたいものである。

2 子どもたちの絵が表す幼児教育の現状

現実の保育の現場で子どもたちにいま何が起きているのか，まず次の絵（図８－１）を見てほしい。これは九州のある私立保育園で，2004 年に年長組の子どもたちが描いた絵の１つである。

図８－１ 川で遊ぶ前に年長組の子が描いた絵

この絵の特徴は描かれた人物に手がない点であり，この絵を見たとき園長は驚き，「やっぱり，そうか」と思われたそうだ。というのは，全国各地の保育園や幼稚園でこのような手のない人物を描く子どもが増えていることがすでに報告されていたからである。

このような絵が描かれる理由は，蛇口に手をかざすだけで水が出る水道，手を触れなくても開くドア，包丁を使用しなくてもいい料理など，子どもたちが便利な生活に慣れて手を使わなくてもすむ環境で育っているためではないかと考えられている。この他にも，川を描かせても丸い池のような絵しか描かなかったり，川ではなくて海を描いたりして，子どもたちがいかに自然と触れあっていないかを示す事例が都市や田舎を問わずあちこちの保育園や幼稚園で報告されている。

そこで，この絵を描いた園児のいた園では，年長組を対象に初の試みとして夏休みに親子で川遊びをさせた。すると，その後で描かせた絵では人にはちゃんと手が描かれ，たくさんの生き物が登場する絵を描いたのである（図８－２）。

図８－２ 川遊びをさせた後で描いた絵

この経験から，忙しい保護者は田舎であっても都会であっても自然体験活動をさせていないことが明らかとなった。生活力（＝生命力）をつけるにはやはり昔からいわれているように太陽の光に当たり運動することが大切であろう。保護者自身が忙しく，親子で遊ぶ時間や自然体験が少なくなる傾向は今後ますます強くなると思われるため，これからの保育者は保護者に対して「お子さんの健全な心身，とくに脳の発達のためにも，複雑で美しい自然体験活動が大切ですよ」と言える知識を身につけている必要がある。

もう１つ子どもの成長に悪影響を及ぼしている生活習慣に，大人の夜型生活がある。日本小児保健協会が 2010 年に行った調査では，夜 10 時以後に寝る子どもは２歳児で 35％，３歳児で 31％，４歳児で 26％もいる。前回調査（2000 年）よりも改善しているが，30 年前に比較して，３歳児で 1.4 倍，４歳児で２倍に増えており，子どもたちの生活が夜型化していることがわかった。このような就寝時刻の遅さは子どもの生体リズムの乱れを引き起こし，体温調節の乱れや朝起きられないことで午前中の集中力がない児童が増える結果となった。早寝早起きは昔も今も子どもの成長，とくに脳の発達には欠かせない大切な生活習慣であるが，保護者の生活が夜型化した悪影響が子どもの心身の異常としてでてきているといえよう。

瀧井宏臣著『こどもたちのライフハザード』（岩波書店, 2004;巻末附録１の第８章６）, p.194 参照）を読むと，「豊かなはずのこの国で，いきいきとした日々の暮らしも，すくすくと育つための社会基盤も奪われ，心身の異常に苦しんでいるこどもたち」が大勢いる実態が報告されている。瀧井によれば，「遊びの消失，食の乱れ，夜更かし，メディア漬け等，さまざまな場面で育ちを奪われたこどもたちは，心身の異変というかたちで SOS の叫びをあげている。」といい，全国の幼稚園児，保育園児に見られる具体的な症状を詳述している。このようなさまざまな子どもたちの心身の異常は，10 年以上も前から現場の幼稚園教諭や保育士などの関係者が肌で感じてきたことだという。

子どもたちに起こっている異変は次の５つに整理できる。

① 防衛・基礎体力の低下
② 自律神経系の異常（生体リズムの攪乱）
③ 免疫系の異常（アトピーの増加）
④ 内臓・血管系の異常（生活習慣病の悪影響）
⑤ 脳の発達不全

詳しい説明は『こどもたちのライフハザード』を読んでいただくとして，ここで指摘しておきたいのは，これらの異変の原因は大人たちがつくり出した生活空間や生活習慣，いいかえれば大人の社会生活によるという点である。子どもの権利条約（児童の権利に関する条約）に書かれているような「子ども中心の視点」が欠けている点に気づくはずだ。したがって，子どもたちに発生しているさまざまな異変への対応は，保育者や保護者を含む社会全体の問題として取り組む姿勢がないと，個人個人への対症療法だけでは困難な時代になってきている。家庭での教育，地域での教育，学校での教育が有機的な繋がりをもたなければ本当の人間教育はできない。学校教育だけに子どもたちの教育を任せず，１人ひとりが生活のなかから子どもの教育を考えていかねばならない時代と言えよう。

子どもたちのいのちを守るにはどうすればいいのかという視点で，私たちの社会制度や構造をもう一度見直して変えてゆく時代になったのである。幼児教育についても現代の便利な生活のもつ光と影を検証してゆく見直しが大切ではないだろうか。

自然体験活動は幼児教育においては最も大切な教育活動であり，幼児期に経験した事柄はその意味が理解できなくても，子どもの脳の発達に大きな影響を及ぼすことが明らかとなってきている。ロバート・フルガム著『新・人生に必要な知恵はすべて幼稚園の砂場で学んだ』（河出書房新社，2004）にも書かれているように，現代の子どもたちは人生でもっとも重要な幼児期を幼稚園や保育園で過ごしている。大人になって創造的な活動をした人は，幼い頃に複雑で美しい自然のいのちとの触れあいが多いことが知られている。

そこで，現在の子どもたちがどの程度自然に触れあっているかを京都市にある保育園や幼稚園，小学校で調査した（巻末附録１の第８章２），p.194参照）。結論をいえば，思っていた以上に園児たちは生きものと触れあっていたという発見があった。これは保育者が園外保育で野外に連れ出す機会だけでなく，幼児自身がワラジムシ，カブトムシ等の生きものに強い関心をもっていることを教えていた。乳幼児心理学の研究からも，新生児は静止したものより動きのあるもの，色のないものより色のあるもの，平面より立体，見慣れたものよりも新しいもの，直線より曲線等に認知的な好みがあることが知られている。生きものに強い関心を示すのは乳幼児が本来もっている認知能力の１つであり，これを伸ばすことが大切である。

豊かな感性やいのちを大切に思う心は，生きものとの触れあいから出てくると考えられる。高度経済成長時代以前は，とくに意識する必要もないくらい生活環境に多様な生きものがいた。しかし，今ではメダカやドジョウなどといった身近な生きものが絶滅危惧種に指定される時代だ。これは何を意味するのだろうか？

いうまでもなく，私たちがあまりにも自然環境を人間の都合によいように改変しすぎた結果である。子どもたちが健全に成長できる環境は，多様な生物が生きていける環境ではないだろうか。そのような環境を保障するためには，いのちを大切にする視点での環境教育，すなわち生命環境教育をする必要がある。

3 目に見えない危険から子どもたちを守る

いのちを大切にする保育の実践には生命環境教育が大切であると述べてきた。幼稚園や保育所で子どもの事故が起きないように対応するには，どうしたらいいのかという安全管理の問題が最近話題になっている。ここでは目に見える危険ではなく，科学的な知識がないと見過ごしてしまう現代社会生活での危険性について指摘しておこう。

子どもの命に及ぼす危険性をどの程度考慮するかという点では，世界的にいわれているように予防原則に立った考え方が大切である。というのは，子どもは大人とは生理的に違うことや，時間が経過してからその悪影響が明らかになっていくことが多く，取り返しがつかないからだ。

最近の例では新型コロナウイルス感染症（COVID-19）がある。このウイルスはもともとコウモリの体内に存在したものであるが，中国の武漢の市場から全世界へとあっという間に拡がり，世界的な大流行（パンデミック）となったものである。世界共通の事実として，このCOVID-19は子どもにはきわめて感染しにくく，かつ感染しても重症化しないことが知られている。その理由は明らかではないものの，感染を防ぐには保護者や保育者が感染を拡げない方法をケースバイケースで考えてゆくほかはない。

目に見えない危険をわかりやすく次の3つに分類した。

① 物理的な危険性：電磁波，放射線。例えば携帯電話からの電波等
② 化学的な危険性：人工化学物質のすべてではないがいくつかのもの。例えば環境ホルモンとして知られている化学物質であるダイオキシン，PCB，DDT等
③ 生物学的な危険性：感染症を引き起こす病原菌やウイルス

これらについて，保護者はもちろん保育者も正しく正確な知識を学んでおく必要がある。それぞれの危険性については過大に恐れることなく，正しい判断を下すために基礎的な科学知識の修得と専門家の話を聞いて勉強する機会をもうけることが大切である。そのうえで，関係者で話し合いながら最善を尽くすことである。このような危険性について保育者がすべてを把握しているわけではないから，それぞれの分野の専門家からの話を参考にして判断するしかないのであるが，いずれにせよ便利な社会には落とし穴があるということは忘れないでほしい。私たちはあまりにも人間中心的な環境を作り上げてしまい，先程述べたような生きとし生けるものとの共生ができるような環境ではなくなってきている。生きものを殺す殺虫剤や防腐剤は基本的には毒物であり，幼い子どもたちにも少なからず悪影響を及ぼすことを知る必要がある。

電磁波が身体や脳に及ぼす影響についても，幼い子どもの脳は，成人の脳とは大きく違うことを知っていなければならない。神経細胞が成長しつつある柔らかい脳は外界からの物理的，化学的な危険にはできるだけ晒したくないものだ。その意味では，昔は心配しなくてもよかった現代社会に特有の目に見えない危険が増えたことは事実なので，正しい対処法を学んで，幼いいのちを守りたい。

4 「自然との関わり・生命尊重」を大切にする保育活動

幼児はまず生きものの誕生や死を見聞きすることで，個々の命について理解していく。そして，

成長するにしたがい次第に生物と無生物の違いを知るようになる。

幼稚園教育要領（平成 29 年３月告示）の総則の中に述べられているように，「身近な動植物に心を動かされる中で，生命の不思議さや尊さに気付き，身近な動植物への接し方を考え，命あるものとしていたわり，大切にする気持ちをもって関わるように」なっていくこと，そして，「自然に触れて感動する体験を通して，自然の変化などを感じ取り，好奇心や探究心をもって考え言葉などで表現しながら，身近な事象への関心が高まるとともに，自然への愛情や畏敬の念をもつようになる」ことが重要である（第１章，第２ 幼稚園教育において育みたい資質・能力及び「幼児期の終わりまでに育ってほしい姿」の（7）自然との関わり・生命尊重より；巻末附録２，p.200 参照）。

「自然との関わり・生命尊重を大切にする保育」を行っている保育園を調べると，以下のような内容で行われていることがわかる。

・自然との関わりを通して豊かな感性を育て，命を大切にする保育
・思いやりがあり命を大切にする保育
・豊かな感性と人の命を大切にする保育
・園舎裏の畑で野菜作り等をし動植物とふれあいながら，命を大切にする保育

大きく分けると，人の“命”を大切にする内容ともっと広く生きものの“いのち”を大切にする内容がある。どちらも大切だが，人間中心の世界観が強すぎると生命環境を破壊する結果を招くので，地球上のすべての生きものの命を大切にするような広くて深い内容を目ざしたい。そのような機会は，野菜などの栽培活動や，できればニワトリやウサギなど動物の飼育活動を通じて子どもたちに学ばせることが大切である。具体的な方法についてはそれぞれの章を参考にしてほしい。

これからの保育者は，いのちを大切にする保育をするために植物の栽培のしかたや正しい動物の飼育法をしっかりと身につけておく必要がある。また地球環境問題についても基礎的な理解をしたうえで，子どもたちに難しいことをわかりやすく，簡単なことを深く教えられる力も求められている。

仏教の教えの1つに『一切衆生悉有仏性（いっさいしゅじょうしつうぶっしょう）』というのがある。これはこの世の中の生きとし生けるもの，命あるものもないものも，あらゆるものは同じく価値あるものである，という考え方である。このような考え方は現在では地球環境を守る立場からも学ぶべき思想として参考になるだろう。いいかえれば，これからの保育者には地球環境問題を視野に入れたいのちを大切にする環境教育への取り組みが求められているのである。

最後に，子どもたちがもっとも関心をもつ昆虫はどんな植物に来ているかを調べるのに，たいへん便利な図鑑を紹介しておこう。どんな植物にはどんな昆虫がやって来るのかという長年の観察に基づいた，中山周平著『野や庭の昆虫』（小学館，2001；巻末附録１の第８章１），p.194 参照）は座右において利用するには最適である。この本があると身近な植物と，そこにやって来る小さな命にも関心が向くようになる。

保護者と保育者と一緒に身近な自然に生活するさまざまな生きものを，私たちと同じ生きものとして見るやさしい気持ちを育てることがこれからの地球人として大切ではないだろうか。

第9章 幼児期の環境教育

1 幼児期の環境教育の必要性

温暖化や気候変動などの影響が地球規模で大きな被害をもたらしており，環境対策が各国で取り組まれているところである。そのなかでも環境教育（Environmental Education；EE）の重要性が広く認識されており，「人間環境や環境問題に関心をもち総合的に理解したうえで環境保全の行動が取れる人を育成する」という環境教育の目的を達成するには，幼児期から一生涯に渡って実施されることが必要であるといわれている。幼児期においては毎日の昼間の大半を過ごす幼稚園や保育所，あるいはそれに準じる集団保育の場で環境教育が十分に実施されるようになり，家庭や地域へ発信・啓発していくことがもっとも効果的で急務である。

幼児の発達特性に見合った保育実践が幼稚園・保育所の教育課程や全体的な計画に無理なく位置づけられ，園の保育理念や保育環境の多少の違いはあっても，すべての幼児にとって必要な普遍的な教育として全国の園で実施されるようになることが目標となる。

2 幼稚園・保育所で行われる環境教育の本質（4つの視点）

幼児教育の特徴は心情，意欲，態度などの内面の育ちという発達の方向目標が示され，そのねらいは人間形成の基礎や学習の基盤などを作ることで，生活全体のなかでこのような発達の芽生えをとらえていくことである。したがって，環境教育はこのような幼児教育のねらいに沿い（一致し）ながら，全発達目標（発達課題）のなかで取り組まれるべきものであり，発達のうえで幼児期に逃してはならない体験と環境教育の基盤としての体験が重なり合うことを念頭に置く必要がある。

また，幼児期は机上の知識的レベルでの獲得というよりは，身近な環境にかかわる体験によって社会や自然，人間関係などのしくみや法則などを自ら学びとるという特徴から，体験の集積によって心情や態度，意欲などの育成や感性形成を可能にするような配慮が必要である。このような点を踏まえて幼児期の環境教育として次の４つの視点を示すことができる。

1）根源的なものを幼児の深い部分に育てる

幼児の内なる原型として，ものの見方や感じ方などの「生涯にわたる価値観」に通じるような根元的なものを幼児の深い部分に育てることが重要である。

ゴミ分別や清掃体験，リサイクル活動などの直接的環境保全の行動を保育に採り入れたり，節水，節電，整理整頓の精神として，あるいは，理由がわからずとも「しつけ」として身につけさせることをもって，幼児期の環境教育だとするだけでいいのだろうか。生活習慣を中心にした人々の暮らしぶりは，国，地域など，それぞれの居住する社会よって規範があり，その規範に従うことが求められる。したがって，保全行動の意味を理解し，社会の規範を守っていこうとする倫理観や，よりよい規範に変えていこうとするような「人として何を大切にするべきか」が判断できるような力を，うまく幼児の中に芽生えさせていくようにすることが求められているのである。つまり，学校教育以上で実施されることの多い直接的環境保全行動，あるいはゴミはゴミ箱へというような生活習慣として身につけさせることだけでは不十分であって，幼児期にこそ逃してはならない体験を見極める必要がある。幼児期に体験を通して獲得したことは内なる原型として子どもの意識下に根づき，将来に起こる日常生活でのさまざまな判断基準として生き続ける。そのような「生涯にわたる価値観」に通じるような根元的なものを育てる必要がある。

2）「自然への豊かな感性」を育てる

幼児期は五感を通して自然に十分にかかわり，「自然への豊かな感性」を育てる必要がある。

自然への豊かな感性とは，例えば自然の微細な変化や動きに対しても心が惹かれ，不思議さや驚き，感動として感情が揺さぶられる，あるいは，命あるものの生きる姿にたくましさや美しさ，けなげさや真摯（しんし）なものを感じ，いとおしく思えるなどの強い自然への感受性であろう。このような自然への豊かな感性が幼児の中に育っていくことで，傷つけてはいけない，なくしてはいけない価値ある存在として，自然が好きで尊く思うような人になっていくのではないかと考える。1日の保育のなかでは，保育者が幼児に経験させたい，あるいは身につけてほしいと願ってもつ「ねらい」を具体的にした「主活動」の時間を中心に，自由遊びなどの園生活全体で五感を十分使って自然に親しむような保育を実施することが幼児期の環境教育の中心的内容と考えられる。

3）「人として生きるための力」を十分育てる

自然への感性を豊かに育むとともに，人間形成の基礎や学習の基盤など「人として生きるための力」を同時に十分育てる。

健康でしなやかな心身，知的好奇心や探究心，遊びの創造力や意欲，協調性や他者を思いやる心，道徳性，また，内面の豊かな個性や多様な価値観など，「人として生きるための力」が総合的に育つことは幼児教育の目標であるとともに，幼児期の環境教育の土台を支えるものとして重要で，生涯にわたって受ける環境教育の基盤として，その教育効果を左右するものでもある。幼児期においては，生きるための力を十分育てるといった総合的発達を保障することを土台にして，あるいはそのことと平行して自然が好きで大切に思い，動物や植物を愛護するような心情や態度が形成されるようにすることが，重要な視点と考えられる。

4）持続的・主体的活動であること

日常の保育とのつながりのなかで展開するよう，年間を通しての繰り返しと持続性が重要である。

大自然のなかでスポット的に行われる遠足や宿泊キャンプなどだけでは不十分で，草花遊びや飼育栽培，散歩，自然現象にかかわる遊びなどの日常の保育がベースとなり，環境教育を意識して十分実施されることが必要である。また，ネイチャーゲーム（第10章の実践事例6，p.83参照）のような体感型の活動においても，的確なねらいをもち，身近な自然を生かし，かつ生活や発達の特性に応じたものとして実施されるべきである。

さらに，幼児期には未来や遠い国の人々のためなどという大義，もしくは理由もわからず「やらされる」という体験では，体験の質としては低いといわざるを得ない。例えばゴミを拾うとか清掃などの直接的環境保全行動の実施にあたっても，よく遊ぶ場所, 好きな場所であればそこをきれいにし大切にすることが無理なくできるというように, 集団全体としての主体的な活動へ導かれるように指導計画の見直しをすべきである。また, 自然の併せもつ危険や脅威を知ることもあるが, 全般的に自然遊びが楽しく好きになることが重要で, 保育者の環境構成や適切な援助のあり方が重要となる。

3　幼児教育体系における環境教育の位置づけと構成要素

1）位置づけ

幼児期の環境教育は環境教育の目的の最初の段階であり, 身近な環境にかかわって関心をもち, 幼児なりにバラバラではあるが理解をしていくという, 総合的な理解や行動の「前段階」としての態度や意欲を育成するということにある。一方, 保育内容環境の目標は「環境にかかわる心情, 態度, 意欲の育成」にあり, 気づきや大切に思う態度を重要視していることから, それは幼児期環境教育の目標に沿っているといえ, 環境教育と同一ではないにしても幼稚園・保育所の保育における環境教育を中心的に実施していくことが可能な領域であり, さらにいえば実施すべき領域であるといってもよい。

2）環境の構成にかかわる要素

(1) 地域の自然環境

周辺の自然環境を最大限に利用し, 小さな自然を見逃さず工夫することで幼児がふれあう機会を数多く設定する。

(2) 望ましい園内環境（園庭, 園舎）

実や花のなる木, のぼったりぶら下がって遊んだりできる木, 木陰を作るような木, 小山や流れる小川, 池などを設置し, 鳥, 昆虫などの小動物を呼び込むなどの工夫をすることが効果的である。その１つとしてビオトープが幼稚園, 保育所に取り入れられ始めている（第７章「１）ビオトープ（biotop(e)）とは」, p.40 参照）。樹木の植栽, 通風・採光, 雨水の貯水とその利用, 給食の食材への配慮, 保育に影響のない範囲での節電・節水, 教材の節約など, 保育環境を見直す意義がある。

(3) 環境教育的視点での教材, 教具

人工物ではなく木材, 陶器などの「自然の素材」を使い, また, 生活や教材から出る廃材や道具, 裏紙などを種類別に素材コーナーに分けて集め最後まで工夫して使う, 人体に安全な容器や素材を使う, 紙コップ, 紙皿などの紙製品を必要以上に使用せず菓子箱の厚紙などを利用するなど, 日用品を利用して工夫して遊ぶ力や物を大切に使う力などを育成するように教材を準備する。

4　「自然に親しむ保育」における環境教育の留意点

1）知的好奇心を満たし深める

例えば雨に興味をもった場合, たとえ年少児が対象であっても水は人間や生き物にとって必要で大切な役割がある, そのために美しい環境が必要で, 水は地球を介して循環しているなど, 保育者自身の言葉で説き, 自然現象が実は動・植物が生きていくことに深くかかわっていることなどに気づくよう配慮したい。また, 植物の色・形・大きさ, においや感触などの特徴や周りの様子, 季節による変化, エサとしての他の生き物とのつながり, また, 行事や遊びなどを話し, 気づきを深め, 知る喜びを満たし再び発見したいという意欲につなげていくことが重要である。

2）生き物に親しみをもちかかわり方を学ぶ

できるだけ虫や小動物にふれる機会を増やし,

採集，観察，世話などを通して特徴を知ることや誕生や成長，羽化などの変化に気づくなどして，親しみをもって接するようになることが重要である。また，飼育する場合は本来の生息環境を知ることや，責任をもって大切に世話をする，友だちと協力して飼うなどを経験させたい。また，自然に戻すことや，希少な生き物や園内での人工的飼育に適しない生き物は，むやみに持ち帰らない，さらに，年長になれば観察することだけでも満足感が得られるようにもしむけたい。虫嫌いも，保育者や虫好きの友だちの姿に刺激を受け，少しずつ愛情が芽生えるようにする。

3）命のめぐり，食べ物の旬，物質の循環を知る

栽培では植物の成長や命のめぐりを知り，また，本物の食べ物や旬を知ることができるように，さらに，物質の循環などを知る機会とする。

友だちとの共同作業，責任をもって世話をする，収穫する喜びを味わう，収穫物で遊んだりおいしく食べるというさまざまな体験ができる。さらに，再び土にもどし堆肥作りを経験することで，循環することの不思議さに気づかせる。さらに，野菜など無駄にしない，また，感謝して食べるという体験が環境教育の視点としては必要である。

4）植物の特徴や変化，人とのかかわり，おもしろさなどに気づく

できるだけ園庭には子どもの遊びに生かせるものを中心に植え，咲き誇る花，咲き終わった花，落ちた花，園内外の野草などに幼児が十分かかわることができるよう，環境の構成に配慮することが重要である。そのかかわりのなかで，折にふれて植物の特徴や季節にともなう変化，人との関係などのおもしろさに気づくよう保育者が助言・援助することが大切である。

ペットボトルのプランター

5）命についての指導，危険な生き物への対応の仕方は機会を逃さず行う

幼児期から命あるものに直接ふれ，他者へのいたわりや大切にしようとする心を十分育て，生き物との共生という根源的な感覚を育てることが重要である。死に出会う機会においては生き物を大切に葬ったり，死について話し合うなどの活動を採り入れる。また，人間だけは感情で殺傷したり，排除したりすることもあるが，生き物本来の食う食われるという生態学的な関係に気づくことも大切である。害虫，不快昆虫，危険な生き物との遭遇は，触らない指導，危険を避ける指導，攻撃されないときは室外へ逃がす，害虫は繁殖させない，やむをえず駆除する場合には環境負荷が少ない方法をとる，さらに，害虫といえども幼児の目の前で残酷な殺傷は避ける配慮が必要である。

5 環境教育プログラム開発の留意点

1）柔軟な活用ができること

対象児の実態や人数，天候，季節，場所，全体の流れ，保育者のねらい，もっている技術にあわせ，保育者が組み立てた指導計画に自在に組み入れられたり，組み合わされたり，変化して使えるようなもの，コンテンツとして使えるようなもの

の開発が望ましい。すぐれたプログラムであっても，決められたとおりに実施することが求められたり，まるごとパッケージとして実施しなければならないとするなら，それを「実施する」こと自体が目的化してしまい，本来の環境教育の目的や効果を見失う恐れがある。

2）日本の身近な自然を活用すること

日本の自然は里山，田畑，雑木林，傾斜のある山，狭く流れの速い小さな川など固有のもので，また，南北に長く四季のはっきりした日本固有の自然がある。そこで育った自然観というものもある。さらに，身近に自然がない都心や市街地の園も多い。たとえ諸外国のプログラムがすぐれていても全面的に採り入れるのではなく，良いところを見極め，日本の，しかも幼児が身近にかかわれる自然を生かしたあり方を基本にプログラム開発することが重要である。

3）日本の文化・伝統を伝えること

日本がたいへんすぐれた伝統・文化をもっていることに注目すべきである。例えば，かならずパンとスープを焼いて食べるという，スウェーデンのプログラムの例がある。日本の小麦粉の自給率は20％未満であり，自国の農業をつぶし輸入品に頼っている日本の食の問題は環境教育の重要なテーマである。したがって，環境教育の視点に立つならば，日本の伝統的食文化の体験をすることが重要ではないかと考える。まずは，自分が住んでいる地域の伝統に親しみ，好きで大切に思うようになることから始まるともいえる。

4）継続的に取り組めること

資格取得が義務づけられていたり，事前準備に過大な負担がかかったり，保育者では実施できないような内容であったり，莫大な費用がかかったりしては継続的指導が困難になりやすい。一大行事を実施することに追われ目的を見失わないよう，指導計画全体の中でバランスのとれた保育活動で，過大な負担がなく継続的に取り組めるようなゆとりある活動であることが望ましい。

水やり当番

5）保育者の保育観や自然観が根底にあること

どんな媒体を使おうが保育技術の水準がどうであろうと，幼児の心に伝わるのは保育者自身の保育観であり自然観である。環境教育への保育者の願いや思いがなく，方法だけがすぐれていても目的は達成できないのである。とにかく既成のプログラムや指導書どおりに実施しても，その園や保育者の実践として練り上げられていないならば，幼児には伝わりにくい。

6 持続可能な社会の実現に向けた保育のあり方について

1）地球規模の環境保全施策の流れ

人間社会の豊かさをこのまま追及し続けると「地球の成長の限界」が来るという考えから，1980年代に環境保全に配慮した節度ある開発を行い，持続可能な社会を実現するという「持続可能な開発（Sustainable Development；SD）」，「持続可能な社会（Sustainable Society；SS）」という概念が登場した。さらに環境問題に加えて，貧困，紛争，感染症など，社会が抱えるあらゆる問題から一人も取り残さないという考えから，2015年9月の国連サミットにおいて「持続可能な開発のための2030アジェンダ」が採択された。ここで「持続可能な開発目標（Sustainable Development Goals；SDGs）」として期限（2030年）と目標課題（17項目）が掲げられることとなった。

一方，環境保全のための教育（環境教育，Environmental Education；EE）は，1980年代より取り組まれ始めたが，持続可能な開発のための教育（Educational for Suatainable Development；ESD）は，日本が2002年の「持続可能な開発に関する世界首脳会議」で提唱し，以後，ユネスコを主導機関として国際的に取り組まれてきた。SDGsの採択を受けて，実現に向けての教育「ESD for 2030」が2019年の第74回国連総会で承認され，2021年の「ESDに関するユネスコ世界会議」で実質的にスタートすることとなった。

日本では学校教育での推進のため，2016年に「ESD推進の手引き」が発行され（2021年改訂），学習指導要領への明記がなされたが，幼児教育については小学校への連続性の観点からどのように捉えればよいのか考えてみよう。

2）持続可能な社会の実現に向けた保育の実際

日本ユネスコ国内委員会*は持続可能な社会を構成する個人のあり方として「自らの考えを持ち，新しい社会秩序を作り上げていく，地球的な視野を持つ市民の育成という観点が重要である」としている。地球市民教育として，他者とのかかわり方・コミュニケーション能力，自己肯定，共に生きる力，五感で自ら学ぶ力などの育成が幼児期から必要ではないかと考えられる。さらに，概念的には，持続可能な社会の形成にかかわるあらゆる活動（環境，平和，人権，開発，ジェンダーなど）が核（エッセンス）の部分で重なり合い，例えば環境教育は，生態学的持続性の追及という独自の課題をもちつつ，多面的なものの見方やコミュニケーション能力などの『育みたい力』，参加型学習や合意形成などの『学習方法』，共生や人間の尊厳といった『価値観』などを核として他とともに共有している（阿部，2004）。

幼児教育においては，全発達過程においてコミュニケーション能力や協調性，思いやり，道徳性の芽生えなどをはじめとする人間としての基本的な力の形成を，保育内容「人間関係」などを中心に，総合的に図ることを目標としている。このことを考えれば，まさに幼児教育の目標は持続可能な社会を形成するための教育の目標と重なり合うといえる。先に述べた環境教育の本質（4つの視点）は「持続可能な社会を実現するための保育」としての意義を包括しており，「自然に親しむ保育」を中心にした幼児期の環境教育の普及を図り，加えて，自己肯定やコミュニケーション能力，協調性，多様な価値観などの力が総合的に育まれるようにすることで，幼児教育全体で持続可能な社会の実現のための保育を具現化していくことが可能になるのではないだろうか。

【写真提供】たかつかさ保育園

＊日本ユネスコ国内委員会：ユネスコ（国際連合教育科学文化機関，United Nations Educational, Scientific and Cultural Organization）は，教育，科学，文化の協力と交流を通じ，国際平和と人類の福祉の促進を目的とした機関。日本は1951年に加盟し，翌年制定の「ユネスコ活動に関する法律」第5条に基づき文部科学省内に日本ユネスコ国内委員会を設置した。

第2部

保育の実際

【写真提供】（公財）鉄道弘済会 人見認定こども園（第13章）

第10章 植物にかかわる保育

1 保育における植物という環境の意義

1）魅力ある環境とは

大人にとっては些細で取るに足らないと思えるような小さな発見，感動，驚きや気づき，あるいは夢中で遊び込んだあとの充実感や達成感などが，実は子どもにとっては大きな意味をもつ。このような体験が繰り返されることで挑戦しようとする意欲や困難を乗り越える力，かかわり知ろうとする好奇心や探究心，さらには豊かな感受性などが確かなものとして子どもの内面に育っていく。

このような小さいけれども意味のある体験は，次の体験を求める原動力となり，思わずかかわりたくなるような魅力ある環境の存在でさらに誘発される。魅力ある環境とは，子どもが見たり，聞いたり，触ったりすることができる存在で，時としてさまざまな姿を見せたり，あるいは成長するなど変化に富み，子どもなりの予測やそれに反しての意外性，偶発性などで生じる体験の深みが可能な対象である。植物は一般に動物ほど動きが少なく刺激が乏しいと考えられがちであるが，身近にあって子どもの興味を惹くという点では，植物ほどそれにふさわしい環境はない。

例えば，サツマイモの茎は，畑に植えたその日はしおれて横たわっているが，数日して根づくと，クッと先端の芽が垂直に立ち上がる。そうして日に日に先端の葉の数が増して，瞬く間に数えられないほどに生い茂る。このたった１～２週間のイモ苗の変化ではあるが，子どもは根づいたことへの安堵感とともに，その強い生命力を感じて小さな感動を味わうことであろう。また，植物の成長には水が必要であること，芽は天に向かって伸び，根は地面に向かって降りていく，根が太くなってイモになるなど，植物が成長する現象の大まかな原則に気がつく。小さな虫が葉を食べていれば，苗を心配する一方で，植物は動物のえさになるといった関係にも気づく。保育者に言われたからとか当番だから世話をしたり観察したりするのではなく，期待感や興味・関心をもって主体的にかかわるように，保育者が事前の導入や活動中の働きかけを行い，小さな発見や感動，気づきが誘発されるようにする。

動物はともすれば子どもの意のままにはならないものであるが，植物はもっとも自在に扱える素材で，遊びの発想の広がりや工夫が可能で，しかも入手しやすい。植物はちぎったり，つぶしたりとたやすく加工でき，ままごとをはじめとする日常の遊びに採り入れやすい。このように，保育者は植物の保育における意義を十分ふまえ，素材として意識して子どもたちに提供すべきである。

2）五感を使う体験

植物とかかわる際には，子どもの五感をフルに使ってかかわるように配慮したい。大きさや形の違いおもしろさや特徴に気づくようにしたり，目で見るだけではなく香りを確かめたり，蜜を吸うなど五感をフルに使ってかかわるよう保育者が援助していくことが大切である。その気づきがさまざまな遊びに結びつき，さらに広がるように導きたい。このことは子どもの五感を磨き感性を豊かにするとともに意欲や好奇心を高めるという内面の育ちにとっては欠かせないものである。

例えば葉に紙をあて，クレヨンや色鉛筆でこすりだしの絵を描くとする。保育者は動物の絵を描こうといったアイディアを出し，「よくできたね」とほめてその仕上がり具合に達成度の目安や活動のねらいを置きがちである。しかし，こすりだしの面白さは，表面の凹凸による模様の偶発性とその組み合わせによる自由な創造性であろう。したがって，体験させたいこととしては，葉の裏と表のザラザラ感やツルツル感などの感触の違い，植物によって形や大きさ，葉脈の通り方が実にさまざまであることなどを実際に触って確かめさせたい。さらに，葉によっては蜜腺（サクラ）があったり，ダニ部屋（クスノキ）があったりと，園庭や園周辺の植物の特徴やおもしろさを保育者が心得ておき，話し聞かせることで植物への関心が一挙に高まり，創造力を豊かに使っての表現遊びがますます発展していくと考えられる。

3）身近な草花への親しみ

日本は四季が明確で，植物はその気候の変化にしたがって確実に様子を変容させる。日本は古来より，農業をはじめとする生活や文化，芸術の分野に季節の変化を採り入れ親しんできた。自然現象や動植物などの自然とのかかわりが目印や区切り，縁起などとして年中行事とともに密接に生活に結びついている。そういう点で，諸外国より日本人の自然に対する感性は豊かかもしれない。しかし，都市化や機械化が進み，また，時間的余裕を失った社会生活では大人のみならず，子どもの感受性すら薄れているのが現実である。

とはいっても，ビルの谷間や舗装道路にも草が生え，整備されてはいるものの都市にも公園があり，そこにいる虫なども含めた小さな自然の存在を見逃してはならない。とくに小さな子どもは視線が低い位置にあり，大人には思いがけない物でも案外気がついたりする。芽が出て，葉が生い茂る，つぼみが膨らみ花が咲く，実がつく，紅葉して葉が落ちるなど，季節のめぐりに合わせてさまざまな様子が見られるよう，保育者はできるだけ植物を準備するなど，園の環境を整える必要がある。さらに，子どもの気づきを促し感性を刺激するような言葉かけや援助ができるように，あるいは，子どもの小さな発見や驚きを受け止め，より深めることができるようにしなければならない。

4）旬（しゅん）を大切にする

植物は日照時間や温度によって成長や開花が制御され，季節とともに変化していく。とくに草花は芽吹いて，成長，開花，結実，枯死する期間が短く，樹木とは違って年を越して成長し続けることはまれである。カラスノエンドウを見つけたので，豆で笛を作ろうと一週間後に行ってみると，もうすでにタネが飛び散っていたということもある。したがって，旬を逃さないように注意し，機会をうまくとらえて保育に生かすことが大切である。つねに保育者自身が感性の扉を開き，季節の移ろいや変化する姿に興味・関心をもち，裏打ちとしての知識や保育技術を積極的に学ぶことが大切で，よく見かける野草については特徴や名前を覚えておくようにしたい。また，園内外の生き物を記した「生物ごよみ」や「マップ」を作成し，いつどこでどのような植物が利用できるかなど把握しておく必要がある。

5）気づきを深める対応

「なぜ」「これ何」と興味をもったり，不思議だと思うことをしきりに質問するのが幼児期の特徴である。花の名前を知りたいのか，美しさやおもしろさへの共感を求めるのか，その時々で求めるものは違うが，それに応じた対応が必要である。名前を知らない場合も，幼児の疑問や感動を受け流さず，図鑑や科学絵本を十分活用し一緒に調べることで，幼児自身の理解が広がり探求する力がついていく。

また，名前を教えることだけで終わらず，植物の色・形・大きさ，匂(にお)いや感触などの特徴や周りの様子，季節による変化，エサとしての他の生き物とのつながり，さらに行事や遊びなどについて話し，気づきを深め，知る喜びを満たし再び発見したいという意欲につなげていくことが重要である。

2 草花の種類と実際

1）春の七草

春の七草とは，セリ，ナズナ，ゴギョウ，ハコベラ，ホトケノザ，スズナ，スズシロを言う。

正月七日は「七草の祝い」といって江戸時代には五節句の１つとして重要なものとされ，松の内の最後の日として祝われていた。現代社会でも伝統的生活文化として，各家庭や幼稚園・保育所での行事として採り入れられている。朝食に春の七草を入れたお粥を食べるが，この若菜から自然の生命力を得るという呪術的な意味合いと，冬にビタミンやカロテンを摂取するという栄養学的な意味合いがあるようだ（図 10 − 1）。

オギョウ（ゴギョウ，ハハコグサ） 全体が白い毛に覆われ，ほおけているような印象からホオコグサと呼ばれ，それがなまって呼ばれるようになった。チチコグサは毛がなく，花は茶色。

ハコベラ（コハコベ） 茎の片方に毛が一列に生え，めしべの先が３つに分かれる。一回り大きくめしべの先が５つに分かれているのはウシハコベである。

ホトケノザ（コオニタビラコ） 現在のホトケノザとは違う。田んぼに平たくくっつくように生

図 10 − 1 春の七草

図 10 − 2 秋の七草

えるので田平子（タビラコ）という。オニノタビラコは花茎が直立して20～60cmになる。

2）秋の七草

秋の七草とは，ハギ，ススキ，キキョウ，ナデシコ，クズ，フジバカマ，オミナエシを言う。

万葉集に収められている山上憶良（やまのうえのおくら）の歌「秋の野に咲きたる花を指折りかき数ふれば七種の花」「萩の花尾花葛花なでしこの花女郎花（をみなへし）また藤袴（ふぢばかま）朝貌（あさがほ）の花」が源流とされる（図10－2）。

オバナ　ススキのこと。ススキは金色をしているが，よく似たオギは銀色をしており，毛がふさふさして穂がぼってりしている。

クズ　むかし奈良県吉野郡国栖（くず）の商人が根からとれる粉を食用や薬用として売り歩いたことが名前のいわれである。

キキョウ　万葉集では朝貌（あさがお）といっていたが，現在のアサガオは中国原産で万葉のころは日本にはまだ渡来していなかった。

オミナエシ　オミナは女，エシは飯がなまったもの。白い花はオトコエシという。

3）タンポポの秘密

⑴ 花のつくり（キク科）

タンポポの仲間（キク科）の花は，１つの花に見えるが実は花の台（花床）にたくさんの花が集まって１つになっている。タンポポ型は５枚の花びらがくっついて１枚になった舌状花の集まりで，他にノゲシ，ニガナ，園芸種ではアスターなどがある。花びらがない管状花だけのアザミ型はノアザミ，センダングサなどがある。舌状花と管状花でできたノギク型はヨメナ，ヒメジョオン，ハルジオン，園芸種ではヒマワリ，コスモス，マーガレット，スノーボールなど多様な種類がある（図10－3）。

⑵ 就眠運動

タンポポの花やカタバミなどのマメ科植物の葉は昼間は開いているが，暗くなると閉じる。チューリップは夕方からの低温で花が閉じる。このように光や温度に反応して葉や花が閉じたり開いたりすることを就眠運動という。

⑶ 茎の秘密

花は３日間くらいしか咲かず，しぼむとすぐ茎が倒れて，開花中の花のじゃまをしないようにする。ところが綿毛ができる頃になると茎がスーッと頭をもたげて，いちばん高い位置からできるだけ遠くに綿毛を飛ばすようになっている。

4）帰化植物（図10－4）

セイヨウタンポポ　代表的な帰化植物（外来種）である。在来種のタンポポ（図10－4）との違いは，形態的には総包片（そうほうへん）が反り返っている。生態学的には単為生殖，開花期が長く，頭花（とうか）数小花（しょうか）数ともに多い。また，種子が軽く発芽率が高く，成長が早い。都市化した環境や乾燥しやせた土地でもよく育つなど繁殖に有利で，日本中で見られるようになった。

ヒメジョオン　舌状花（ぜつじょうか）は白く，葉の軟毛はまばらである。５月末から晩秋まで咲く。

ハルジオン　舌状花はピンク色で，葉は茎を抱くようについており軟毛が多い。初夏に咲き終わる。

オオイヌノフグリ・タチイヌノフグリ　名前の由来は果実が犬のふぐり（睾丸）に似ているからといわれる。タチイヌノフグリは小さく立っている。在来種のイヌノフグリは花が紅紫色で花・草丈ともに小ぶり。

オランダミミナグサ　葉の形がネズミの耳に似ているところから。

その他オオオナモミ，アメリカセンダングサ，セイタカアワダチソウ，ヨウシュヤマゴボウなど

図 10－3 花のつくり（キク科）

Ⅰ タンポポ型
舌状花だけが集まっているタイプ
タンポポ，ニガナ，ノゲシなど

Ⅱ アザミ型
管状花だけが集まっているタイプ
ノアザミ，ゴボウ，センダングサなど

Ⅲ ノギク型
舌状花と管状花が集まっているタイプ
コスモス，ヨメナ，ヒマワリなど

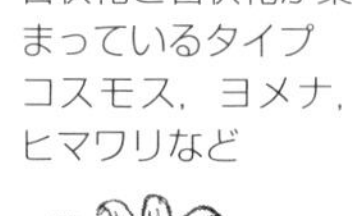
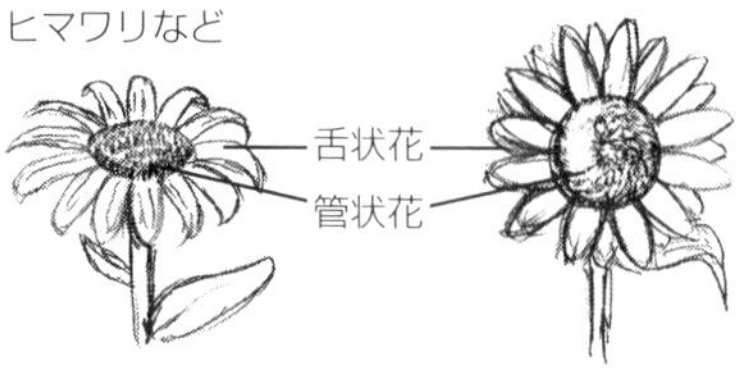
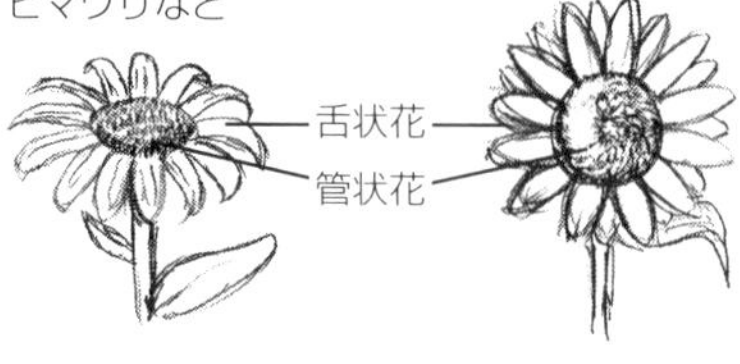
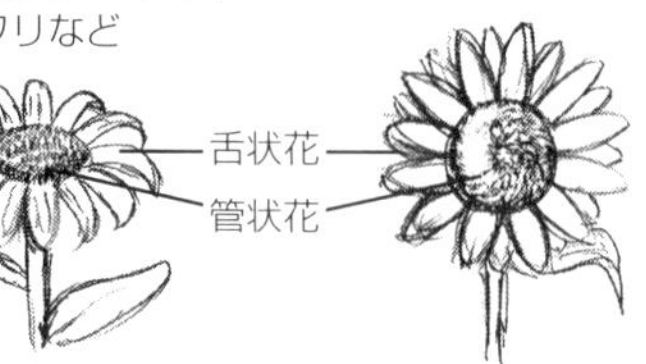
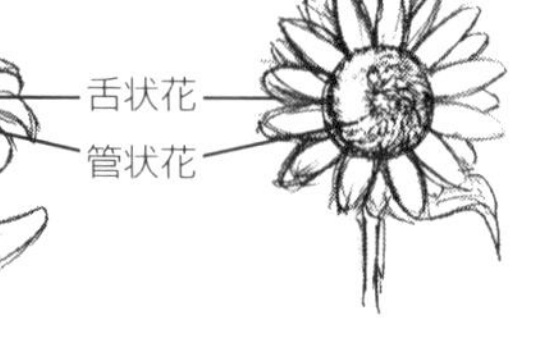

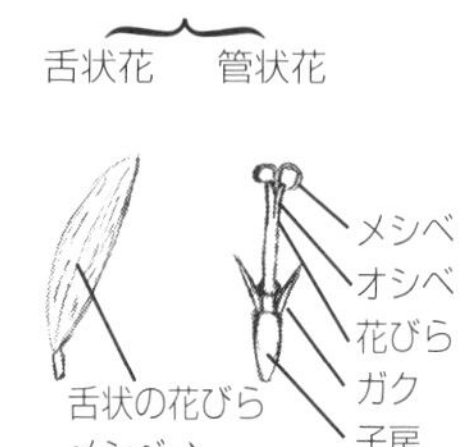
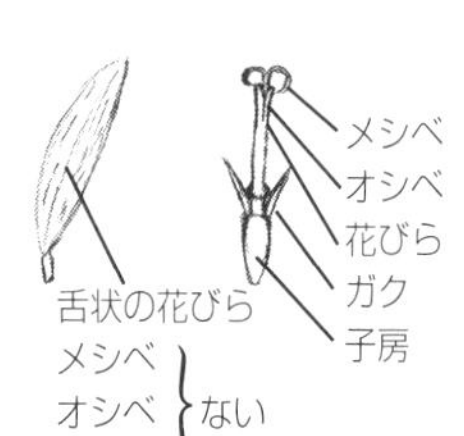

図 10－4 帰化植物

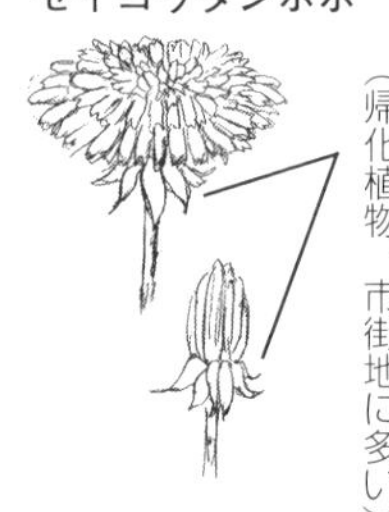

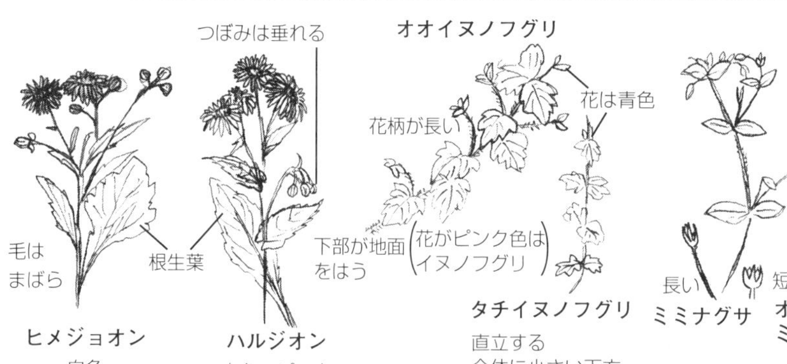

図 10－5 身近な野草

図10－6 遊べる野草

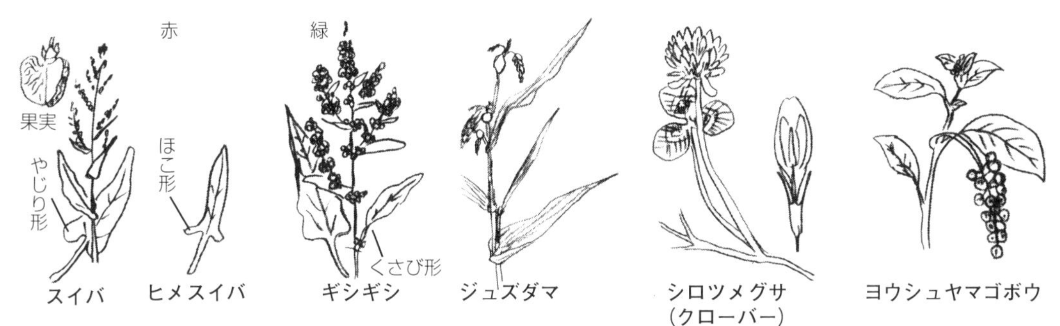

果実
やじり形
スイバ
赤
ほこ形
ヒメスイバ
緑
くさび形
ギシギシ
ジュズダマ
シロツメグサ
(クローバー)
ヨウシュヤマゴボウ

図10－7 くっつく・飛ぶ・へばりつく

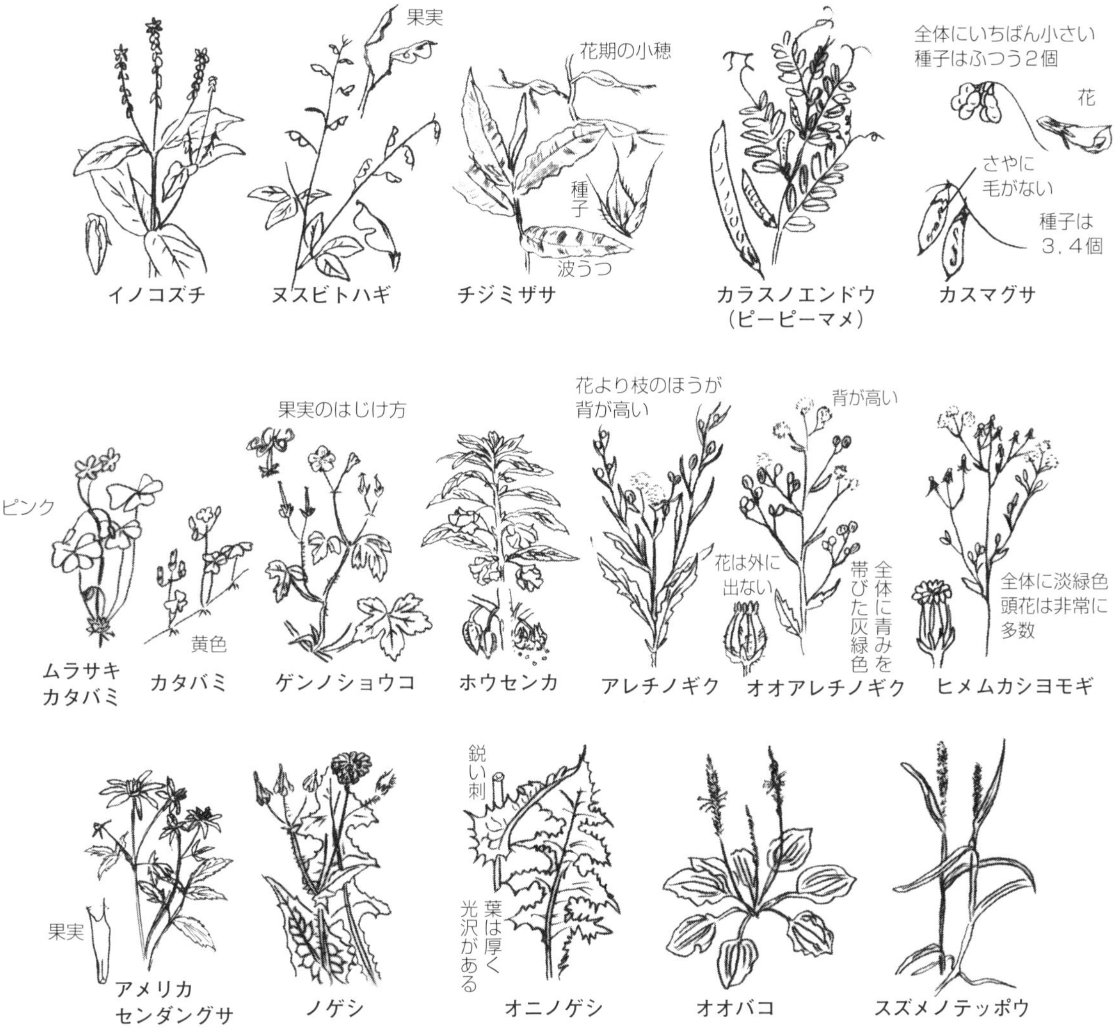
イノコズチ
果実
ヌスビトハギ
花期の小穂
種子
波うつ
チジミザサ
カラスノエンドウ
(ピーピーマメ)
全体にいちばん小さい
種子はふつう2個
花
さやに
毛がない
種子は
3，4個
カスマグサ
ピンク
ムラサキ
カタバミ
黄色
カタバミ
果実のはじけ方
ゲンノショウコ
ホウセンカ
花より枝のほうが
背が高い
アレチノギク
背が高い
花は外に
出ない
全体に青みを
帯びた灰緑色
オオアレチノギク
全体に淡緑色
頭花は非常に
多数
ヒメムカシヨモギ
果実
アメリカ
センダングサ
ノゲシ
鋭い刺
葉は厚く
光沢がある
オニノゲシ
オオバコ
スズメノテッポウ

日本固有の生態系に被害を与える外来種の動植物を「特定外来生物」に指定し規制する，いわゆる外来生物法※が2005年6月1日に施行された。生態系保全の観点から輸入や飼育を規制する初の国内法で，国や自治体による野外での防除活動も始まる。2023年4月現在，植物は19種が特定外来生物に指定され，植物はナガエツルノゲイトウ，ブラジルチドメグサ，ミズヒマワリなどについて防除が実施されている。

※正式名称は「特定外来生物による生態系等に係る被害の防止に関する法律」。外来種被害防止法とも略される。動物については第11章，p.91参照。

かなりの種類が日本各地に定着している。

5）身近な野草の名前のいわれ（図10－5）

ホトケノザ　葉が仏像の台座（蓮華座（れんげざ））に似ているからといわれる。

オドリコソウ　笠をかぶって踊る人に似ているからといわれる。茎が四角形。

キツネノボタン　果実がコンペイトウのような奇妙な形で有害だからキツネとなり，葉は牡丹の葉に似ているので呼ばれるようになった。

タガラシ　田を枯らすとか草の味が辛いからなどといわれる。

スズメノヤリ　スズメとは全般に小さいことをあらわす。大名行列の毛槍（けやり）の形に似ている。

エノコログサ　エノコとは子犬のことでロは尾のこと。別名ネコジャラシともいう。

ヤエムグラ　7～8枚の葉があることと，群れて咲いているのでムグラという。

6）遊べる野草（図10－6）

スイバ　芽はスカンポと呼ばれ食べると甘酸っぱい味がする。穂には赤い小さな花がたくさん付く。

ギシギシ　スイバに似ているが穂は緑色。

オシロイバナ　自家受粉する。タネの胚乳（白い粉）を化粧（おしろい）に見立てて遊ぶ。

ジュズダマ　もともとは食用として熱帯アジアから持ち込まれたらしい。

シロツメグサ　江戸時代にガラス器などを運ぶのに，乾燥したものを緩衝材として箱に詰めたことからツメグサと呼ばれるようになった。

ヨウシュヤマゴボウ　ゴボウの根に似ているので名が付いたが，山ではなく人里に生える。色水遊びに実を使うが，葉と根には毒があるので口に入れないよう注意する（第19章 安全保育，p.189参照）。

ヘクソカズラ　つる性植物で塀や柵にからんでいるのをよく見かける。花が灸（やいと）のように見えるので，体につけて遊んだりする。

7）命をつなぐ大作戦（図10－7）

植物は動物と違って自力で動くことはできないが，同じ場所での勢力争いを避けたり，日当たりがよく天敵などが少ない安全な場所まで到達するために，できるだけ遠くにタネを運ぶ。

⑴ 動物の身体にくっつく

イノコズチ　日向を好むヒナタイノコズチは茎の節を猪子（いのこ：イノシシの子）のかかとに見立てて呼んだ。また，ヒカゲイノコズチは漢名で牛膝と書き，牛の膝にたとえられる。

ヌスビトハギ　果実がどろぼうの足あとに似ているから。

その他オオオナモミ，アメリカセンダングサ，ヤエムグラ，チヂミザサなどがある。

⑵ はじけ飛び散る

カラスノエンドウ・スズメノエンドウ・カスマグサ

カラスノエンドウは別名ピーピーマメ。鞘からタネを取り笛にして遊ぶ（遊び方：**図10－8**）。カラスとは大きいこと，スズメは小さいことをあらわす。ちょうど中間のカスマグサはカとスの間（マ）

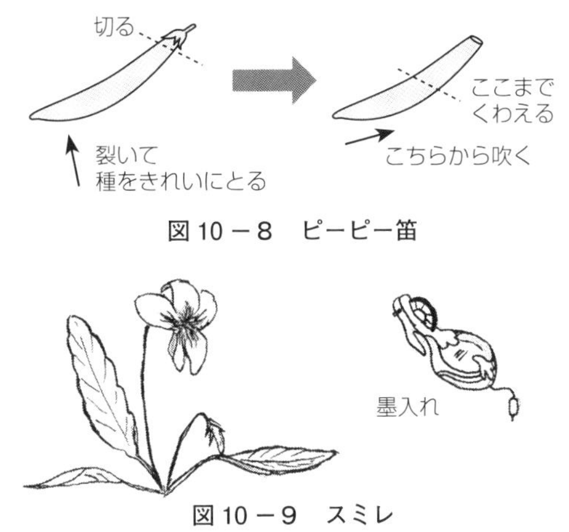

図 10－8　ピーピー笛

図 10－9　スミレ

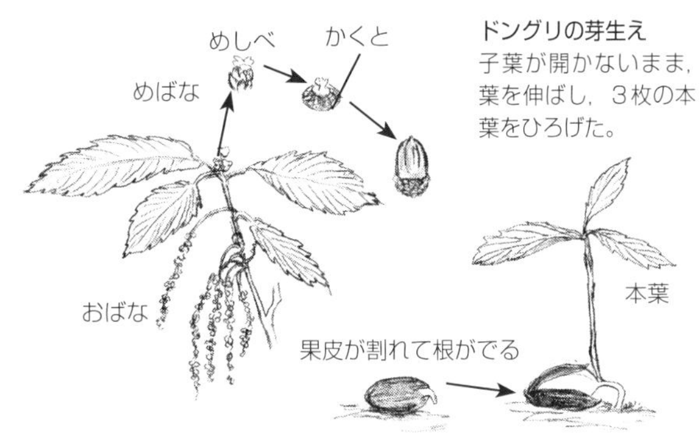

図 10－10　ドングリの形

の意味。

スミレ　大工が使う道具の「墨入れ」(線を引くために使う)の形から(名前のいわれ:**図 10－9**)。

カタバミ・ムラサキカタバミ　就眠運動によって葉が閉じ，片方が食べられた（食む：はむ）ように見えるから。

その他ホウセンカ，ゲンノショウコなど。

⑶ 風に飛ばされて

タンポポの他，アレチノギク，ヒメムカシヨモギ，ノゲシ，オニノゲシ，オニタビラコ・コオニタビラコなど，風に乗って遠くまで飛ぶ。

⑷ 足の裏にへばりついて運ばれて

スズメノテッポウ，オオバコなどのタネは人や動物の足の裏の泥について遠くまで運ばれる。

8）ドングリの秘密

ドングリはシイやカシの木の大切なタネであるとともに，動物たちの冬の食料である。1つの木に雄花と雌花が咲き，風で運ばれ受粉してドングリの実になる。めしべを覆う殻斗(かくと)から成長とともにドングリがはみ出てくる。ドングリのとがった先端から本葉と根が伸びる(**図 10－10**)。

ドングリの形の秘密　独特の形をしているのは生存競争に打ち勝つための作戦である。親の木からできるだけ遠くに，しかもあちこちに散らばる不規則な回転をするために，とんがり頭と丸いお尻の形をしている。太陽の光をたくさん浴び兄弟との争いを避けるための工夫だと言われている。

9）紅葉と落葉

紅葉や落葉は次の年に命をつなぐ営みであり，春に向かって準備をしている姿である。秋の気温の低下と日照時間の減少にともなって柄と枝の間に離層と呼ばれる仕切り（コルク質の組織）ができる。また，緑の色素，葉緑体（クロロフィル）は分解されていく。離層のために水分や養分の移動が止まり，葉に糖分がたまってアントシアン（赤い色素）が作られ葉は紅葉する。紅葉した葉はやがて落葉する。夏の間から葉の付け根に冬芽ができ始めるが，落葉とともに次の年の新しい葉になるための準備を終わって冬芽は春を待つ。ちなみに，常緑樹も5月頃に増えた葉の分だけは落葉して葉を入れ替える。

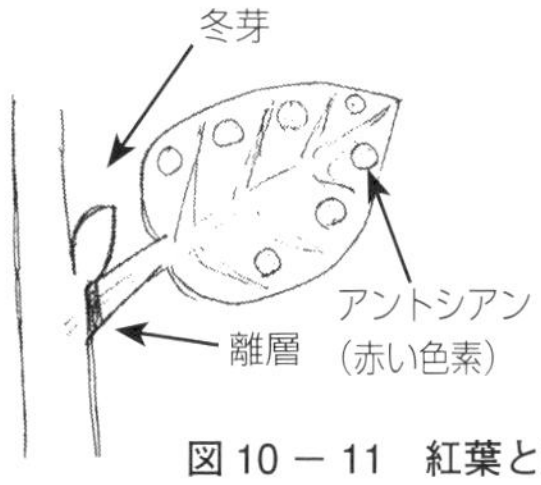

冬芽
アントシアン
（赤い色素）
離層

図 10－11　紅葉と落葉

3　栽培の保育的意義と実際

1）栽培活動と保育における意義

栽培活動とは，人間の生活に有用な植物を選択して自らの手で育てることである。それぞれの植物を育てるためは，個々の植物の構造，成長，繁殖のしくみの特徴を知り，同時にそれらの営みに関係する外的な自然条件を知る必要がある。

幼稚園教育要領と保育所保育指針はともにその教育にかかわるねらい及び内容で，領域「環境」に「周囲の様々な環境に好奇心や探究心をもって関わり，それらを生活に取り入れていこうとする力を養う」と掲げている。栽培活動がこのねらいと密接に関係することは，すでに多くの保育実践によって確かめられている。具体的にどのような意義をもつ活動なのかを概略してみよう。

(1) 子どもの好奇心をそそる

園庭で畑の土を掘り返したり，野菜の支柱を立てる作業を保育者が始めると必ず子どもたちの数人が「何しているの」と近づいてくる。大人が自然を相手に活動を始める姿は，子どもたちの目に「おや？ 何が始まるのだろう」という好奇心を芽生えさせる。

栽培活動のキーポイントは，この子どもの「何だろう」という感情にスイッチをいれることである。つまり保育者が先行して，栽培作業・準備を楽しそうに始めることが大切である。子どもが参加しやすい周到な栽培計画と子どもにとって身近な栽培植物の選定を要する。

(2) 想像力を育てる

次に子どもが質問してくる言葉の多くは，「どうしてそんなことをするの？」「あっ，それって何かの種でしょう」「それ，何になるの」である。栽培活動が日常化していると，季節のめぐりを思い出したり，比較したりする言葉が活発に飛び交う。とくに，自分が何度も体験していることはとてもよく理解している。

「ボストン子ども博物館」のスローガンは次のように述べている。「What I hear I forget, What I see I remember, What I do I understand.（聞いたことは忘れる。見たことは思い出せる。やったことのあることは理解できる）」。つまり hands-on ハンズオン（直接経験）という発想である。栽培活動は，生き物を相手にしているので，必ずしも予想どおりに結果がでないことがある。保育活動のなかでの栽培活動の成否は，どれだけ栽培している植物の状態をよく観察し，何をその植物が必要としているかを読み取り，適切にその要求に答えるかがポイントである。葉が丸まっていれば水不足である。葉の色が黄ばんでいれば肥料不足であると，「見るべき視点」と「その意味」を保育者が知っておかなくては失敗する。関心を失わないよう，子どもの発見や疑問を一緒に考える姿勢が大事だ。植物も自分たちと同じように生きているのだという視点をもたせ，観察させることが何よりも大切である。それでも予想どおりにはいかない場合があるので，指導者は予備に栽培をしておくことが必要である。子どもに失望させることが目的ではないのだから。

バケツ稲の栽培を経験した保育士が「以前はテレビの気象情報などそれほど熱心に気にしていなかったが，お米を作るようになって気温の上昇や雨の降り方などにとても意識が向くようになった」と語ったことがある。体験が意識の視点を変えることができた発言である。

(3) 身体能力を高め，共同して活動する能力を伸ばす

栽培に必要な資材や道具は，幼児が扱うには大きくて重たいものがほとんどである。しかし，大人の

作業にあこがれて，やらせてもらうととても喜ぶ。危険でない限り見守って，やらせる。外気と日光にあたる作業は，活発な体育活動にも匹敵するため，水分補給や紫外線対策を行い，かつ長時間継続することは避けなければならない。植物に寄ってくる昆虫類の被害も極力避ける必要がある。畑や田んぼが園舎から遠い場合は行き帰りの歩行でも体力がつくが，安全を最優先すべきである。

播種（種まき），誘引したツルを縛る，摘心など指先の細かな作業にも子どもは興味をもって取り組める。しかし，播種用のポットにめいめい土をいれる作業の途中で人数分のポットが足りないことに気づいたり，ジョウロの置き場所を決めていないのでいつも作業の前に探し回って時間を無駄にすることなどがよくある。準備不足と無秩序な手順で子どもを不必要に待たせ，混乱させてはいけない。子どもが，あてにされていないと感じてしまうと，栽培活動の楽しさを急速に失ってしまう。

また，ハンディキャップのある子どもの参加には，できるだけマンツーマンの指導者をつけることが必要である。栽培作業には，規則正しい水やり，草取りなどの軽い作業があり，発達の障害をもつ子どもも参加は十分に可能である。重たい物やかさばる物を移動させる際には数人が共同して動かしたり，あるいは遊びでよく使い慣れている三輪車などを活用するとよい。楽しく仕事をする工夫が必要である。

⑷ 五感を育て，知的能力を伸ばす

「わぁ，きれい」「でっかいのがとれたぁ」「いいにおい」「おいしい」は子どもたちが収穫物を手にしたとき必ず発する言葉である。直接体験は，映像だけの図鑑的知識をはるかに超える感覚刺激に富んでいる。重量感，触感，におい，味，形や色の多様性など実物の迫力は子どもに感動を呼ぶ。

また，自分たちがその植物の栽培にかかわったという思いをくぐりぬける。何日も心配しながら発芽を待ち，やっと芽が出たときの喜びや，せっかく立てたひまわりの支柱が台風でなぎ倒された悲しみなど，情操が育つ。こうした感覚・感情が発達してくると，さらに周りの環境の変化や多様性が理解できるようになり，相乗効果として知的な関心も高くなる。知識をもったことで，身近な環境にある珍しいものを見つけたり，もっと育ててみたいという意欲につながっていく。

⑸ 子どもの自尊感情を育てる

子ども自身は育てられている存在であるが，つねに自分自身が大きくなりたいという意欲をもっている。栽培している植物が大きくなり，花を咲かせ，実をつける変化を目の当たりにすると，自分のもつ成長していこうとする感情にも同調する。そして，その成長にかかわって成功したとき，自分自身に対して肯定感情を抱くことができる。周りの子どもや大人，とくに親が「○○ちゃんの育てたトマトはおいしいね」などと評価することが子どもに自信をもたらす。また仲間の育てているものが美しく立派に成長することも，自分のことのように嬉しい。そう子どもが感じる気持ちや心を大切にすべきである。自分はすてきな所にいるのだという気持ちが心の安定につながるのである。

⑹ 環境に対する視点を育てる

今日の日本の食料自給率は，カロリーベースで38％（2022年度）と先進国では最低である。つまり他国の水や肥料資源に頼り，奪っているのと同じなのである。

栽培活動は，果樹や花，野菜，穀物づくりを通して，自分たちの住んでいる地域の自然環境が何を作り出せるのかを，子ども自身が体験的に理解できる活動である。日照，雨量，気温をお天気調べで意識させたり，植物の成長を物差しで計測させることによって，数量の認識を育てることもできる。

2）野菜の栽培

(1) 園芸の基礎

① 取り組む時期

園芸でもっとも大切なことは，何をするにも時間がかかるという認識をもつこと。季節の先を見越して準備することが，成功の秘訣である。とくに土作りには，土中のミミズや微生物の活動が必要なので，時間がかかる。春からの作付けのためには，冬からの準備が必要である。

② 取り組む場所

まずは日照の確保である。せめて午前中半日だけでも日があたらなければ貧弱な個体となり，十分な開花・結実は望めない。周りの立ち木，建物との関係をよく検討する。

③ 土の状態を整える

根の呼吸を促し，植物の成長に必要な養分と水分を吸収するための土の条件は「a 通気性がよいこと，b 保水性がよいこと，c 排水性が良好であること，d 土層が深くて養分の吸着力がよいこと」である。もともと畑にしていた場合も前の作物との関係を考えて，この状態にもどす手入れを怠ってはならない。隙間のある団粒構造を保つためである。

プランターやコンテナで栽培する場合も同じである。微生物の活動が盛んになるように，たい肥・腐葉土など有機質のものを必ず組み合わせておくことが土を良好な状態に保つ基本である。

市販の培養土はすぐ使えて便利だが，自分でも土を作る努力をしたい。落ち葉などを溜めて作れる。赤玉土・鹿沼土などは肥料分がないので種まき・挿し木に適し，栽培中に肥料と腐葉土などを混ぜて使う。土の粒の大きさなども用途に応じて使い分けること。

肥料について

養分は作物に吸収され，収穫とともに失われる。それを補うのが肥料である。したがって，作物の特性によって必要な養分が異なる。天然の素材で作られた油粕，鶏糞，牛糞などは，基本的な三要素（窒素・リン・カリウム）をすべて含むので常用してよい。ただし，分解されるのに時間がかかるので，作付けの２～３週間以前に施し，よく土と混ぜておくこと。化成肥料は即効性のものと緩効性のものとに調整されているので，用途に合わせて使う。におわず室内園芸にも向くが，手軽なため多く施しがちになる。施肥の目安として，作物の葉の色が笹の葉の色と比較して，薄ければ不足がち，濃ければやりすぎと覚えるとよい。

肥料の三要素

窒素 (N): 植物の体を作る。たんぱく質の合成や，成長の初期にたくさん必要。「葉肥え」ともいい，葉もの茎もの野菜に効かせる。やりすぎると中期になっても体が若返って（つるボケ），実がつかなくなる。不足すると葉が黄ばんでくる（油粕，尿素，硫安）。

リン (P): 植物の遺伝や呼吸に必要。成長のエネルギーの伝達の役目を担う。「実肥え」ともいい，花や実をつけるには欠かせない（骨粉，鶏糞，米糠，過りん酸石灰）。

カリウム (K): 根の発育を促進する。体内イオンの調整。水分の吸収を助けたり，寒さへの抵抗力をつける。「根肥え」（草木灰，わら灰，硫酸カリ）は芋の発育には欠かせない。

酸性度の調整

肥料のもう１つの作用に，酸性度の調整がある。雨の多い日本では土が酸性に傾きがちであるため，アルカリ土壌の地中海原産のハーブなどは成長が思わしくない。そこで，酸度調整の石灰を施す。この作業も早めに行わないと逆効果になる場合がある。やりすぎは土を硬くしてしまう。尿素など酸性の肥料と同時に用いてはいけない。

④ 用具について

何をどう育てるかで用具も違ってくる。刃物も使うので用具の管理は徹底する。

また，ペットボトルに穴をあけてプランターに利用できる。日頃からリサイクルの方法を子どもと考えるとよい。最低限必要な道具は軍手，剣先スコップ，移植ごて，ジョウロ，せん定はさみ，ポリバケツ，ふるい，麻ひも，支柱などである。あると便利なのが，セメントなどを混ぜるのに使う大きめのコンクリート用トロ船（トロ箱）である。用土と肥料を混ぜたり，古い土をふるって再生するなど，作業がしやすい。どの用具も置き場を固定し，誰が使っても元に戻す習慣を徹底させる。作業は複数で取り組むことが能率的なので，日頃からよく打ち合わせをし，一斉作業日を設けるとよい。保育者たちが意欲的に園芸作業に取り組んでいる，その姿を見せることが大事である。

⑵ 栽培の実際と子どものかかわり

何を育てるかを考えるときがいちばん楽しい。子どもともよく相談して，その地方にふさわしいものを考えること。「バナナとパイナップルがいい」など，とっぴな意見も一蹴せずによく対話することが大切である。「嫌いな野菜を好きにさせたい」という下心をもってしまうと楽しさを感じないこともある。他のクラスとの組み合わせも考えたい。

また，保育行事との関係で，長期間園庭の一部を占有できるかどうかも大事である。完全無農薬を目ざす際は近くに営農する畑の有無に注意をはらう。病害虫を呼び込んで迷惑をかける場合があるためである。

連作障害の出やすい作物は作付け場所を移動させる必要がある。袋作りでも用土を混ぜてしまわぬよう，前作の確認を忘れてはいけない。ナス科の夏野菜（ナス，トマト，ピーマン，トウガラシ）はとくに障害がでやすいので注意する。豆類も同様である。

全部収穫せずに数本残しておくと，大根もブロッコリーも芽キャベツもみな似たような花が咲くことがわかり，自家製の種子がとれる。また，それを播（ま）くとどうなるか，試してみることもおもしろい。

子どもの能力に合わせてどこかの作業段階にかかわらせ，栽培好きにすることをねらう。一斉に複数の作業をさせることは好ましくない。また，同じような容器を使う場合は，事前に子どもの名前を目立つように記入しておくこと。さらに植木鉢など規格品を使う場合も，白ペンキで下塗りをしてから特徴のある絵をめいめいに描かせ，自分のものが識別できるようにすべきである。けっして失敗をその子どもの責任にしてはいけない。もともとの個体差や置き場所の条件など複雑な要因で栽培成果にばらつきがでる。「お天道様しだいさ」と楽天的に子どもを励ます姿勢が大事だ。ただし，熱心に世話をすれば成功することのほうが多い。大根やニンジンを育てる際，「間引き」するタイミングが重要である。そのためにも保育者自身が正確な技術を見せて，子どもとともに育てることが大事である。失敗例の多くは，手抜きと未熟な技術のよるものである。

土づくり

水やりも，タイミングや地面の中までしっかり灌水(かんすい)させることなどは簡単なことではない。

3）花の栽培

(1) 栽培の実際

基本的な栽培のための条件は，前節の「野菜の栽培」と共通する。ただし，花はその多様性に特徴があり，樹木の花，野生の草花も含め，私たちは生活のなかにたくさん採り入れている。そもそも花は種子植物の生殖器であって，色，形や構造が複雑で，昆虫や動物を惹きつけるためのにおいも発するものである。雄(お)しべ，雌(め)しべの形，数，そろい方も多様である。花の咲き方も，タンポポのような集合花とチューリップのような茎のてっぺんに１つしか咲かないものまでいろいろである。このようなたくさんの花の特徴をよく知り，美的な環境を構成していくことも栽培活動のなかに含まれる。

① 一年草と多年草

種子を播くと１年で成長し，枯れる植物を一年草という。それに対して根が地中に残って毎年同じ時期に開花する植物を多年草（サクラソウの例）という。一年草は次々とたくさんの花を咲かせ種子を残すが，多年草は徐々に株が育っていく。したがって多年草の場合は，株分けで増やす。多年草は手間が少ないが，場所を占有する。

子どもたちに回数多く栽培をさせたいときに適しているのは，１年のうちに一生の様子を見せる一年草であろう。春に種子を播き発芽させ，冬までに開花・結実する夏型（アサガオの例）と，秋に播き，発芽したのち，幼い株が越冬して翌夏までに開花・結実する冬型（パンジーの例）がある。

② 播種の要領

種子は一般に細かいので，広い花壇には均一に播きづらく，鳥や天候の影響もあるので苗を育ててから移植するほうが無難。室内で作業もできる。しかし，マメ科のものや直根性のものは移植に不向きなので初めから育てるところに播く。

ミツのおいしいツルニチニチソウ

播種用のトレーに無肥料の赤玉土を入れ，よく水を吸わせてから，播くこと。後から水を撒くと種子が移動して不具合がおきる。覆いの土は，種子の1.5倍を目安とするので，細かな種子はほとんどかけなくていい。ただし，乾燥させてはいけないので発芽するまで濡れ新聞紙をかぶせ，雨のあたらない日陰に置いておく。本葉が４，５枚出た時点でポリポット（ポリエチレンやビニール製の柔らかい植木鉢）に移し替えてさらに大きくする。苗物として園芸店にあるのは，この状態で育苗(いくびょう)したもの。たくさんの子どもに栽培させるには費用もかかるので，種子からの栽培を薦める。

指で摘める大きさの種子（ひまわり・キンセンカからコスモス程度まで）は，ポリポットに土を入れ，中心に指で種子の大きさの倍の深さの穴をあけて播かせる。１人ひとりのポットには事前にきちんとシールなどで名前を貼りつけておくこと。置き場所はナメクジやダンゴムシに侵されないところ。もちろん鳥の来ないところ。

③ 灌　水

ジョウロは上等のものを長く使いたい。安物は「ハスの実」の目が粗く，細かなシャワーにならない。

灌水の必要な時期は，種を播く直前と直後（小さな種子は水をかけると流れてしまうこともあるので下から吸わせる。容器ごと大きめのパレットなどに浸ける）と，苗を移植する直前と直後。とくにポットから移植する前には本体はもちろん，移植する先にも灌水しておく。

乾燥している時期は，葉の状態をよくみて朝夕必要。畑に撒くとき，おざなりに表面を濡らすだけだと，根が地表に上がってしまい枯れてしまうので，しっかり撒く。子ども任せにしてはいけない。鉢物などではハスの実をはずして，花に水がかからないよう葉の下にノズルの先端を入れ灌水する方法が植物にはよい。

④ 除　草

雑草を放置すると，苗に日光があたらずに枯れてしまう。通風も悪くなり，害虫や病原菌の巣にもなる。雑然とした雰囲気では，せっかくの花壇が台無しである。早めに除草をすると苗の根を傷めない。抜き取った草を乾燥防止のためとして苗の周りに置くことはやめたほうが無難。コンポストに入れるのも雑草の種子のできていない時期だけにすべきである。子どもに行わせるときは，どれが雑草かを正確に教えながらともに作業をすること。

⑤ 挿し木

種子を播かなくても茎や葉，根の一部を栽培して成長させることができる。クローン技術である。手軽にできる植物は，ミント類，ゼラニウム，アジサイなど。ミントでは先端から15cm程度を摘んで水に浸かるところの葉を取ってから差しておくと発根する。根の出たものを土に植えるとそのまま大きくなる。

⑥ 球　根

ただ穴を掘って埋めるだけでよく，もっとも簡単。さらに極端な例は水栽培である。チューリップでは，花が終ったら，お礼肥えとして化成肥料を周囲の土にまく。葉が黄ばんで枯れてくるまで置いてから掘り出し，乾燥したところで保管すれば，次のシーズンにも植えられる。水仙などは，そのままにしていてもよいが，込み入ってくると葉に日光があたらなくなるので，3年目は掘り出して植え替える。

ムスカリなどはそのまま何年でもよいが，込み合ってきたら分ける。ヒガンバナもいったん植えると冬中青々とした葉を楽しめ，秋には決まってお彼岸の時期に咲く。手間がまったくかからず重宝である。園庭の隅に植えておきたい。注意することは，いったん発根したチューリップや水仙の球根を植えなおしてはいけない。根が再生しない。

⑵ こだわりの園芸

子どもに好きになってもらいたいものを中心に栽培することが第一である。お金のかかる園芸品種に限定する必要はない。野生のもの，または園芸品種でも土地の特性に適していれば手間いらずとなる。また，昆虫類との相性もよい。筆者の園では，ジュズダマやオオケタデが秋になると決まって遊びの材料となる。ツルニチニチソウは，春から秋にかけ子どもたちが蜜を吸って楽しんでいる。おままごとのご馳走にもなる。ハーブ類も子どもの味覚，臭覚を刺激する草花の代表である。また，バタフライガーデンを志向するのもよい。草本でもツマグロヒョウモンの産卵するパンジー，ルリタテハの食草のホトトギス，ヤマトシジミの食草のカタバミが自生している。矢車菊にはジャノメチョウ，ミツバにはキアゲハがくる。ひまわりは種子をとって冬の野鳥の餌にする。1クラス1品種で分担しており，全体で多彩な栽培が展開している。遊びに花を摘んで楽しむものとしては，色水あそびにアサガオとマリーゴールド。爪を染めるホウセンカ。ハンカチを染める藍。パラシュート遊びには，オシロイバナがある。ネックレスの材料はジュズダマである。

4 樹木の保育的意義と実際

1）樹木の保育における意義

「乳幼児期の保育環境には樹木が必要」と感じる感性を，保育者が率先してもたなければならない。その理由は，今日の保育事情のなかから次のようにいえる。

(1) 保育時間が長時間化していること

一日の大半を保育施設で生活する子どもたちが心身の健康と安定した情緒を保つため，日常的に自然物とかかわる体験の場を整える必要がある。

(2) 人工的な施設環境に暮らしている

自然の周期的な変化，つまり「季節感」を育むために必要である。同時に，どんな「土地柄」か，自分の住んでいる風土の特徴・景観を構成するのが樹木である。乳幼児期に体験した風景は子どもの原体験の情景として長く記憶されるものであるとの認識をもって，園舎・遊具など設備を含む園庭のデザインを作る必要がある。その際，もともとその土地にはどんな植生がふさわしいのかという観点をもつ必要がある。安易な外来種の移植は生態系を混乱させる要因になるだけでなく，災害に弱く台風等で倒れて近隣に迷惑をかける恐れがある。

(3) 均質な工業製品とともに生活を営んでいる

子どもの遊びに豊富な素材を持続的に提供する。均質な工業製品に囲まれ生活しているなかで，取り扱い方に制約のない自然物を手にすることは，子ども自身が「もの」に対する思いをより強くもち，創造性を育むことになる。

(4) 生活行為が消費的関係に陥りやすい

樹木は生きている存在であり，成長し葉を茂らせ，開花し，実をつける生産者としての営みを提供してくれる。一方，人の生活は消費が中心となりがちである。樹木を通してその営みとかかわり，生活を振り返る機会が得られる。

のこぎりをつかう

(5) テレビ・ビデオなどの映像による情報が多い

実物の多様性に富む自然を日常的に体験することにより，子どもの感覚を覚醒させる。子ども時代の楽しいイメージを体感として育む。

(6) 地域の環境条件の積極的な改善の必要

都市の環境条件は建物の密集や大量のエネルギーの消費による影響を受けている。地域の身近な施設に緑を増やすことは，防災上も有効である。人々の集まりやすい教育・福祉施設の環境にまとまった樹木を植えることは，都市の気象条件を和らげる効果をもたらす。ただし，住宅地では落葉，日照，転倒などが問題になるため，高木にしないことが求められる。

2）実のなる木

高等植物である木は，子孫を継承するために実をつける。保育の場面で「実のなる木」という場合，主として鳥や動物が捕食する実をつける木と，人間が食用にする目的で改良した果樹がある。それぞれ保育への活用の幅はとても広い。京都市（北緯35度）での事例を参考に応用してほしい。

果樹には，10，11月に毎年骨粉と油粕を適量木の周りに穴を掘って施している。せん定をして樹高を低く保つことと，花芽を付けさせることが重要である。これらは完全に無農薬で育てている。

⑴「サクランボ」（バラ科）の仲間の果樹

サクランボ（オウトウ）　３月に白く小さい花を咲かせる。あたりで咲いているのはロウバイと梅だけで早咲きの桜とよく間違えられるほど目立つ。開花と同時に体長数ミリの蜂が蜜を求めてやってくる。まだとても寒い気温なのにどこでどう越冬していたのか，とても不思議な光景が毎年みられる。

樹高は２m程度と低いため，年長児には低い枝の実を直接摘んで食べさせる。全園児がおやつに数粒ずつ食べるが，その後は迎えに来た親に子どもと採って食べる機会を与える。子どもは先に食べているので，親がくるのを心待ちにして，自慢げに熟した実をとらせる光景が繰り広げられる。決まって食べ終わったタネを周囲のプランターなどに埋めたがる。しかし，乾燥に弱くそのままでは発芽しにくい。

サクランボ

自家結実性が弱いため，ここ２年ほどは花粉用に鉢植えの同種の木を置いている。受粉後，すぐに実が太り始め，５月に真っ赤に熟れる。ゴールデンウイーク直後に防鳥ネットを全体にかける。ヒヨドリは太い枝に止まって食べるので，ネットに隙間を生じないよう張るのが手間である。葉にアブラムシによる「虫こぶ」がつくので，手で切り取っている。

ユスラウメ　枝に実が直接ついているため鳥による被害がなく管理がしやすい。６月，真っ赤になると甘い，未熟だと酸味がある。待てずにとる子どもが多く「マズイ」と人気は芳（かんば）しくない。

ユスラウメ

スモモ　３月に開花，収穫は６月。赤く熟すのを待つとヒヨドリがつついてしまうため，やや早く収穫する。生食。

アンズ　開花は３月上旬でオウトウと同時のため早咲きの桜として近所の人々に愛でられる。７月収穫。生食よりジャムに加工したほうが美味しい。

コウバイ（紅梅）　２月中旬から開花する。とても良い香りを放つのが特徴。実（み）は毎年６月に，梅干に加工する。

ビワ　６月，採りたての酸味の効いたさわやかな味は，店頭のものと格段の違い。大量に実るためジャムに加工。食べた後のタネは発芽しやすく，子どもが勝手に植えたものが随所で大きくなっている。冬に開花する。メジロが群れてやってくる代表的な鳥媒花。

カリン　４月にピンク色の花をつける。７月に緑色のりんご状の実をつけ，11月にソフトボール大になり，黄色く熟し芳香を放つ。砂糖漬にしてシロップ液を抽出。咳止めとして保護者に提供している。木肌が滑らかではがれた皮の模様が珍しさをそそる。

モモ　４月に開花するので，旧暦でのひな祭りが文字通り「桃の節句」だと実感する。放任状態でも７月下旬，大量に結実するので，生食のほかジャムにして楽しむ。

ブラックベリー　つる性の木は狭い土地でも育

こんなにとれた！

てることができる。ネットフェンスを金網のままにしておかずベリー類やアケビ，ムベなどをはわせ活用すると緑化が進む。なかでもブラックベリーは収穫量が多いので保育施設向き。

赤くなると「黒くなってから食べよう」と採るのを我慢させる。たくさんとってジャムにする。少しずつ熟す場合は一定量まで冷凍保存しておくと加工しやすい。

蔓が地面についたところから発根しやすいので収穫の終わった蔓は切り戻しして枝を更新する。棘のある種類もあり要注意。

⑵ ナツミカン（ミカン科）

かんきつ類は樹上に長く置いたままでも鳥などに食害されない利点がある。晩秋から春までの長い間，園庭の果物の代表は，ナツミカンだ。初夏の開花は強い香りと白い花弁が季節の変わりを強く印象づける。グレープフルーツ，レモンも同様である。

真冬以外，アゲハチョウの産卵が期待でき，飼育活動に最適の果樹の1つである。生食の他，オレンジピール，マーマレードに加工して楽しめる。

ナツミカン

常緑樹であるため，建物の窓辺からは離して植えるほうがいい。幼木の間，鋭い棘をもつ種類があり，子どもがけがをしないようにせん定バサミで取り除く必要がある。寒肥に骨粉の混じった発酵油粕を施す。せん定は実が枝先につくのでその部分を切らないようにし，からんだ枝を元から取り除き，樹の中にも日光が入るような手入れが必要である。

⑶ カキ（カキ科）

甘柿と渋柿がある。秋になると枝からとりたての甘柿の皮をその場で剥いておやつにする光景がよく見られる。「順番よ」という意味がどの子もよくわかる。

柿の葉は秋の紅葉も美しく落ち葉の造形遊びにもよく活用される。渋柿は，干し柿にして食べるが，最近の冬は暖かくなって，うっかりかびさせてしまうこともあり難しい。柿渋を取るには，7月の内に渋柿の青い柿をミキサーでつぶして濾し採ったジュースをペットボトルで保存して使う。発酵して栓がゆるいと内容物が飛び出すので，気をつけなければいけない。色が茶褐色に変わってきたら，ハンカチなどを染めてみるとおもしろい。光にあたってだんだん色が濃くなっていくのが魅力的である。

夏，葉にイラガの幼虫がつきやすく，発生初期の段階で摘み取る必要がある。子どもたちにもよ

柿渋とり

く頭上の葉を観察させ，薄茶色に所々に食害のある葉を見つけたらすぐ知らせるように注意しておくことが肝要。双眼実体顕微鏡でこの虫を見せると，その毒針の奇怪さにどの子もびっくりして，けっして触ることはない。カラスとヒヨドリによる実の食害が多いので注意。

⑷ グミ（グミ科）

グミの魅力は低木で枝がしなやかなことと，枝にびっしりと実をつけることである。5月に緑色の目立たない花を付けるが，独特の筒状の花なので，ぜひ観察させたい。直後に緑色の実がつき，瞬く間に熟してくる。親子で摘んで楽しんでもらうのに最適である。

非常に萌芽力が強く，旺盛に徒長枝（とちょうし）が出てくるのでせん定が欠かせない。赤く熟さない実は渋みがきつい。それだけに鳥もめったに採らないためサクランボのようなネットをかける必要がない。ジャムに加工できる。

⑸ クワ（クワ科）

6月下旬にすべり台の横にある雌の桑がたくさんの実をつける。緑色から赤くなり黒く熟すのだが，待てずに赤い実を摘んで食べ出す子もいる。近隣に，以前栽培されていた桑の木が放置されているので受粉に雄の木がなくても結実してくれる。最近は，蚕（かいこ）の飼育を積極的に実行しているため，餌の葉の確保と食用の両立は難しくなってきた。

ツルバラでジャムづくり

葉を摘んで蚕を育てる。葉は枝先と基部で形が違うものが出てくるのでそのことに気づかせると興味をもつ子がでてくる。遠足で山道を歩くと，葉が同じ特徴をもつクワ科のコウゾを見つけることができる。ジャムに加工する。少しタネが残るがブラックベリーほどではない。

萌芽力が強く育てやすい。枝を切ってもすぐに新芽を吹いてくる。白い綿毛のようなアブラムシが葉や実につきやすいので，実を食べるときはよく水で洗うこと。

⑹ 他にイチジク，ザクロ，キウイ，アケビが栽培されている。

【写真提供】たかつかさ保育園

◆ ジャム加工のこつ ◆

たくさん実った果物をジャムにして保存すると，給食やおやつに使える。生食するには果肉が少ない小さな桃や，タンニンがきつくて人気がない種の大きなグミなども，いったん茹でると加工しやすくなる。

まず水洗いしてから茹で，それを皮ごと裏ごししてタネをとる。次に砂糖適量を加え，焦がさないように煮詰め，レモン汁を適宜加える。それらを煮沸消毒したガラス瓶に詰めて保存する。ベルベット状の花弁をもつツルバラも，毎年子どもたちとジャムにする。かんざわとしこ作『なきうさぎのナッコ』（童話屋）のレシピ「ナッコのつくる花のおかし」を作り方の参考にしている。無農薬で作っているバラなので可能。花弁の付け根の白い部分を子どもたちの手で丹念にちぎって取り除くのが「こつ」である。

実践事例

1 草花・実・種で遊ぶ

ねらい

■草花・実・種に触れたり集めて遊んだりするなかで，美しさや不思議さを味わう。

■草花・実・種を，いろいろなものに見立てて遊びのなかに取り込む楽しさを味わう。

■日々の生活のなかで自然と触れる経験を通して，自然が変化していく様子（花→実→種→芽…）に気づく。

指導上の留意点

◎園庭や園周辺の草花，木々の変化に保育者もともに，敏感に気づき，興味をもって触れたり遊んだりする体験を大切にする。

◎花や実，種の特徴をとらえ生かして遊べるように投げかける。

◎子どもたちの身の回りにはたくさんの花がある。見ること，嗅ぐこと，触れることを通して，美しさを感じる経験を十分にさせたい。

1 草花で遊ぶ（図10－12）

1）砂場遊びと組み合わせる

砂で作ったケーキの飾りに，集めてきた花びらを飾る。特別製のケーキのできあがり。花びらをそっとのせる指先の繊細な動きに，柔らかい花びらに触れているという思いが感じられる。

※片づけの際は花びらを砂の中に混ぜ込まず取り除く。

2）色水作り

幼稚園で花を育てる際には，遊びに使ってよい花を決めておくとよい。その際もむやみにとらず咲き終わった花を利用するのが望ましい。

初めて花びらを使って色水を作ることになった子どもたちは，水の中に花を入れ「あれ，変わらないよ」と戸惑う。絵の具を使って色水をしたときとは違うのだ。

「こうするといいんだよ」と教師が指先でギュッとつぶし，色を出して見せる。「わあ！」と歓声が上がる。

3）飾りにする

押し花にしたり並べる，つなぐ，貼り付けるなど飾って遊ぶことができる。生の花なので美しさも一時のものだ。だからこそ今を十分に味わえるようにしよう。

【砂場遊びと組み合わせて】

【色水作り】

◆ 色水作りグッズ その1

•透明なプリンカップなどの空容器
•小さめのペットボトルは，色水をとっておくのに，とても便利です。

◆ 色水作りグッズ その2

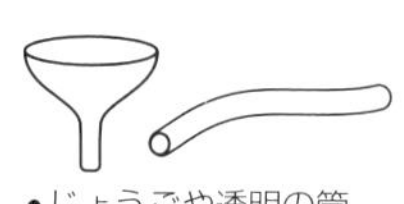

◆ 色水作りグッズ その3

•すりばちやおろし金
•すりつぶすのに便利です。ただし，はじめは指先でつぶすところから。
•扱いには十分注意しましょう！

【飾りにする】

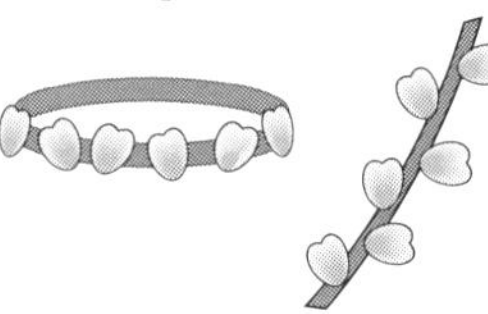

•お面バンドやリボンにつけて飾る

図10－12　草花で遊ぶ

「朝顔の押し花できたよ！」

「この実，いいにおいだね」実を集めてごちそう作り

2 草花の実や種で遊ぶ（図 10 − 13）

花が実になり種ができる。子どもたちが季節のめぐりを感じる瞬間である。季節のめぐりを意識し，その時を逃さずかかわる教師の意識が，子どもたちに豊かな遊びをもたらす。

1）実で遊ぶ

赤く熟した野イチゴは，食べることができるし色水遊びに使うこともできる。園内や通園路の道端でも見つけることができる。

地域によって分布の差はあるにしろ身近な場所に小さくても豊かな自然が息づいている。教師が興味をもち，よく周りを見回し，においに敏感になっていると見つけられるようになってくる。

2）種で遊ぶ

タンポポの綿毛にフーッと息を吹きかけ，遠くまで飛ばす。カタバミの実にそっと触れて「パチパチ！」と種を飛ばす。小さい頃に誰もが一度はやってみた行動だろう。

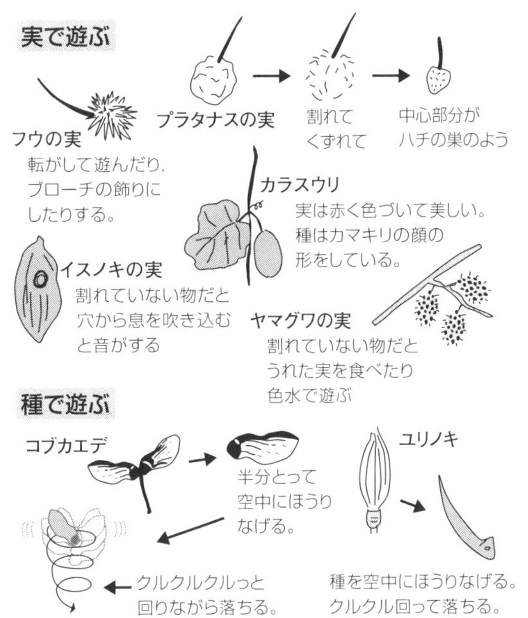

図 10 − 13　実や種で遊ぶ

実践事例

2 不思議を感じる遊び

ねらい

■樹木の葉や草花にはいろいろな色やにおい，手触りの違いがあることに気づく。

■季節によって葉の色が変化することに気づく。

■植物の冬越しの様子に関心をもつ。

■自然観察や遊びを通して，自然界の仕組みや不思議さに関心をもつ。

指導上の留意点

◎なるべく多くの不思議や発見の体験ができるように，十分な言葉かけを行い，気づきを促すようにする。

◎芽吹きや開花，結実，紅葉などのチャンスを逃さないように，できるかぎり下調べや下見をしておく。

◎公園や民家で観賞用や収穫が目的で栽培されている植物は，採ってはいけないこと，また

1 におい探し

中身の見えない布袋やびんににおいのするもの（サンショウやクスノキ，ミカン，シソ，ドクダミ，ヘクソカズラ，ヨモギなどの葉，キンモクセイなどの花，カメムシなどの虫でも可）をひとつずつ入れておき，においをかがせる。同じにおいのものを探して遊ぶ。いいにおい，嫌いなにおいなどがあることを分かち合う。においを強く出すには，ちぎったりもんだりするとよいことなどに気づかせる。

2 同じものを見つけよう

バンダナなどの大きな布を２枚広げて，その間に，色や形，大きさなどがさまざまな葉，木の実，枝など集めて並べておく。一定時間だけ開けて何があるか見せて，その後同じものを探しに行く。数多く同じものを見つけたほうが勝ち。見せ合って友だち同士分かち合うことで，形，大きさなどの違いやおもしろさに気づくようにする（実践事例６の 4「ネイチャーゲーム」，p.83 参照）。

3 木の葉のグラデーション

いろいろな色の葉を集めておき，白い紙の上に，近い色を隣同士にしてならべていく。同じ種類の葉で違う色を集めたり，同じ色で違う葉を集めたりする。なぜ色が違うのかなど考える。

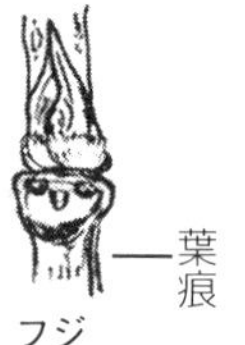

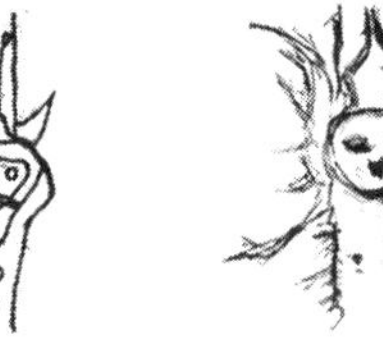

図 10 － 14　冬芽の顔探し －冬芽と葉痕－

希少な植物も，むやみに採集してはいけないことなどのルールは十分指導しておく。
◎毒があったり，かぶれたりする植物もあるので，触ったり口に入れたりしないよう事前の指導や十分な見守りをするようにする。

図10－15　ロゼット体験

4 冬芽の顔探し

写真や絵本，図鑑で事前の導入を行い，冬芽は春になると膨らんで立派な葉になることを話して聞かせ，冬芽について関心をもたせる。その後実際に野外で冬芽探しをする。小さなものを探す名人の子どもたちはいろいろな顔を見つけて夢中になるかもしれない。このような冬支度の様子を見て，自然界の仕組みや植物の生活について感心が向くようにする（図10－14）。

5 ロゼット体験

タンポポやギシギシなどの野草は寒い冬の間は地面にへばりつき，葉っぱをロゼット型（バラの花の形）にひろげる。絵や写真を見たあと，実際に野草を観察する。そして，自分もロゼットになったつもりで野原に寝転んでみよう。強い風を避け，暖かい太陽の光を浴びることができるという実体験から，冬の野草がロゼットになるわけを考えてみよう。シートがあるとよい（図10－15）。

6 木の実でシャボン玉遊び

トチの実の種皮を捨てて中の白い部分を一晩水につけておくと，白くにごってくるのでその水をシャボン玉遊びに使う。ムクロジの実はネバネバした果肉を水に浸して，同じようにブクブク泡を立ててシャボン玉遊びに使う。植物から石けんのような泡ができる不思議さを味わうようにする。

7 木の幹に耳を当てて音を聞こう

直径が15cm以上で樹皮が薄い落葉樹の木の幹に，耳を当ててそっと木の鼓動を聞いてみよう。木が揺れて振動し，まるで水を吸い上げ枝や葉に送るようなザーザーという音になって聞こえる。針葉樹は聴診器を当てるとよりいっそう聞こえる。人間と同じように樹木も生きているという命の鼓動を感じることができるようにする。

8 草木の色を楽しむ

草花，樹皮，果実など集めてきて，画用紙に挟んで硬いものでたたく，直接こすりつける，絞って画用紙に描いたり布に染めたりして草木染を楽しむ。絞ると色が変わるものがあるので，その不思議さも味わうようにする。

9 くっつくタネで遊ぼう

長袖，長ズボンをはいて草むらを歩いてみよう。たくさんのタネがくっつくので，種類や数を確かめよう。できるだけたくさん集める競争をしたり，オオオナモミで的あて遊びをしたり，布にくっつく実で絵を描いたりして遊ぶ。タネがくっつくことはどんな意味があるか，命のつながりなどについて考えるようにする（p.61，（4）「足の裏にへばりついて運ばれて」参照）。

実践事例

3 樹木や落ち葉で遊ぶ

ねらい

■樹木がそびえたっているすがすがしさや，太い幹のたくましさなどを感じ取る。

■いろいろな樹木の葉や実，樹皮で遊び，樹木の種類によって形や色，手触り，においなどが違うことに気づく。

■落ち葉や木の実を，いろいろなものに見立てて遊びに取り込む楽しさを味わう。

指導上の留意点

◎園庭や園周辺の木々の変化に敏感に気づき，幼児が興味をもって直接触れたり遊んだりする体験ができるようなきっかけをつくる。

◎幼児が感じ取ったことや発見を見逃さずに受け止め，他の幼児にも知らせ，興味をもって身近な自然にかかわる雰囲気作りをしていく。

1 樹木で遊ぶ

子どもの目線は，ともすると地面に向きがちである。そびえたつ樹木への興味をさらにひろげたり深めたりするためには保育者の援助が必要である。そのためには，自然観察会などに参加し，保育者自身が自然のおもしろさや不思議さを感じ取っていくことが必要だと考える。

1）手触り

木の幹に手を回し「太いねえ」という子どもたち。「ごつごつ」「ざらざら」「すべすべ」など，いろいろな手触りがある。幼児期は，対象物と直接かかわることを通して，そのものを感覚的に理解し愛着をもっていく時期である。感触を楽しむ体験を十分にさせたい。

(1) サルスベリ

サルスベリの木のすべすべした木肌は，ひんやりとした冷たさを伴い，子どもたちに気持ちよさを感じさせ，いつまで触っていても飽きないという思いを抱かせる。

「あれ，色が変わったよ！」触っていると表面が少しこすれて色が変わることに気づいた子どもがいた。このような小さな変化に敏感に気づいている姿を見逃さず，共感して受け止め，ともに動く保育者とのかかわりが，子どもたちの興味関心を支え深めることにつながっている。

サルスベリの木
「気持ちいいなぁ！」

プラタナスの木
「これはどこから
落ちたのかな？」

(2) プラタナス

樹皮がポロポロと落ちる様子に気づく。パズルのようにして遊ぶことができる。ただし，ついている樹皮を無理やりはがしてはならない。自然に直接触れる体験は大切だが，その際，自然をいたわり大切にかかわる気持ちを育てていかないと，かかわりが度を越して自然破壊につながってしまうので注意が必要である。

2）木のぼり

幼児が登りやすい枝振りのいい木を見つけることはなかなか難しい。長い年月をかけて木を育成する目標をもつことが必要である。

3）木の葉のプール

落葉樹の落ち葉をたくさん集めてプールを

「枝見つけてきたよ！」
大好きな木のまわりで秘密基地作り

小枝のクラフト
卒園製作（6歳児）

保育を学ぶ学生作品

落ち葉のプール

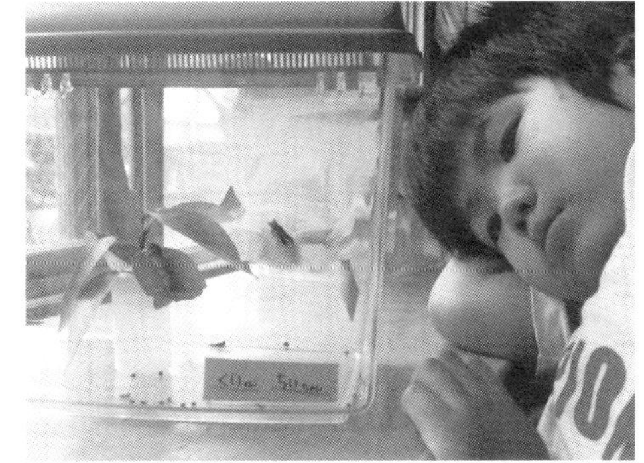
アゲハの幼虫を観察

作って遊ぶ。街路樹のケヤキの葉がよく乾燥していて気持ちがいい。ただし，犬の糞などが混入しないよう集めること。催しやごっこ遊びの出し物として人気が高い。

4）木の葉のクラフト

さまざまな色の葉を使って造形遊びを楽しむ。壁飾りやカードにすることも楽しい。

5）枝のクラフト

せん定した枝はクラフト作りに活用。小さい枝は万力で固定して切らせる。

6）チョウの飼育 ―ナツミカン―

蝶や蛾は固有の食草に産卵する。幼木を育てると身近に幼虫やサナギを観察できる。屋外で試みる場合は鳥に食べられないように寒冷紗などで覆う。

アゲハチョウの産卵を目の前で見た子どもはその小さな卵を見分ける目をもてる。また，幼虫を飼育した経験のある子どもは，ミカンのまわりを飛ぶアゲハチョウに興味をもち，産卵するのではないかと注意をはらうことが見られる。ハンズオン（直接体験）の効果といえる。

アゲハチョウの幼虫は緑色の保護色をしているが，手で触れるなど刺激するとオレンジ色の目立つ触角を突出させ，刺激臭を放つ。天敵である鳥との関係を想像させる。

プラスチック製の飼育箱の中でサナギになる場合，羽化の際に成虫が壁面を滑ってしまい，体を支えられない。ガーゼなどをサナギの周りに粘着テープでとめておくとよい。失敗した個体は羽が縮れて飛べない。自然のなかでは枝などがあることを考えさせる。羽化が間近になるとサナギの色が変化し，羽の模様が透けて見えることに気づかせる。

【写真提供】光が丘さくら幼稚園／たかつかさ保育園ほか

実践事例

4 野菜・花を育てる

ねらい

■野菜・花を自分たちで育て，植物のしくみを種子の発芽から成長し開花・結実まで認識する。

■野菜・花を育てる取り組みに親しみ，食べものや美しい花を実際につくることの難しさと収穫の喜びを感じる。

指導上の留意点

◎食べものを実際に作り，自然の恵みを得るには長い時間と多くの手がかかることを認識する。

◎栽培の過程で植物体が複雑に変化すること，虫や気象の影響を受けることなどを観察し，疑問や発見をさせたい。

◎親しい人たちで収穫物を分け合うことで，かかわった喜びをより大きく感じさせたい。失敗することもあり，次回の努力へと関心をつなぐ。

1 夏野菜を育てて食べよう

夏に収穫する野菜類は，西日本では苗物が３月下旬から出回り，年度替り直後からでも取り組める。果菜類を中心に品種も多彩である。

高温・多雨のもと昆虫類の活動も活発であり，受粉や食害など教材としての題材に富む。日頃食べ親しんでいる野菜から選ばせると関心を高めやすい。その一方，色や形の珍しいものに挑戦すると話題性に富み，子どもの自尊心を高める。食育として，「旬の野菜」のおいしさを感じさせたい。土作りは遅くとも３月上旬には次年度の準備を始めておくこと。

１）ピーマンを植えよう（４歳児）

保育士と調理師の連携がよい事例。子どもの発想を採り入れ，栽培活動が意欲的になった。

「５月７日。２クラスで，緑（京みどり）を共通に赤（ワンダーベル）と黄(ゴールデンベル)の苗を別々にプランターに植えた。『できたら，ピラフに入れて食べたい』という声が聞こえる。他のクラスの植えたトマト苗と比較させた。形は似ているけど，トマトの葉っぱのほうには毛があると子どもが気づく。」

育て方…気温が 25 度以上になる５月中旬以降が最適。ナス科で，ナス・トマト・トウガラシを作ったあとに連作してはうまくいかない。

※プランターで古い土を再生して使う場合も同じ。

草木灰とたい肥を施した畑に，元肥(もとごえ)に化成肥料を少量，植え穴の底にまぜる。

※あまりたっぷり入れると果実がつかなくなるので注意。

少し小高く植え，支柱をし，敷き藁で根本を覆い乾燥を防ぐ。いちばん花のついた枝から下の枝は摘み取って，その上の枝から伸ばし２本立てとする。放置するとブッシュになって収穫が減る。トマトと同様に枝分かれした元に花を次々とつけていく。収穫の期間が長いので追肥（油粕でよいが，やりすぎると窒素過多で葉ばかり茂る）をこまめにする。

乾燥させると主枝が裂けてしまう。はさみを使って実を取る。７月下旬にいったん切り詰めるとまたよい枝がでて，収穫が増える。

「９月に入ってもまだまだ取れた。子どもたちのリクエストで調理室はピーマンを使ったみそ汁，サラダ，スパケッティ，肉詰めとを作ってくれた。塩ゆでしたものをみじん切りにしてシソとご飯に混ぜたものが好評。家庭での調理の仕方を子どもたちが伝えてくれた。」

２）トマト（ナス科）

多品種あり。ミニトマトはわき芽をとらなくてよいので育てやすい。しっかりと支柱を立て，枝を誘引しなければブッシュ状態になり，日照不足で収量減。乳幼児はのどに詰める恐れがあるので，

みんなで畑仕事（ほうれん草）

できたよ，収穫だっ！

食べさせるときには注意がいる。水をやりすぎると甘みが減じる。元肥中心で追肥（ついひ）は少なめにする。

3）オクラ（アオイ科）

種皮が硬く一昼夜水につけておいてから播くと発芽が早い。なかなか発芽しなくてもあきらめないこと。花が大きくきれいで，病気がなく育てやすい。大きくなるので，密植しないこと。果実は五角で断面が面白い。緑だけでなく紫もあるが，ゆでると同じ色になるので子どもが不思議がる。取り忘れると巨大になる。種を取って次の年へ。

2 秋から冬に取り組む野菜のポイント

気温が低くなると昆虫類の活動が少なくなるので，葉物（キャベツ・ハクサイ）が取り組みやすくなる。その多くはアブラナ科であり，越年すると菜の花としても楽しめる。すべてを採りつくさず，春の演出を野菜の花で試みることも子どもたちにとって楽しい。もちろん種を取り次のシーズンに播くとよい。雪の降らない地方は，根菜類（ダイコン・カブなど）も冬の寒さのなかで育てることが可能であり，甘みも増しておいしくなる。

麦類も越年作物として取り組むと，春に緑の穂から茶色に変化して美しい情景を楽しめる。少量でもたくさんに増える穀物栽培を経験することは，食料の意味を考えさせるうえで意義がある。お米ほど手間がかからない。豆類も秋蒔きが多い。

1）ブロッコリー（アブラナ科）

冬の日差しの中で大きくつぼみが膨らんでくるととても子どもたちは喜ぶ。採りたてをスチームオーブンで蒸してもらって食べるとホクホクとしてとてもおいしい。暖冬だとアオムシが生きているので，葉の状態をいつも子どもに見張ってもらう。秋に苗が出まわるので，がっしりしたものを選ぶ。大きく育つので，株と株の間隔は 50cm は取りたい。頂のつぼみを収穫しても次からわき芽が成長してつぼみになって食べられる。一株はそのままつぼみを開花させ，花をつまんで生食してみるのも楽しい。カリフラワーも同じように栽培できる。

2）ほうれん草（アカザ科）

発芽させるのに時間がかかる場合がある。種の形がとがっており，アブラナ科とは違う。東洋系の葉の尖ったものと，西洋系の葉の丸いものとの違いを確かめることもおもしろい。筋蒔きして発芽させるが，間引き方がたりないと成長しない。生でかじらせると「(甘くて) キャラメルみたい」との感想が聞けた。

【写真提供】たかつかさ保育園

実践事例

5 サツマイモを育てて遊ぶ

ねらい

■サツマイモの収穫を楽しみにしながら，苗植えや水やりなどの世話を進んでする。

■土の中からサツマイモを掘り出す喜びを味わい，掘り出したサツマイモの色や形，大きさに興味をもつ。

■サツマイモのツルや葉を使って，いろいろな遊びを楽しむ。

指導上の留意点

◎収穫への期待をもたせながら，水やりなど継続して取り組めるよう用具を整える。

◎生い茂った葉にいろいろな虫が来るなど，成長過程で起こる変化に教師も敏感に気づき，子どもたちと一緒に驚いたりかかわったりしていく。

◎サツマイモを収穫した喜びを大切にし，よく見たり触れたりしていろいろな発見や表現の機会をつくる。

1 サツマイモを育てる

サツマイモ栽培は，畑で行うことが一般的だが，敷地等の関係で畑を作ることができない場合は，袋（大きいビニール袋や砂袋など）でも栽培することができる（図10－16）。

1）サツマイモの苗を植える

サツマイモの苗を子どもたちに見せ，今まで栽培したトマトやキュウリの苗等との違いに気づかせる。「サツマイモの苗は，土の布団に寝かせてあげるんだよ」と植え方の違いについて話す。1人ひとりが，自分の手で植えることができると，関心がさらに高まる。

2）成長を楽しみに世話をする

水やりを子どもたちと一緒にしながら，成長に気づかせていく。夏に向けてサツマイモの葉は生い茂ってくるので，ツル返し（※余分な根がでないようにするための作業）を行う。

2 サツマイモを収穫する

10月中旬過ぎが収穫の時期。芋ほり遠足などでは前もってツルを切り掘りやすくしている場合が多いが，園内で栽培したものを掘るときは，ツルを切ることはせずに，生い茂った葉をかきわけツルを引っ張りサツマイモがつながって出てきた！という驚きを経験させたい。

袋を用意する。　土を入れる。　苗を植える。一袋に2，3本。

◆砂袋はそのままで使える。
◆ビニル袋の場合は，土を入れたあとで，空気穴をいくつかあける。

※土がたくさん入ると動かしにくくなるので，置き場所のそばで作業すること。

図10－16　サツマイモを袋で育てる

「ほら，大きいでしょ！」

サツマイモが勢ぞろい

力いっぱい掘る楽しさに夢中になりながら，サツマイモのいろいろな形に気づき，太い・細い，長い・丸い・曲がっているなどの違いを口にする。互いの発見を伝えあい，さらに気づきを広げられるように援助していこう。

3 収穫したサツマイモで遊ぶ（図10－17）

1）サツマイモを並べる，数を数える

自分が掘ったサツマイモの重さや形を十分味わったら，みんなのサツマイモを集める。ゴザの上などに並べて置くようにすると「これが大きいね」「すごい丸いのがある」「赤ちゃんイモがあるよ」など，大きさや形の違いを味わう経験になる。

2）ツルや葉で遊ぶ

サツマイモのツルの長さや強さを感じる機会になる。縄跳びや綱引きなどの遊びや，ツルを巻きつけてリースの土台を作ることができる。

3）サツマイモの色の鮮やかさを味わう

サツマイモを洗うと，鮮やかな赤紫の色があらわれる。自分の手で洗うことで，鮮やかな美しさが心に深く残る。

4）サツマイモを絵に描いたり作ったりする

大きな紙に絵の具で大きなサツマイモを描いたり，新聞紙を丸めて立体的なサツマイモを作ったりする。立体的なサツマイモを使い，芋ほりごっこや焼き芋ごっこなど経験を再現する楽しさがひろがる。

「ワッショイ，ワッショイ」
綱引きを楽しむ。

クルクル巻きつけて，
風通しのよい所に干しておく。
リース飾りの土台のできあがり！

赤紫の濃淡や
赤茶色の絵の具を
用意する。

いろいろな形のサツマイモのことを
思い起こさせながら絵を描く。

図10－17　サツマイモで遊ぶ

5）サツマイモの切れ端で芋版を作る

小さく切ったイモに絵の具をつけて，スタンプ遊び。身近な野菜等も加えるとさらに楽しくなる。ただし，食べものであることを忘れず，無駄な使い方をしないよう注意する。

【写真提供】ふどう幼稚園

実践事例

6 自然のなかのゲーム遊び

ねらい

- ■公園や広場，雑木林など身近な自然環境の中で，自然を生かしたゲーム遊びの楽しさを味わう。
- ■ゲーム遊びを楽しみながら，自然に親しむ。
- ■ルールを守ったり友だちと力を合わせたりして遊ぶ楽しさを味わう。
- ■自然との出会いの楽しさや気持ちよさを味わう。

指導上の留意点

- ◎繰り返し出かけてよく遊び込んだ場所で行う。
- ◎遊びを考える際は，起伏に富んだ地形をいかし，自然のなかでこそ味わえることを取り込む。
- ◎公共の場を活用する際は，他の人々の迷惑にならないように配慮する。
- ◎下見はポイントを押さえて注意深く行い，安全に留意するとともに保育者の連携を十分にとる。

1 探検ごっこ（図10－18）

地図を持ち，6～8人ぐらいのグループで探検する遊び。地図には，いくつかのポイントが記されており，そのポイントに行くと課題が出される。「サザンカの花をみつけよう」「黄色い葉っぱを3枚見つけよう」など課題は自然にまつわる内容だ。短い距離でも，自分たちで道を選んで進んだという思いがあり，ワクワクした気持ちになる。

いくつかの関門を通り抜けゴールインしたときには「やった！」という満足感を味わう子どもたちだ。

白い布をまとい「私は森の守り神。よくここまで来ましたね」と守り神になりきって子どもたちに声をかける保育者がいた。このような保育者の遊び心が自然のなかのゲームをより楽しいものにしている。

「たから 見つけたよ！」森のなかでの探検ごっこ

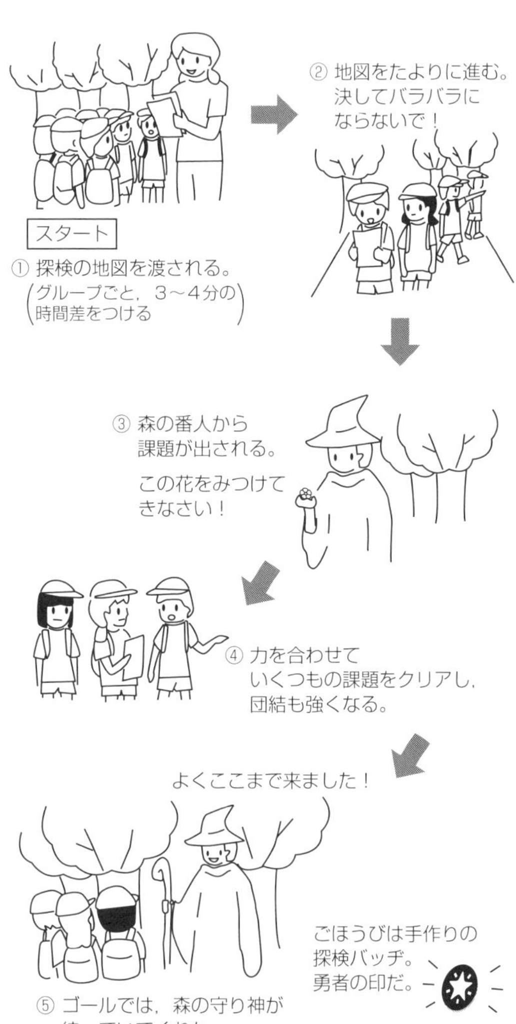

図10－18　探検ごっこを楽しむ

自然のなかで行うと楽しさも広がる，追いかけ玉入れ

図 10 － 19　鬼遊び

図 10 － 20　わらべうた遊び

2 鬼遊び・わらべうた遊び（図 10 － 19，20）

木鬼，高鬼，手つなぎ鬼など，あらゆる鬼ごっこを楽しむことができる。

自然の中で行うので，陣地なども切り株や落ち葉の山など，そこにあった物を生かしていく。

3 園の遊びと自然のなかでの遊びをつなげる

園で楽しんでいたことを，自然のなかで行うとさらに楽しさが広がるときがある。園でしきりに電車ごっこをしていた子どもたちが，縄跳びをつないで電車を作り，林の中を走り回っていたときの満足げな顔が忘れられない。

4 ネイチャーゲーム

ネイチャーゲームとはアメリカのジョセフ・コーネル氏が考案した「自然への気づき」をねらいにした体感ゲームである。

「木の葉のカルタとり」は森や公園で採集した落ち葉，小枝，木の実などを２つずつ用意して，そのうちの１つは２本のロープの真ん中にハンカチを広げてその上に並べ，もう１つはリーダーの持つ袋に入れておく。リーダーは袋の中から１つ取り出し，同時に子どもの番号を呼ぶ。番号を呼ばれた子どもはぶつからないよう，右手，右回りで中央のカルタを取りに行く。子どもの番号は，向かいあった状態で逆になるようにつけておく。お手つきなどの対戦ルールは話し合ってきめたり，場所や参加の子どもにあわせて柔軟に考えて楽しく遊ぼう（図 10 － 21）。

リーダー
①②③④⑤　⑤④③②①

図 10 － 21　木の葉のカルタとり

【写真提供】ふどう幼稚園

実践事例

7 お米を育てて食べる

ねらい

■お米が実際に身近な場所で作れることを確かめ，実際に炊飯して食べることで日本の食文化に触れる（第15章6節参照）。

■種籾（たねもみ）から稲穂に実るまでの半年間，米の成長を感動しながら観察する。

■お米を作って，食べるまでにたくさんの作業があることを教わり，それに取り組む。

指導上の留意点

◎毎日食べているお米が，どのような植物のどんな部分かを知らない子どもが大半であるため，一連の行程を実体験させ，収穫までの半年をお米の生長に意識を向けさせる。

◎成長のしくみの不思議さを実感し，食べものを作ることの大変さを知り，食べものを大切に思う気持ちをもたせたい。

◎稲作が日本の景観と伝統文化にとって重要な営みであることを伝える。

日本の食文化を支える　稲の生育の基礎知識

稲の成長の仕組みは段階がある。「育苗（いくびょう）期」，「分（ぶん）げつ期（穂数決定）」，「幼穂（ようすい）発育期（籾（もみ）数決定）」，そして「登熟（とうじゅく）期（粒重（りゅうじゅう）決定）」の4段階である。分げつ期と幼穂期の前半は栄養成長期であって，稲の全体構造を作る時期である。後半は生殖成長期で開花・受粉を経て種子であるもみに栄養を蓄える時期である。

発芽は蓄えたでんぷんを糖に変えて行うので，温度が適切であれば可能である。しかし成長期には，水とともに日光と窒素が必要である。そのため，田植えという移植の方法がとられている。移植はすでに背丈がそろった稲を田に植えるので，日光を優位に取れ，その後の雑草の成長に負けない効果がある。

分げつとは，稲の茎が左右に枝分かれして茎を増やしていくこと。この時期，ひえなどの雑草も土の中にあった種子が育って見分けにくくなる。稲には葉の付け根に細かな毛が生えているのでよく見ること。誤って稲を抜いてはいけないので，注意すること。分げつ期の後半に，生殖器官である幼穂ができるが，この時期に低温であるとうまく形成されない。水の管理の大切な意味は，この部分を冷やさないことである。水深が深いと比熱の高い水で保温が期待できる。また，出穂（しゅっすい）（さやを割って穂が出ること）のための養分を追肥する必要がある。しかし，低温だとイモチ病がでる。窒素肥料が多すぎることも発病を促すので追肥の要領は難しい。バケツ稲では肥料は少なめのほうが無難であろう。また，開花・受粉も一瞬のできごとといってよく，温度が高く晴天が必須である。

天候が作柄を左右することを，各段階で認識してほしい。この実践をした保育者は「去年は米のニュースなど関心がなかった。自分で作ってるからこそ，あのニュースが耳にはいってきた」といっている。あのニュースとは「冷夏のため，農家の稲の水温管理がたいへん，今年はどこも不作」であった。このときは低温のため，中干は数日でやめた。土の中に十分な酸素を取り込むことと，水を求めて根が張る効果をねらっている。有害物質を排出する効果もある。このように水田農家の管理はとてもきめ細かに行われている。実際に何度も経験しなければ，多様な自然環境との関係を調整することはできない。なにより，稲という植物そのものがすぐれているのであり，今日まで人類を支えてきたことは間違いない。子どもたちにそのすばらしさをぜひ体験させたい。

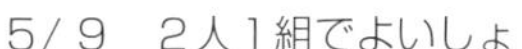

5/9　2人1組でよいしょ

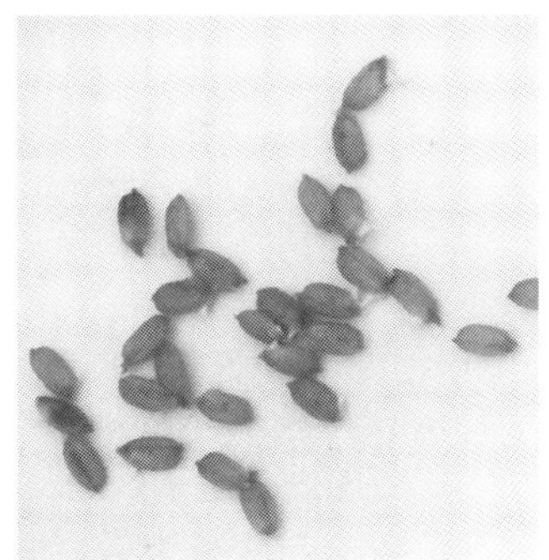

5/12　お米の芽出し

7/4　葉っぱが増えた！

1 準　備

用意するもの

栽培用キット（全農に依頼すると手に入る）：
種籾，化成肥料，米づくりパンフレット，ポリバケツ（20L以上），培養土（10L/人），防鳥ネット

5/1　バケツの配置場所をもっとも日当たりのよい東南側に決定。培養土を農協より購入。栽培条件をそろえるため，機械植え育苗用の粒状の土を使用することにした。元肥（もとごえ）入り。

5/8　バケツ下部側面に穴を4つ，電動ドリルで開ける。バケツをコンクリート用パレットに並べ，水の管理を簡略化できると考えたため。

5/9　子ども2人1組でバケツに土を入れさせる。1袋20kgを2人で運び，袋の中から土をバケツに半分入れる。パレット内に配置し水を入れる。

2 芽出し

5/12 プラスチックのおやつ皿を用い，種籾を発芽させる作業開始。とても酸素を必要とするので，毎日水を取り替えることを話す。

※水の取替え時にお米を流し捨てないように注意する。

3 育　苗

5/19　1週間で小さな白い根が出た。お米屋(高田)さんの指導で，発芽した籾をバケツにめいめいが植える。人指し指第一関節の深さに一粒ずつ埋める。

5/23　小さな葉がほぼ出そろう。

5/28　水位が低いと注意され，せっせとバケツとジョウロで水をパレットに追加する。

※水が増えると，ぼうふらがわく。おたまじゃくしでは防除効果薄く，トンボのヤゴ，めだかを入れる。

4 苗の移し替え

6/9　15～20cmに育った元気な苗選んで根をいためないように抜き取る。3本をバケツの中心に植え戻す。田植え。深さ3センチ程度とし深植えししないこと。パレット内では作業ができないので外へ出す。※バケツの土が粘土なので遊ぶ子どもが続出。

5 追 肥

6/11　化成肥料を指で一つまみ程度，移し替えた苗の周りに撒く。いもち病の予兆が出てしまう。

6 分げつ

6/16 株が分かれてきた。草丈25～30cm。

6/23 40～45cm。

7/4　Yちゃん「葉っぱが増えてバケツが見えない」，ところがG君は「僕のお米折れてる」と自分で気づいて心配する。イモチ病の疑い。草丈75～80cm。

7 中干し（必ずしもしなくてもよい技法）

7/15　全部のバケツをパレットから出す。穴から水が抜ける。

7/17　枯れている稲が見つかる。干しすぎかもしれないと，シャワーで上からかける。

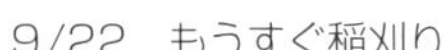

9/22　もうすぐ稲刈り

10/16　収穫！

11/6　脱穀

7/22　枯れこんでいるバケツ稲が見つかり，高田さんに連絡。それにジョウロで水を入れる。

7/23　G君の稲は「イモチ病」と高田さんが診断。予備のバケツ稲を育てるよう説得。

7/24　枯れた稲を廃棄するため，バケツから抜き取る。

7/25　すずめに幼穂の甘い部分を食べられないように防衛するネットを架ける。

8 出穂・登熟

8/28　どんどん伸びてきた穂を見て子どもたちが盛んに話をしている。K君「この中にお米はいってるんだろ」，Yちゃん「お米は重たくなったらお辞儀をするんやで」と聞いて「ほんまや。下がってきてる」と喜ぶ。

9 成　熟

9/16　水の量を半分に落とす。以後，水を抜く。

10 稲刈り

10/16　手を稲の葉やのこぎり鎌で切らないように全員軍手をはめる。高田さんにやって見せてもらうと「すごい，かっこいい」と歓声があがる。1人ひとり丁寧に刈り取る。遊び小屋の2階に竹ざおを渡し，それに稲束を架け乾燥させる。

11 脱　穀

11/6　穂から籾を手作業ではずすが効率が悪い。砂場おもちゃのプラスチック製ふるいの穴がちょうどよい大きさだったので，これに通して引き抜くとうまく籾が外れた。ビニール袋に一握り分の米を各自が収穫できた。

12 籾摺り

11/26　すり鉢に少しずつ籾を入れ，軟球でする。1人30分ほどかけた。力を入れすぎると米粉になる。外した皮を息で吹き飛ばす時，きつく吹きすぎると米も飛んでしまう。上手な子には「高田さんみたいなお米屋さんになったら」など仲間の出来具合に関心を示した。

13 精米・炊飯

11/27　いよいよ食べる日がやってきた。精米は半分だけ高田さんの工場でしていただいた。残りは炊きたてをめいめいの茶碗に半分ずつ白米と玄米をよそって食べた。「玄米はとうもろこしの味がする」「甘い」，食べ終わった直後，指導してもらった高田さんにも届けるため，ご飯をもって店まで皆で行く。高田さんの「おいしい」のお墨付きをもらって全員が歓声をあげた。その後で精米機を見せてもらう。

11/27　ごちそうさまっ

【写真提供】たかつかさ保育園

第11章 動物にかかわる保育

1 保育における動物飼育とは

1）飼育の意義（命を大切にする保育）

「幼稚園教育要領」の「第２章　ねらい及び内容」には，領域「環境」のねらいとして１番目に「身近な環境に親しみ，自然と触れ合う中で様々な事象に興味や関心をもつ」，２番目に「身近な環境に自分から関わり，発見を楽しんだり，考えたりし，それを生活に取り入れようとする」とある。これらが動物飼育を保育の場で行う意味づけの基礎となっている。さらに具体的な内容には，

(1) 自然に触れて生活し，その大きさ，美しさ，不思議さなどに気付く。
(2)（省略）
(3) 季節により自然や人間の生活に変化のあることに気付く。
(4) 自然などの身近な事象に関心をもち，取り入れて遊ぶ。
(5) 身近な動植物に親しみをもって接し，生命の尊さに気付き，いたわったり，大切にしたりする。（以下略）

という項目が動物飼育と深くかかわる内容として示され，これに基づいて保育活動が計画・展開されている。

これらの内容のなかでもとくに項目 (5) は動物飼育の意義としてきわめて重要な意味をもつ。身近なところで日常的に人間以外の動物に接し，その多様な生き方や成長の仕方，そして生まれたり死んだりしていく姿を目の当たりにすることは，子どもの情操や思考の発達にとって他のいかなるものにも替えがたい体験である。

写真 11－1 子どもとポニー

2）動物療法（動物介在療法，アニマルセラピー）

心身の発達上，何らかのハンディキャップをもった人に対する治療の一環として，イヌやウマ，イルカその他さまざまな動物を参加させることである。本来は医師や看護師，心理療法士などの協力のもとに計画的に進められるものである。しかし彼らの協力がなくても，動物の存在が子どもの登園拒否やその他の精神的不安定の改善に役立つことが多い。このことも幼稚園での動物飼育の積極的な意義づけの一つである（**写真 11－1**）。

3）「死」の教育

動物を飼育する先には必然的に死が待ち構えている。覚悟の上か突然の訪れか，いずれにしても日々愛着をもって接していた動物の死に直面す

ることは避けられない。

そのことが“子どもにとって残酷だ”，“精神的な打撃が強すぎる”，などの理由から保育者が説明をあいまいにしたり死骸を見せないようにしたりすることがある。

ところが近年は子どもの知覚を刺激するものに実体験ではなく，テレビゲームで象徴される仮想現実（バーチャルリアリティ）が急激に増えている。そしてその影響なのか，人間の死の実感についてもきわめて希薄になりつつある。このような現状のもとでは，他の動物であっても実際の死を目の当たりにする体験はきわめて重要である。したがって保育者はそのような機会に十分な配慮のもと，子どもにはできうる限り死を真正面からともに直視して説明し，死を積極的にとらえるよう努力するべきである。すなわちこれが「『死』の教育」であり，そのときにこそ保育者自身の死生観・生命観が問われることとなる。

4）動物とかかわる際の配慮

⑴ 子どもの心身の発達と動物

心身の発達とともに動物への対応の仕方も変わってくることに留意する必要がある。例えば飼育の問題点に，３～４歳児では一般的に対象物への興味・関心が長続きしないため，動物の世話でもすぐに飽きることが挙げられる。またその頃の年齢だと自己中心的な所有欲が強く，動物を乱暴に扱ったりすることもある。保育者はこのような行動を過渡的な傾向と考えてやさしく諭すなり，見守ることが必要であろう。

またさらに低年齢の子どもでは，興味や関心をもったものに対して見境なく近づいたり触ったりすることがある。この突然の行動に対してイヌが威嚇的な行動をとったり，無理やり抱いたウサギが急に暴れだしたりする反応から，子どもが動物に恐怖心を抱くようになることも多い。このようなことが起こらないよう，保育者は子どもの心身の発達やそれまでの経験を考慮に入れた指導を心がけなければならない。

⑵ 安全性と動物の立場

幼稚園内外で子どもがかかわりをもつ動物のなかには加害性に配慮しなければならないものもいて，その扱いに関する知識をもつ必要がある。これらについては第 19 章で詳しく紹介する。

ここでは動物から見た人間との好ましいかかわり方の基本を述べる。

まず，出産直後のウサギが人間の気配だけで産んだ仔を食い殺すことはよく知られている。このように動物はある時期，神経質になったり病気になりやすいことに十分配慮する必要がある。とくに昆虫では，脱皮直後の皮膚が柔らかい時期などは細菌による感染症にかかりやすい。そのため，どの動物にしても触れたあとだけではなく，その前にも手を洗う習慣をつけておくべきである。

また，野生の動物のみならず家畜動物でもそれぞれ独自の生活のパターン，食物や居場所の選好性があるものである。動物の生活史を熟知して相手の立場になってかかわりをもつ，ということは動物飼育の意義そのものである。

⑶ 地域差

日本列島は概して東西南北に細長く，南西端の沖縄から北東端の北海道では年平均気温の差が那覇の 22.5℃から釧路の 6.7℃までと 16℃近くもある。また，植物全般で生育に必要とされる５℃以上の気温を積算した値，すなわち「暖かさの指数（温量指数）」も南と北の地方では大きく異なる。このことから植物と同様，北の地域ほど動物が活動を始める時季は遅くなり，一方で活動の終了時季は早くなる傾向がある。さらに日本列島では，例えば本州のツキノワグマと北海道のヒグマというように生物の種類構成が大きく違うなど，生物地理学上，それぞれの地域ごとに動物の分布が異なることもある（**図11－1～3**）。

以上を考慮しながら，その地域や季節に合った飼育・観察のできる動物を選び，それらとかかわる活動計画を立てる必要がある。

なお本書では，九州本土以東から東北南部の地域を念頭に置いて飼育・観察動物の解説をする。

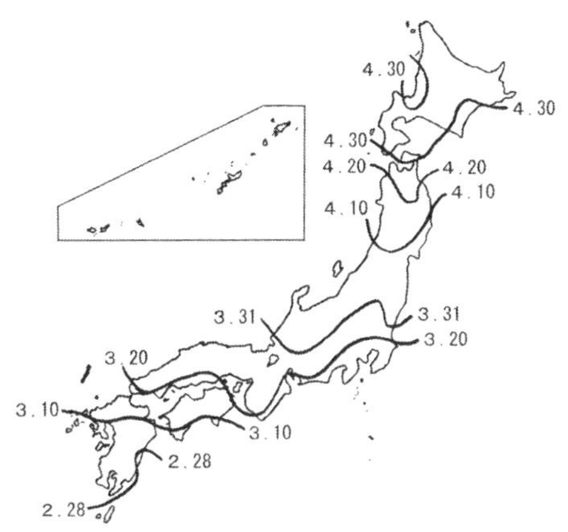

図11－1 モンシロチョウ初見日前線

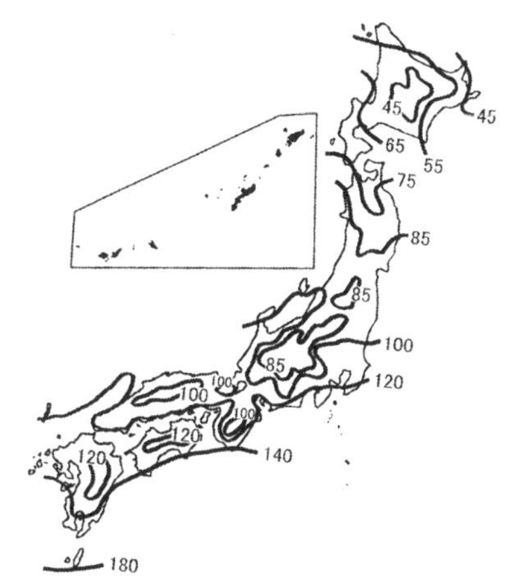

図11－2 温量指数線

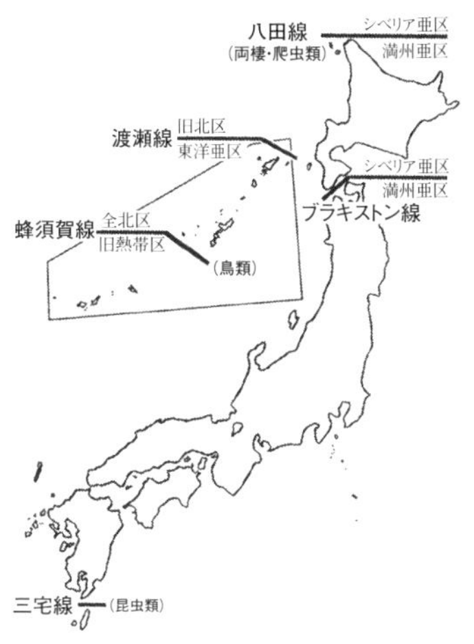

図11－3 日本の動物相の境界

5）飼育動物の概説

園で飼育されている動物はじつにさまざまである。大型のものではウマやポニーから始まり，ヤギやヒツジ，イヌ，ネコ，さらにはクジャクなどから小さいものではアリやダンゴムシまである。本書ではそれらのうちでも園で一般的に飼育，あるいは見られる，また入手が容易で扱いやすい比較的小さな動物について解説する。ただし，本書で採りあげた種類以外でも，とくに野外で見つけた昆虫の幼虫などを積極的に飼育・観察してもらいたいものである。

これらの動物を系統分類学の体系に沿って並べると（かっこ内はその代表例），軟体動物（カタツムリ），環形動物（ミミズ），節足動物（ザリガニやダンゴムシ，昆虫類），さらに脊椎(せきつい)動物では魚類（キンギョ），両生類（カエル），爬虫類（カメ），鳥類（ニワトリ），哺乳類（ウサギ）となる。

また，動物の生活型からは便宜的に陸生と水生，そしてその中間で水中の生活に適応していないアメンボや生活の一部を陸上で過ごすカメのような半水生動物に分けられ，飼育の方法も大きく異なる。これについては，それぞれの項で説明する。

なお動物名については，一般に呼ばれている名称，あるいはそのグループの総称とし，標準和名は必要なときに限って用いる。例えば，ミスジマイマイ，ウスカワマイマイが標準和名だが，それらの俗称・総称のカタツムリと標記することも多い。

2 動物の愛護と野生生物の保護

園で動物を飼育するとき，領域「環境」の内容の１つ，「身近な動植物に親しみをもって接し，生命の尊さに気付き，いたわったり，大切にしたりする」のとおり,動物を愛護する心をつねにもっていなければならないことは言うまでもない。しかし実際には，飼育している，あるいは野外で見られる動物に対して子どもが粗末な，時には残酷とも思えるような扱い方をしているのを見かけることがよくある。

これらの行動の多くは，心の発達段階途上での特性と理解し，ことさらとがめたり問題視する必要のないものが多い。例えば，３歳前後であると自己中心的な所有意欲が強く，その結果として動物を乱暴に扱うようにも見えることがある。また,興味や関心が長続きしないため，つい先ほどまで熱心に集めていたダンゴムシを放置したまま，しかも手に負えないほどの数を集めたにもかかわらず，別の遊びに没頭している一見冷淡な子どもの姿をよく見かけるものである。

ここでは,動物愛護の心を育むための要点と,野生生物を保護するうえでの問題点について論じる。

１）動物愛護

⑴ 動物飼育における世話

動物飼育において“飽きっぽい”，というのは子どもの通例で，ある程度はやむを得ないことのように思われる。しかし，その傾向を少しでも是正するためには，主体的・自発的な動機づけによる日常的・継続的な世話の工夫が求められる。子どもたち自らが本当に飼育したいのか，また飼育するなら自分たちで世話をするのか，折にふれて確認するべきであろう。当番を決め，子ども自身で，無理なら保育者でもよいから，成長の記録をとり，観察のポイントを話し合って今後への期待感をもつようにする，などがあろう。

また，餌やりや糞尿の始末，飼育容器の洗浄なども極力子どもがするよう心がけるべきである。

飼っている動物が病気になったり怪我を負ったりした時は，近くの獣医師に相談しよう。近年は，その地域の獣医師会などによる教育現場への支援体制が整いつつある（巻末附録１の第11章９）～11），p.196 参照）。

⑵ 愛着心

動物にもつ愛着心とそれへの接触体験には強い関係があるようである。時間をかけてでも子どもが動物に触れられるよう，保育者は努めたい。

日常的・継続的に接することから芽生えるであろう，飼育動物に対する愛着心をさらに高める工夫も考えられる。愛着心，つまりそのものに対するかけがえのない愛情を育むには，個体識別が効果的である。個々の動物に名前をつけるのである。例えば，「ザリガニが死んだ」ではなく，「（ザリガニの）“だいちゃん”が死んだ」であってほしいものである。このことから，命とは他のものでは替えられないことに気づくであろう。その意味からは，動物が死んだからといって，すぐにでも次を購入することは避けるべきである。

さらに，ペットショップなどでの野生生物の売買は，幼児教育における「生命の尊重」とは馴染まないものと思われる。

なお，愛着心が高じた結果，動物を過度に自分の支配下においてもてあそぶことのないよう，保育者は配慮する必要がある。動物にも時には自分の生活があること，子どもの意のままにならない場合もあることに気づくことも大切である（後述する「動物愛護・動物福祉」参照）。

2）野生生物の保護

⑴ 保護に関する法令

野生生物の保護に関する法律には「環境基本法」,「自然保護保全法」などがあって，野生の動植物の愛護と管理について定められている。また脊椎動物では「鳥獣保護法」や「動物愛護法」などがある。これらのなかでも「鳥獣保護法」では，ドブネズミ，クマネズミ，ハツカネズミのようなとくに定められた種類以外は，有害鳥獣に指定されない限り，また特別の許可がない限り，ほとんどすべての鳥やけものの捕獲や飼育が禁じられている。つまり，野鳥のひなが落ちていても，一時的な保護を除けば，飼育はできない可能性が高いことを覚えておく必要がある。

無脊椎動物では，特定の地域内の特定種について捕獲禁止となっていることが多い。例えば，国立公園特別保護地区内の動植物すべてや，漁業権の設定されている海岸や河川の特定の魚介類の採取禁止などである。しかし普通は，その地域にその旨の表示があるので迷うことはあまりない。

このことは，「鳥獣」を除く動物について上述のような禁止区域以外では採集を禁止されていないことを意味する。その土地の所有者に立入りの許可を得れば，基本的には昆虫採集は自由に行えるのである。

⑵ 乱獲と生態系の保護・特定生物法

子どもが野外で捕虫網を持って走り回るのは自然破壊だ，生命の軽視だ，と非難されることがある。興味に任せてあとのことも考えずに多数を採集するのは乱獲で許されない，との声も聞く。ところが野生生物，とくに昆虫などは子どもが採集したくらいで絶滅することはないし，生態系の破壊に直接つながるものでもない。乱獲を助長するわけではないが，思う存分に山野で虫を追いかけることによって得られる自然の原体験，ひいてはその自然を大切にする心の育ちに期待したい。

なお，他地域で捕獲したりペットショップで購入したりした動物を野外に放さないようにしよう。その地域の生態系の撹乱や在来種の遺伝的特性の変化につながるおそれがきわめて高いからである。例えば，縁日で買ったミドリガメ（北米産のミシシッピーアカミミガメの幼体・成体）が大きくなりすぎて手に余って池に放し，本来そこにいたイシガメやクサガメを駆逐してしまったり，東南アジア産のクワガタを逃がした結果，在来のクワガタとの交雑種が激増したり，などである。

以上にかかわる法律として，環境省により2005年にいわゆる「外来生物法」が施行された（第10章，p.60）。これは，生態系の保護，人の身体・生命や農林水産業への被害防止のために，法律で定められた特定外来生物の扱い方を厳しく制限するものである。この法律によって，アライグマやカミツキガメを始めとした動物127種，植物19種が指定されており（2023年4月現在），それらの野外への放出や譲り渡し，飼養，栽培，保管，運搬，輸入等が厳しく規制され，駆除も行われている。

保育の場でよく見かけるミドリガメやアメリカザリガニも条件付特定外来生物である（詳細は３節）。

⑶ 動物愛護・動物福祉と生命尊重

動物を愛護し，そのことから生命を尊重する心が育つであろうことは議論の余地のないところである。しかし子どもと動物のかかわりあいのなかで，結果として動物を死に至らしめることもある。それさえも生命尊重に反するということから，愛護ばかりを強調し，死を避けるような論調や指導も見受けられる。例えば，昆虫採集は自然破壊だ，捕まえて死なすことは残酷だ，などである。

また近年，おもに家畜動物や愛玩動物など“感覚を持つ動物”との従来よく見られた虐待的なかかわり方を見直す声が大きくなっている。この根拠である「動物福祉」という考え方は，人間以外の他者全般に対する思いの尊重という文脈からは保育者も学ぶべきことが多いであろう。

しかし保育において，子どもにとってはそのことにとらわれ過ぎ，動物やそれ以外の自然と思う存分にふれあい，生や死を目の当たりにする実体験の場と機会を失うことはあってはならない。子どもの情緒の発達と自然のより深い理解，ひいては生命に対する感性の醸成という点からは，損失のほうがはるかに大きいものである。

3 小動物の飼育と観察

鳥類や哺乳類を除けば，小型の動物を飼育する容器は，ペットショップなどで売っている底面の長辺が 20 ～ 50cm の透明プラスチック製のものでよい。容器の高さは少なくとも成虫の長さの２倍以上は必要である。

飼育の全般的な原則は次のとおりである。

容器内は霧吹きなどでつねに適度な湿り気を保つ。卵や成虫で越冬させることを考えるのなら，容器の中には土を入れ，表面が乾いてきたら水分の補給の目安とすればよい。キリギリスなどバッタの飼育では餌としてキュウリや煮干を与えるが，腐ったりカビが生えたりするので土の上には直接置かず，串に刺したり受け皿に載せる。

飼育容器の置き場所は，直射日光の当たる所を避ける。また越冬の際には，容器の内部が乾燥しないように上側を新聞紙とその上にビニールで覆い，ひもで縛っておく。それを寒暖の差の少ない，例えば北側の暖房のない部屋とか園舎裏のひさしの下などで保管する。そして時々乾燥しすぎていないか，さらには春には孵化したり活動を開始していないかチェックを忘れないようにする。

バッタやカマキリは越冬後におびただしい数が孵化する。容器内で高密度で飼育するといずれ共食いが始まるし，手に余るであろう。そこで，それらの多くは園庭なり近くの草原に逃がしてやったほうがよい。夏になって同じ場所での再会は子どもにとって印象深い経験となるに違いない。

1）軟体動物

カタツムリ・ナメクジ　カタツムリは陸に棲むようになった巻貝で，その殻が退化したのがナメクジである。長短２対の触角は明るさや味を感じるのに役立っている。身近では何種類かを見かけ，子どもが園に持ち込むことが多い。湿気を絶やさなければ小さな容器で飼育は簡単である。

ともにキャベツの他さまざまな農作物や園芸植物の葉などを食害する。植物の表面を口(歯舌)でこそぐようにして食べ，そのものと同じ色の糞をするので試してみよう。また，雌雄同体なので２匹一緒ならば交尾して産卵する。５～８月頃，土の中やナメクジなら石の裏側に直径１～３mm ほどの丸くて白い卵を塊にして多数産む。卵は 20 ～ 30 日で孵化して，カタツムリなら最初から殻を背負っている（**写真 11 －２**）。

写真 11 －２　ミスジマイマイ

カタツムリは成長するにしたがって殻の巻きの回数と放射状の筋が増えていくことに注目した

い。殻の栄養のために卵や貝の殻を与える。種類によっては越冬して，数年も生きる。

どちらも人間に重篤な症状を引き起こす恐れのある広東住血線虫の中間宿主になり得る。これらの体表面や這った後の粘液から経口感染するので，触った後は必ず入念に手を洗うようにする。

2）節足動物 －昆虫以外

ミジンコ，ヤドカリ，ゲジゲジやムカデ，クモやダニやサソリもこの仲間である。外骨格のために体の形が多様になり得た一方で，成長するには何回も古い表皮を脱ぎ捨て（脱皮）なければならない。

アメリカザリガニ　100年近く前にアメリカから持ち込まれ（移入），日本全域に分布している。いまではザリガニといえば多くはこのアメリカザリガニである。ほとんどの池や小川に棲みついていて，糸に吊るしたするめで簡単に釣れる。北日本にはやはり移入種でより大きく茶褐色のウチダザリガニがいて，在来のニホンザリガニを見ることは滅多にない（図11－4）。

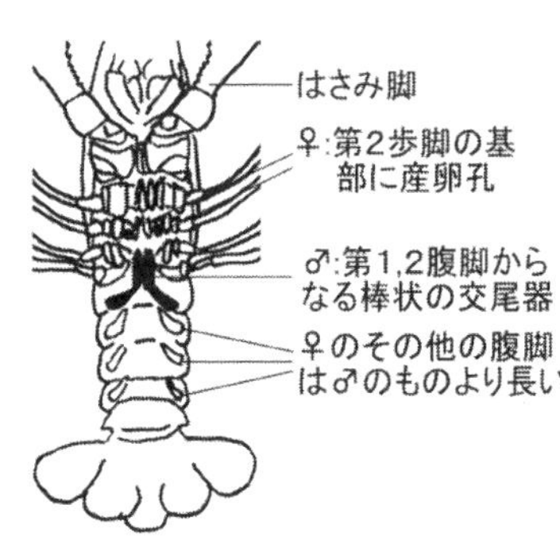

図11－4 ザリガニの雄と雌の見分け方

適度の水替えと動植物質の餌やりをすればよく，飼育は簡単である。秋に雌の腹に房状になって抱かれた卵は翌春に孵化する。子どもはしばらくの間，母親の腹部に集まっている。しかしその後母親から離れたときや脱皮時には共食いが激しく，いつの間にか数が減っているものである。横になって元気がないザリガニは，これから脱皮をするところである。最初の年に7～10回，翌年は2～3回，さらに大きくなれば年に1回ほど脱皮しながら成長し，上手に飼えば5年以上は生きる。

なお，前節で述べたように，本種はアカミミガメとともに2023年，条件付特定外来生物に指定された。すなわち，採集は問題ないものの，野外へ放すことは禁じられることとなった。いったん飼い始めたらその寿命が尽きるまで飼い続けなければならない。

ダンゴムシ　マルムシなどとも呼ばれるが，オカダンゴムシが標準和名。ユーラシア大陸からの帰化生物である。同じ場所にいてやや平たくて丸まらないワラジムシや磯を走り回るフナムシが同じ仲間である。晩春から初夏にかけて，園庭でのダンゴムシ集めは子どもの年中行事といえるだろう。

湿気の多い地面で茶色くぼろぼろになった落ち葉や虫の死骸のような腐食質を食べて生活している。脱皮は後ろ半分を済ませてから前半分となる。カルシウムの補給のために卵の殻などを入れておくとよい。コンクリートをもかじる。

黒っぽいほうが雄。雌は背中に黄色い模様があり，交尾後に産まれた卵とそれから孵化した真っ白な子どもの集団はしばらくの間，腹に付いている。越冬して1年近くは生きる。

3）節足動物 －昆虫類

昆虫は一生の間に体の形を大きく変え（変態）ながら成長する。卵から孵化した幼虫は脱皮を何回か繰り返した後にほとんど動かないサナギとなり，最後にサナギから成虫が羽化する。このように卵→幼虫→サナギ→成虫と変態するのを完全変

表 11 － 1 イトトンボとトンボの違い

	前後の翅の形	止まったときの翅	両眼	ヤゴ
イトトンボ	同じ	閉じて立てる	離れている	図 11 － 5 参照
トンボ	違う	広げたまま	付いている	

態，卵→幼虫→成虫とサナギの時代がないのを不完全変態といい，昆虫のグループによってどちらか決まっている。不完全変態の場合，幼虫は成虫とその大きさと翅（はね）がない点が違っているだけで体型はよく似ているので，若虫（わかむし）と呼ばれることが多い。いずれにしても昆虫全般においては，翅をもち，それ以上に脱皮（変態）をせず，大きくもなれないのが成虫である。

(1) 不完全変態の昆虫

水辺で飛んでいるカゲロウやトンボやカワゲラ，家屋にも関係の深いシロアリやゴキブリ，そして草原や雑木林，園庭でも見かけるハサミムシ，カマキリ，キリギリスやイナゴのようなバッタ，それにナナフシ，カメムシ，セミなどがサナギの時代をもたない不完全変態昆虫である。

①トンボの仲間

小さなイトトンボの仲間とオニヤンマやシオカラトンボ，アキアカネのような比較的大型のトンボの仲間に分けられる（**表 11 － 1**，**図 11 － 5**，**写真 11 － 3**）。

夏から秋にかけて園庭の池やイネを植えたトロ箱，水草を浮かべたプランターの中にもトンボは卵を産む。捕まえた雌の腹の先を水につけても小さくて細長い，黄色をした卵をたくさん産むことがある。冬の間，できればその水を落とさないでいたいものである。プランクトンやボウフラ，イトミミズなどを食べて成長するが，共食いも多い。水槽に移して捕食や成長するさまを観察するのもおもしろい。越冬したヤゴが晩春から夏にかけて水草や枝の上に現れ，羽化していく姿を子どもが見つけることもある。そのため，水面上に枝などを突き出しておかないと羽化できないので注意が必要である。

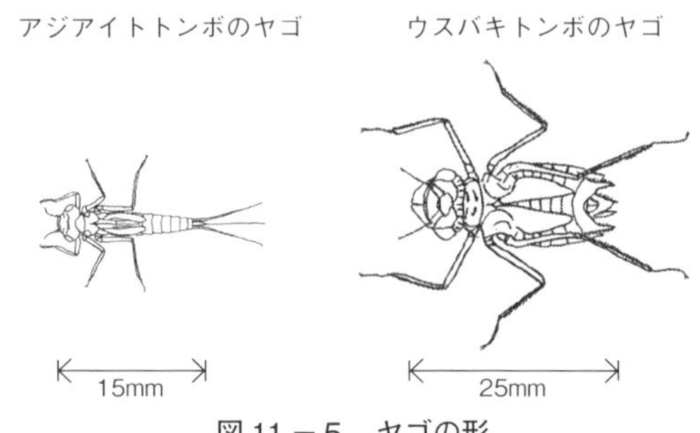

図 11 － 5　ヤゴの形

写真 11- 3　イトトンボ

成虫は捕まえたら，試しにハエなどの虫を与えてそれを食べる様子を観察するとよい。その後は広い空に逃がすべきである。

なお，アカトンボという名のトンボはいない。アキアカネ，ナツアカネ，ミヤマアカネ，マユタテアカネ，ショウジョウトンボ，ノシメトンボなど，体の赤いトンボの総称である。

② ハサミムシの仲間

園庭の草むしりをしていると石の下などから走り出てくる，光沢のあるチョコレート色をした昆虫である。翅が小さくたたまれているので退化しているように見えるが，飛ぶこともできる。体長3cm前後のハサミムシは関東以南だが，それ以外にもキアシハサミムシが本州に，オオハサミムシが日本全土に，クギヌキハサミムシが北海道を中心に分布している。腹端のはさみで挟まれると痛いので，捕まえるときは注意を要する。

この昆虫の最大の特徴は，産んだ卵と孵化した幼虫を雌が丁寧に世話することにある。ハサミムシが石の下にいると，近くに白い卵がまとまって見つかるはずである。土と身を隠すための石を置いた飼育容器にその両方を入れる。するとすぐさま卵を大切に世話し始め，死ぬまで若虫を守る。さらには死んでからも若虫の餌になる姿は感動的である。雌雄ははさみの形で見分けられる（図11－6）。

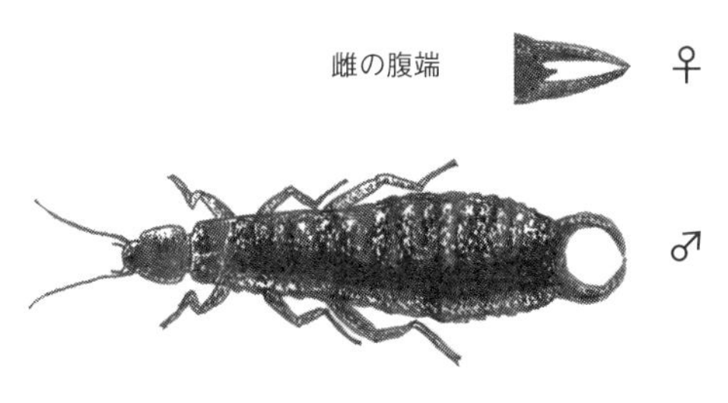

図11－6　ハサミムシの雌雄

湿気を切らさずに，カビの生えない程度に煮干などを与えればよい。

③ カマキリの仲間

初冬になって木々の葉が落ちるころ，カマキリの卵（卵嚢）が子どもの目に止まることがよくある。卵の形や産み付けられる場所は種類によって違っている。

園に持ち込まれた卵嚢はいつしか皆に忘れられても乾燥に強く，中の卵が死ぬことはあまりない。翌年の4月中旬には小さくても鎌をもったおびただしい数の若虫が出てくるので，思い出さざるを得ないことになる。若虫はアブラムシなど小さな虫を食べて成長するが，それよりも共食いが激しいので飼いにくく，園庭や近くの草原に放してやったほうがよい。

夏になって大きくなったカマキリの若虫（背中に小さな翅のような突起がある）や成虫（大きな翅が腹全体を覆っている）を捕まえたら飼うのもおもしろい。生きて動いているものにしか反応しないが，目の前で小さい肉片を振ればそれに飛びかかって食べる。このような光景は子どもにとって残酷だと考えるより，そこから何かを感じ取る機会ととらえたいものである。

秋になって採集した大きな腹の雌カマキリは飼育容器の中でも産卵を始めるので，産卵用に枝を入れておく。なお，産卵や脱皮は下に向かって進みながら行うので，容器の高さはカマキリの体長の2倍程度はないといけない。

④ バッタの仲間

一概にバッタといっても，トノサマバッタ，イナゴ，オンブバッタなどのように触角が短くて体が細長いものとキリギリス，コオロギ，スズムシなどのように触角が糸のように長く体が短めのものに分けられる。耳に相当する器官も前者は前肢（ぜんし，まえあし）に，後者は胸部と腹部の境目にある。ともに鼓膜が張った小さな縦長の穴として肉眼で確かめられる。鳴くのはどれも雄だけである。左右の前翅を立てて細かく震動させながらすり合わせて音を出しているのが見られる。

トノサマバッタのグループは主にイネ科などの植物だけを食べるので，それを植えた飼育容器で飼える。ここでは鳴き声を愛でるキリギリスの

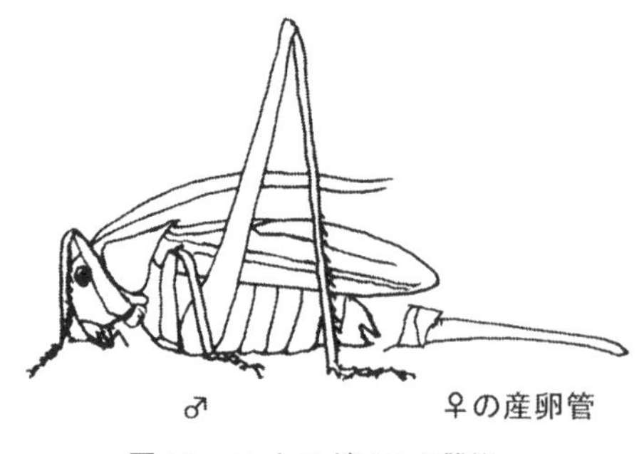

図11－7 キリギリスの雌雄

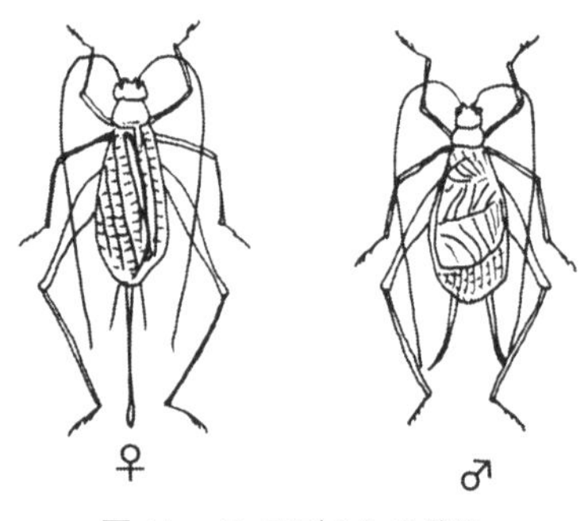

図11－8 スズムシの雌雄

グループの飼い方について説明する。

キリギリス　夏の炎天下，草むらのそこここからキリギリスの鳴き声が聞こえるものの，なかなか居場所が突き止められない。そのようなとき，長ネギを3，4cmほどに切って糸で結わえ，竿の先に吊るしたものを用意する。それを鳴いている方角に垂らすと，キリギリスはネギに飛び乗ってくるので容易に捕まえられる。ペットショップや夏祭りの屋台でも購入できる。竹カゴに入れて売られているが，土を入れたプラスチック製の飼育容器で雄と雌を入れて飼えば，累代飼育（代を重ねて飼う）も可能である。

餌はよくきかれるキュウリよりも，リンゴのような水分の少ないもののほうが管理しやすい。煮干などの動物質を与えないと共食いをすることがある。

雌は8月下旬から土に産卵管を刺し込んで卵を産み始め，9月下旬には死んでしまう（**図11－7**）。死骸やその他のゴミをていねいに取り除いたあと，容器ごと越冬させる。翌春，孵化した若虫が地表に出てきたら，容器の中にスズメノエンドウやホトケノザのような雑草を植え付ける。それらや粉末煮干などの動物質が餌となる。脱皮を繰り返し，共食いもあって数は減っていくが，7月中旬には再び鳴き声を聞かせてくれる。

スズムシ　スズムシの鳴き声も野外で聞くことができるが，たくさん飼っている人から若虫を分けてもらったり購入したりすることが多い。最近ではインターネットで探せば，若虫や成虫を代金無料で送ってもらえるところもある。

キリギリスと同様の飼育環境でよいが，スズムシは多数を一緒に飼える。ただし，動物質の餌を切らすと共食いが始まる。また，経木や波板などを重ねて立体的にして空間を増やせば，好んでその隙間に入り込む。成虫へ最後の脱皮をした直後の翅は真っ白で，驚かされるだろう。

産卵から越冬のさせ方までもキリギリスと変わりがないが，乾燥にはより弱いようなので湿度の調整に配慮する。また，春に孵化したのに気がつかず，全滅させてしまわないように注意が必要である（**図11－8**）。

なお，ペットショップで売っているスズムシ飼育セットは便利なものである。しかし材料の調達や餌の工夫を自分たちで行い，極力市販のものに頼らないで飼育したいものである。

コオロギ　8月の終わり頃ともなれば，都会の真ん中でさえコオロギの鳴き声が聞かれる。ツヅレサセコオロギ，エンマコオロギ，ミツカドコオロギ，ハラオカメコオロギなどが一般的な種で，それぞれ鳴き声が違う。ここではいちばん大きくて黒光りした，美しい鳴き声のエンマコオロギについて解説する（**写真11－4**）。

写真11－4　エンマコオロギの若虫

写真11－5　ナナフシ

園庭の草むしりで抜いた雑草を積み重ねておくと，それがコオロギの居場所になる。その山をひっくり返すと何種類ものコオロギの成虫や若虫が跳びだしてくるが，そのなかで胸と腹の境に白い環のあるのがエンマコオロギの若虫である。

飼育の要領はスズムシと同様であるが，雄は縄張りを作り，同じ容器に多くは入れられない。鳴き声には雌を呼び寄せるとき，雄を威嚇するときと状況によって違いがあり，とても興味深い。コオロギの雌にもスズムシと同じような産卵管がある。

⑤ ナナフシの仲間

雑木林に沿った道を歩いていると，葉の上に緑色をした肢も胴体も細長い虫を見つけることがある。さまざまな植物を食べ，動きも鈍いので，飼い方はとても簡単である。水を入れたビンに食物となる葉のついた木の枝を挿し，それに止まらせて飼育容器の中に入れておけばよい。ビンの口には蓋をつけて水に落ちておぼれないようにする。

ナナフシの興味深い特徴に「再生」がある。乱暴に扱うと簡単に取れてしまう肢は，脱皮のたびに伸び，成虫になったときには完全ではないが回復している。また，成虫にも翅はなく，交尾をせずに卵を産み落とす。この卵は放っておいても来年には孵化するので，また飼育できる（**写真11－5**）。

⑥ カメムシの仲間

嫌なにおいを出すカメムシや水面を泳ぐアメンボ，セミやアブラムシはいずれも刺す口で汁を吸うことから，大きくは同じグループの昆虫である。

さまざまな種類のカメムシの若虫を林の縁や草原でよく見かける。これをその止まっていた植物ごと持って来て飼育容器で簡単に飼える。植物の種類を見極めることと，枯れないように補給することが肝心である。なお，アオクサカメムシやクサギカメムシを代表とする強烈なにおいは毒ではなく，いずれ蒸発して臭くなくなる。

セミは捕まえても飼育することは難しい。したがって，刺す口や雄の発音器官を観察してから逃がしてやる。また朝早く，セミの羽化を目の当たりにするのも感動的である。

⑵ 完全変態の昆虫

緑色で小さく弱々しい翅と体のクサカゲロウ，幼虫がアリジゴクのウスバカゲロウ，カブトムシやテントウムシのように多くの人気者のいる甲虫，ハエやアブやカ，水辺のトビケラ，チョウやガ，ハチやアリなどはサナギから羽化して成虫になる昆虫である。

① アミメカゲロウの仲間

ウスバカゲロウ　軒下で雨のかからない，さらさらの土の表面にすり鉢状の穴が点々と空いているのを見かける。アリがこの穴に落ちると這い上がれず，最後には穴の中心に引き込まれてしまう，いわゆるアリジゴクである（**写真11－6**）。

写真 11 －6　ウスバカゲロウ（上）と巣穴（アリジゴク）

穴の中心にはウスバカゲロウの幼虫が大きなあごを開いて獲物を待ち構えている。このすり鉢全体を底の下から両手ですくい上げると灰色の幼虫が見つかる。幼虫を砂の入った飼育容器に放すと，後ずさりしながらまた巧妙にすり鉢を作っていくのを観察できる。できるだけ大きなアリジゴクを狙ったほうが幼虫を見つけやすいし，サナギまでの期間が短くてすむ。

幼虫はアリ以外の小さな虫も食べ，２～３年かけて成長する。初夏から盛夏に表面が砂の粒で覆われた丸い繭（まゆ）を土の中に作り，その中でサナギになる。そしてその夏に成虫のウスバカゲロウが羽化して現れる。サナギから出たての成虫が高いところに上って翅を伸ばせるよう，飼育容器の中には枝や割箸を挿しておく必要がある。トンボとの違いをよく観察してから逃がしてやろう。成虫も肉食で，夜の灯火に集まる小さな虫をねらって飛んでいるのをよく見かける。

② 甲虫の仲間

昆虫は４枚の翅をもつが，そのうちの前の２枚が硬くなって腹を覆っているグループが甲虫類である。子どもに人気のクワガタ，カブトムシ，カナブン，カミキリ，テントウムシ，ホタル，ゲンゴロウなど多くの昆虫が含まれる。以前は難しかったクワガタやホタルの幼虫飼育も飼育用品が売られるようになり，成虫の羽化を見るのも不可能ではなくなった。しかしここでは，甲虫類のなかでも飼育が比較的簡単なカブトムシとテントウムシについて解説する。

カブトムシ　もともとは本州以南に分布していたが，最近では北海道の各地でも見られるようになった。これは，人間によって持ち込まれたものである。雑木林で木の幹から滲み出る樹液に集まるのや夜間の灯火に飛んでくるのを簡単に捕まえられる。

成虫の餌として従来はスイカの食べ残しというのが定番だったが，これは水分が多過ぎて不向きなようである。バナナやリンゴをこまめに交換して与えたほうがよい。市販のゼリーや止まり木などをわざわざ買うことはない。

飼育容器は高さが 20cm 以上は必要である。底のほうから 10cm ほどは黒土を入れ，その上に湿った腐葉土を厚く敷き詰める。雄と雌を入れれば交尾して，雌はいずれ下に潜って 20 ～ 30 個を産卵する。直径２～３mm の丸くて白い卵は約２週間で孵化する。

幼虫は湿った腐葉土を食べる。冬でも盛んに食べるので，時々餌の減り具合をチェックして補充する。餌不足で成虫が小さくなることがよくある。この腐葉土は園庭の広葉樹の落ち葉やわらなどを積み重ねて腐らせたたい肥を利用すればよい。

翌年の５月頃には底の黒土の中に縦長の丸い穴（蛹室（ようしつ））を作り，その中でサナギになる。蛹室の長径は５cm 前後あるので，黒土の深さはそれ以上でなければならないことになる。また，蛹室の内側は自分の出した液体でつるつるになっていて，そのことで羽化のときの脱皮がうまくいくようになっている。したがって，サナギになるころから羽化するまでは静かに見守ってやったほうがよい。前もってペットボトルを利用した細長い飼育容器に１匹ずつ移しておくと横から蛹室やサナギを観察しやすい。なお，蛹室が崩れたら人工蛹室を作ることで問題は解決できる。３週間もすると地表面へカブトムシが這い出てくる。

テントウムシ　橙色の地に７つの黒点のあるナナホシテントウと，それよりひとまわり小さくていろいろな斑紋をもつナミテントウがもっとも普通である。これらはアブラムシを食べる肉食性であるが，他にもジャガイモなどナス科植物の葉を食べるオオニジュウヤホシテントウのような植食性のものもいる（図11－9，10）。

ここではナナホシテントウとナミテントウについて解説する。どちらの成虫，幼虫ともに食物であるアブラムシのいる植物で見られる。

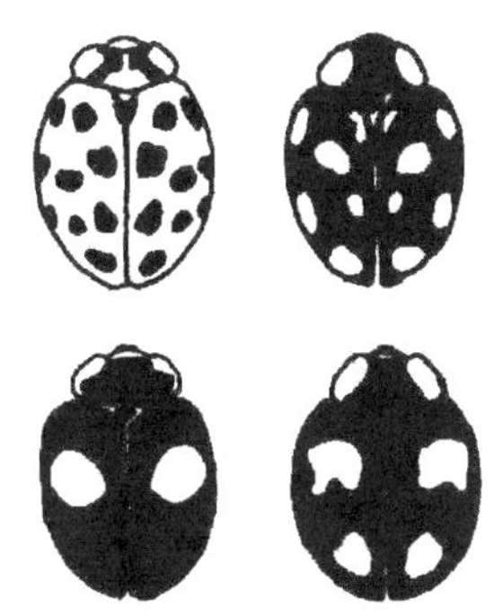

図11－9 ナミテントウの斑紋

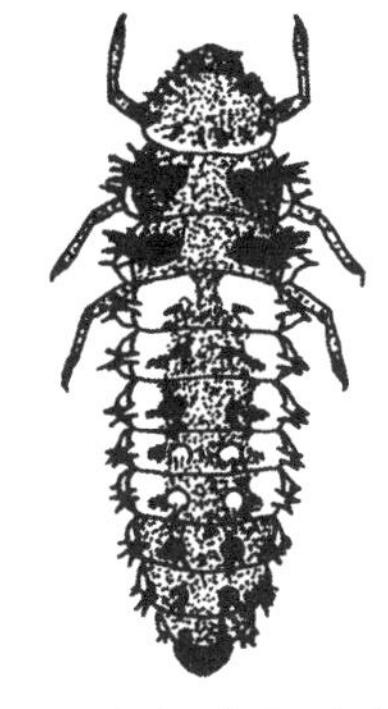

図11－10 ナナホシテントウの幼虫

そのような植物に黄色で縦長の卵が固めて産みつけられている。孵化した幼虫からでも飼えるが，野外で簡単に見つかる大きい幼虫を捕まえたほうがよいだろう。アブラムシがたくさん付いている植物をそれごとビンに水差ししてそれに幼虫をたからせればよい。いずれ葉や容器の表面でサナギになる。サナギも野外で容易に見つかるので，それを探すのもよいだろう。１週間ほどで羽化するが，最初はクリーム色で後の翅も伸びたままである。それが時間のたつうちに色がつき，翅も前翅の下にたたみ込まれ，最後には高いところに歩いていって上空へ飛び立つ様子が見られる。

なお，テントウムシは自己防衛のために独特なにおいの橙色の液体を出す。どこから出ているのか，どんなにおいなのか，子どもと一緒に確かめよう。

③ チョウの仲間

チョウとガの分類学上の区別はほとんどない。ガの中にも美しいもの，昼飛ぶもの，翅を立てて止まるもの，胴体が細いものはたくさんいる。ともに粉のようなもの（鱗紛といって毛の変化したもので，毒はない）で覆われた翅と，蜜を吸うためのぜんまい状に巻かれた口をもっている。

多くの幼虫がそれぞれ決まったグループの植物を食べるので，植物についての知識も必要となる。野外で見つけた幼虫を植物ごと持ち帰って飼育・観察し，サナギにしてそれがチョウやガに羽化するのを見たいものである。

幼虫は毛の多いのを毛虫，毛が少なくて太めの大型のを芋虫と俗称するが，触るとかぶれるなど，人間に加害するのはそのうちでもごく限られた種類だけである（第19章参照）。確かな知識をもち，むやみに怖がったり危険視したりするべきではない。

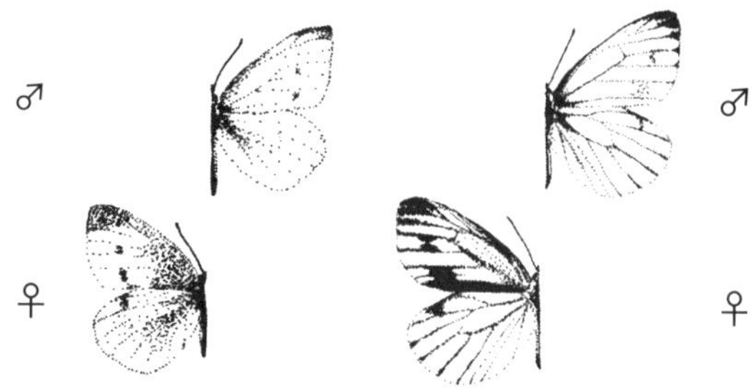

図 11 － 11 モンシロチョウ(左)とスジグロシロチョウ(右)

ここでは，日本全国でもっとも普通に見られるモンシロチョウとアゲハチョウ（ナミアゲハ）について説明する。

モンシロチョウ　日本全土に分布し，春から秋まで出現するもっとも普通に見られるチョウである。幼虫はキャベツなどアブラナ科植物の害虫で，同じ仲間のハボタンにもよく見られる。よく似たチョウにスジグロシロチョウがいて，こちらもアブラナ科植物を食べるが，イヌガラシなどの野生種に多い。幼虫の外見はわずかに違うが，飼い方は同じである（**図 11 － 11**）。

どちらにしても，見つけた幼虫は飼育容器で簡単に飼える。餌はキャベツやダイコンの余った葉でよい。卵から孵化した幼虫からだと4回の脱皮をして最後の幼虫になったあと，葉の裏や容器の壁でサナギになる。ただし，晩秋の幼虫は遠くへ歩いていき，そこでサナギとなって冬を越すので，飼育容器にはふたをしておかないと逃げられる。ここまでで3週間ほどである。自らを固定するための背側に回す糸（負ぶいひも）をおもしろい恰好で吐き，まずは動かない前蛹(ぜんよう)になる。そして1日あまりで幼虫の皮を脱ぎ，サナギへと変身するところが見られるはずである。

サナギの期間は気温によって1～4週間とかなりの差があるが，羽化前になると翅の模様や眼が透けて見えはじめてそれとわかる。そして普通は気温の上がる朝方にサナギの殻を破って成虫が羽化する。はじめのうち翅は縮んでいるが，次第に伸びてきれいなチョウになる。翅は伸びきってもまだ固まっていないので，飛び立つにはさらに時間がかかる。

晩秋以降に飼う幼虫は外見がややごつごつした感じのサナギになる。これは越冬するサナギで，日照時間が短いとそうなる。また越冬サナギが春に羽化するには，その前に低温の期間がなければならない。したがって，秋の幼虫飼育は自然の明りの下で行い，冬のサナギは屋外か冷蔵庫で保存しておく。

幼虫が大きくなった頃，皮膚を破って小さなうじ虫がたくさん出てきてそれぞれ黄白色のまゆになり，体の表面に付いていることがよくある。これはアオムシサムライコマユバチという寄生蜂である。寄生された幼虫はいずれ死んでしまう。

アゲハチョウ　モンシロチョウと同様に日本全土に分布し，春から秋まで見られる。ほぼ真っ黒なクロアゲハもよく見かける。どちらの幼虫もミカンやカラタチ，サンショウのようなミカン科の植物だけを食べている。また，園庭で栽培しているニンジンやパセリなどセリ科植物にはキアゲハの幼虫を見つけることがある。いずれの種も飼い方に違いはない。ここではナミアゲハの飼い方について解説する。なお，卵から幼虫，サナギの飼い方の要領は，基本的にはモンシロチョウと同じである。

ミカンの新芽の裏側に黄色い卵を見つけたら，葉ごと枝も少しつけて切り取って飼育しよう。枝の根元側には水を含ませた脱脂綿を巻いておく。卵は暖かければ1週間もすれば黒くなって，やがて茶色い幼虫が孵化する。ミカン科の植物は水揚げが悪くてすぐ枯れるので，葉は頻繁に換える必要がある。小さな幼虫なら新しい葉への移動は細い絵筆の先に載せて行うとよい。

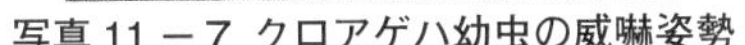
写真11－7 クロアゲハ幼虫の威嚇姿勢

写真11－8　ナミアゲハ前蛹

写真11－9　ナミアゲハサナギ

３回脱皮するまでの幼虫はこげ茶色に太い白線のある模様で，鳥の糞のようである。そして４回目の脱皮で緑色の幼虫（終齢幼虫）に変身する。この頃になると幼虫は音を立てながら盛んに葉を食べてどんどん大きくなる。刺激を与えると，威嚇のためか体の前半を持ち上げながら頭と胸の境から二股に分かれた独特のにおいのする突起物を出す。終齢幼虫の模様や突起物の色などは種類によって違いがはっきりしている（写真11－7～9）。

大きくなって体がやや透けて見えるようになるとサナギになる場所を求めて歩き出す。その頃になって水分を多く含む糞を最後に出し，それがサナギになる時期を知る目安である。そして前蛹からサナギへと変身する。ここまでの幼虫期は３～４週間である。さらに２～３週間のサナギを経て成虫が羽化する。野外で採集した幼虫の場合，サナギの時期に体の横に大きな穴が空いていることがある。これはアゲハヒメバチという寄生蜂が脱出した跡である。

羽化してまだ翅が伸びていない成虫はプラスチック製容器の壁を滑ってよじ登れない。翅が縮んだまま容器の底でもがいていることがないよう，枝とか割箸のようなものを立てかけておく。

④ アリの仲間

園庭でもっともよく見かけるのは大きくて黒光りするクロオオアリとそれよりは小さくて光沢のないやや灰色のクロヤマアリである。どちらも日本全土に分布し，子どもにとっては捕まえやすく親しみのあるアリである。砂や土を入れたビンを片手にアリを追いかけては捕まえ，その中で飼うことになる。同じ巣のものでないとけんかが始まるので注意する。砂糖や虫の死骸，水分などを与えていれば巣を作るところや，ビンの側面に沿って穴を掘り進むところが観察できる。しかし捕まるのは働きアリなので，その巣も長続きはしない。

アリを本格的に飼育するには女王アリを捕まえなければならない。女王アリは巣の深いところにいるので発見はきわめて困難である。しかし５月中旬の蒸し暑い日，地面を歩いている翅を落とした女王アリを見つけることがある。これはその日，翅をもった多数の女王アリと雄アリが巣から飛び立って空中で交尾した後，巣の場所を探しているところである。この女王アリを密閉容器で飼えば，卵を産んで自分で幼虫を育て，最後には働きアリが増えるところまで見ることはできる。女王アリは４，５年以上生きる。しかし容器の工夫や世話の要領から園では巣の維持は難しいだろう。

4）脊椎動物

背骨のある動物で，魚類，両生類，爬虫類，鳥類，哺乳類それぞれに馴染みのある動物がたくさんいる。ここまでの動物に比べて寿命は長く，行動様式も複雑なことから，子どもにとって親近感や愛着心を強く抱く存在である。

入手方法はメダカやカエルなど一部を除けばペットショップで購入できる。飼育容器は魚類，両生類，爬虫類は水槽，鳥類と哺乳類は飼育かご（ケージ）が基本である。

⑴ 魚　類

海水魚や熱帯魚は飼育方法や水，温度の管理に多くの知識を必要とし，高価な装置を購入することもある。ここでは飼育が容易で一般的な淡水魚について解説する。

キンギョ　中国の野生のフナが突然変異してそれを品種改良したのがキンギョである。改良を重ねてワキン，リュウキン，デメキンなど数多くの品種がある。水槽には小砂利を敷いてフサモなどの水草を入れる。水は水道水なら汲み置きしておいたものを１週間に１度くらい，半分の量を入れ替える。エアーポンプやろ過装置はなくてもよい。モノアラガイやカワニナなどの貝を入れておくと，食べ残しや水槽に付着した藻を食べて掃除してくれる。

餌はイトミミズやミジンコ，それに市販のものを１日２～３回，少しずつやる。多いと食べ残しで水が汚れたり，太り過ぎによって寿命を短くする原因となるので十分注意する。上手に飼えば７，８年は生きる。

寄生虫のチョウにやられたり白点病などの病気になったときの対処については，ペットショップに問い合わせるのがよい。ほとんどの場合，特効薬がある。

メダカ　一般に売られているのは橙黄色のヒメダカである。地味ではあるが，その原種である野生のクロメダカを飼いたいものである。数は激減したが，農業用水池や用水路，小川で捕まえられることもある。インターネットで探すと入手方法がわかる。クロメダカ，ヒメダカともに習性，飼い方などは同じである。

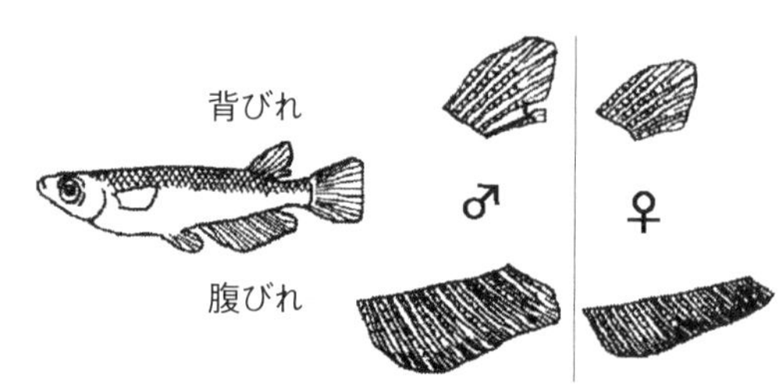

図 11 － 12 メダカの雌雄

野外で採集したクロメダカの場合，まず 1.5％食塩水に泳がせて消毒する。

小砂利を敷いて水草を浮かべ，エアーポンプで酸素を供給する。餌は金魚とほぼ同様のものでよい。オスとメスはひれの形で見分けられる。

４月頃からメスが腹に 10 個ほどの卵を数珠状にぶら下げて泳いでいることがある。しばらくするとその卵は水草に付着し，１週間前後で孵化する。卵も孵化した幼魚も成魚に食べられるので別の水槽に移しておく（図 11 － 12）。

病気には白点病などがある。0.5％食塩水を入れた容器に隔離してからペットショップなどに対処法を問い合わせるとよい。寿命は春に孵化してから翌年の秋まで，約 1.5 年である。

⑵ 両生類

両生類は普通，卵からえら呼吸をするオタマジャクシ型の幼生を経て肺呼吸の成体へと変態をする。そして成体にはカエルのように尾がなくなるものと，イモリやサンショウウオのように尾が残るものがある。水中や水辺だけではなく地上や樹上まで，さまざまな場所で生活する種がある。

カエル　本州中部で普通に見られるカエルには，田んぼや小川に多いトノサマガエル，庭にすみついているガマガエル，イボガエルとも呼ばれるヒキガエル，湿った草原にいるアマガエル，沼にいて牛のような鳴き声のウシガエルなどがある。このうち，ヒキガエルには西日本のニホンヒキガエルと東日本のアズマヒキガエル，トノサマガエルにも関東から東北南部までのトウキョウダルマガエルとそれ以外の本州に分布するトノサマガエルなどに分かれるが，ここでは区別はしない。

園では卵やオタマジャクシを池や小川で見つけてきて飼うことが多い。どのオタマジャクシも雑食性で，青菜やパン，ご飯粒，削り節などを与える。動物質の餌が足りないと共食いが始まる。前後の足が生えそろって成体に近づいてからは生きたものしか食べないので，餌やりなどが難しい。したがってオタマジャクシを見つけた所で放したほうがいいだろう。なお，成体になると肺呼吸なので，オタマジャクシの水槽の中には上陸用の石を入れたり陸地を作る。

春に沼や小川で見る半透明でひも状のものの塊はヒキガエルの卵である。他のカエルに比べてオタマジャクシから前後の足が生えそろうまでの時間が短い。庭に放してやれば何匹かは生き残って定着し，そこの“主”になり，10年も生きる。目の上などにあるいぼから白い粘液を出すが，これは皮膚炎を起こす有毒な物質なので触った後はよく手を洗う。他のカエルでも多少なりとも毒をもつものがあり，同様の配慮をする。

トノサマガエルやアマガエルのオタマジャクシは４月から６月に田んぼで見つかり，その年の夏には成体になる。一方，ウシガエルは５月から９月に孵化したオタマジャクシはそのまま幼生で越冬し，翌年には15cm近くまで成長してから成体になる。本種は北アメリカからの外来種である。本種は在来のさまざまな小動物を食べて自然環境に悪影響を与える心配があるので，野外に放すべきではない。

(3) 爬虫類

両生類に比べ，より陸上生活に適応できるように進化したのが爬虫類である。卵から孵化した幼体はすでに肺で呼吸し，硬いうろこ状の皮膚で覆われている。ワニ，トカゲ，ヘビ，そして園でも親しまれているカメなどが含まれる。

カメの仲間は形態と生活する場所から，ほとんど水の中に入ることもなくて足の爪が発達したリクガメ，ひれ状の前足でもっぱら水の中を泳ぐウミガメ，一番身近で沼や池にいるヌマガメに分けられる。本書ではこのヌマガメの一種，ニホンイシガメの飼育方法などについて解説する。他のヌマガメの飼い方はほぼ本種に準じる。
（なお，2006年３月に文部科学省より感染症予防の観点からカメをはじめとする爬虫類の飼育を控える旨の通知がなされたことを付記する。）

カ　メ　ゼニガメと一般的に呼ばれる丸くて小さなカメといえばイシガメの幼体のことが多かった。しかし最近では本種が激減したために，よく似たクサガメのことが多い（**図11－13**）。両方とも北海道以外に分布するが，クサガメは外来種との説が有力である。また，ミドリガメの幼体もよく見る。甲羅の形の特徴と大きさはイシガメでは後端がギザギザ，雌雄それぞれ20cmと12cmほどになり，クサガメでは中央と両脇に縦方向の

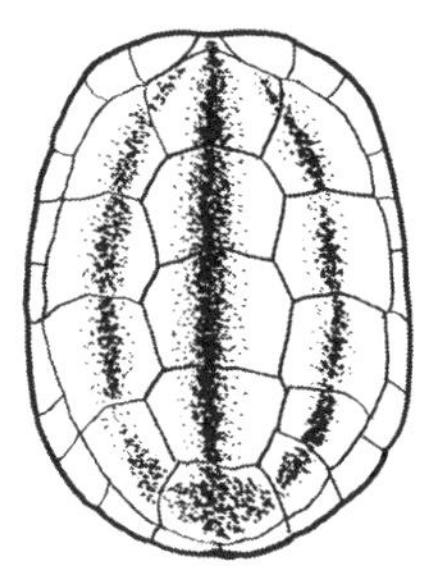
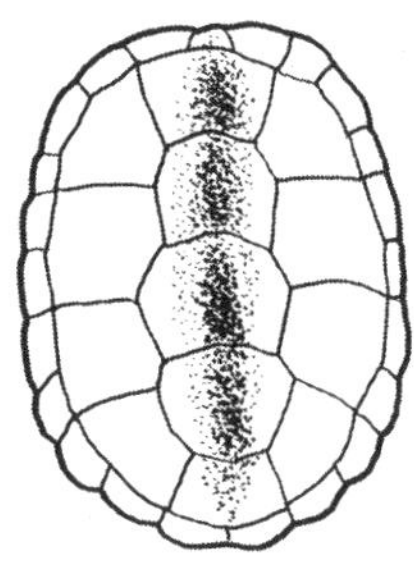

図11－13 クサガメ(左)とイシガメの甲羅

隆起があってイシガメより一回り大きくなる。

アカミミガメはその名の通り，眼の後に赤い横筋状の模様がある。本種は30cm近くにもなって飼育にもて余し，池などに捨てられることが問題となっている。アメリカザリガニ同様，特定外来生物のため，野外に放すことは法律で禁じられている。

いずれの種類も浅く水を張り，石や砂利で陸地を作った水槽で飼う。雑食性なので餌はミミズや煮干し，卵焼きや野菜などを2，3日に1回，食べ残しがないように与える。とくに夏は水がすぐに濁って臭くなるので，頻繁に水の入れ替えをする。

雌雄を一緒に飼うと春から夏にかけて陸の土の中に産卵することがある。孵化までには2カ月ほどかかる。越冬は暖かい室内で飼っていれば冬眠することもなく，そのほうが弱らなくてよいようである。寿命は長ければ30～50年といわれている。

⑷ 鳥　類

園で飼育されている鳥類には，ニワトリやアヒルのような園庭に禽舎を作ってその中で飼う家禽と，ジュウシマツやセキセイインコのような普通は室内に置いた飼育かごで飼う洋鳥がある。鳥類にはここまでの動物にはない，羽毛のふわふわ感と体温のぬくもりがあって，生き物に対する子どもの親近感はより強いものとなる。

ニワトリ　東南アジアのキジの一種から品種改良されたものと考えられている。卵用の白色レグホンがもっとも普通だが，それ以外におとなしくて家庭向きのプリマスロックや卵肉兼用の名古屋コーチンなど，品種はたくさんある。縁日などで売っているヒヨコの多くは白色レグホンのオスで，大きくなると攻撃的で危険である。また，早朝の“ときの声”が近隣の迷惑になることも多い。ここでは小型でおとなしい愛玩用のチャボの飼育について解説する。

園庭に半畳ほどの鳥小屋を作り，オス1羽とメス2，3羽で飼うとよい。餌としてはペットショップで売っているニワトリ用配合飼料，パンや野菜のくず，そしてカキ殻のようなカルシウムを与える。止まり木，水飲み場や砂浴び用の砂場も備え，地面がじめじめ湿っていることがないようにする。また猫や犬に襲われないよう，十分な配慮が必要である。

孵化して21週間もすると卵を産み始め，1年半で産卵数は減る。産んだ卵はそのつど取り出すが，時にはそのまま抱卵させると3週間後にはヒナが孵化する。ヒナから育てると子どもによくなつく。

下痢や呼吸の異常などの症状を伴う病気がいくつかある。きわめて伝染性が強く，死亡率の高いものもあり，発症したら獣医に相談するべきである。大切に飼えば10～15年は生きる。

ジュウシマツ　江戸時代に中国から持ち込まれた鳥を改良した日本の特産種である。ほとんど喧嘩をしない温和な性格で，寒さや粗食にも耐えるので，セキセイインコと並んで幼稚園での飼育にはふさわしい小鳥である。ただし，野外に放さないように十分気をつける。

園庭の禽舎でもよいが，子どもの眼にさらに触れられるように室内の金網かごの中で飼いたい。

ヒエ，アワ，キビなどが入った餌入れ，水浴びもできる水入れ，カルシウム補給のためのボレー粉入れを置き，菜っ葉を挿した青菜入れ，止まり木，つぼ巣はかごの側面に固定する。鳥かごは日光浴ができるように窓際に置くが，夏は直射日光を避ける。

雌雄一組だと交尾して産卵し，2週間の抱卵の後にヒナが孵る。孵化後3週間もするとヒナは羽毛が生えそろって巣から出てくるようになる。

病気にかかったら獣医に相談する。寿命は6，7年である。

⑸ 哺乳類

園で飼われている小型の哺乳類には，ハツカネズミ，シマリス，ハムスターのようなリスやネズミの仲間とウサギの仲間などがある。本書ではそのうち比較的飼いやすく子どもに馴染みのあるモルモットとウサギを採りあげる。

モルモット　南米原産で和名をテンジクネズミといい，繁殖力が強いので実験用動物としても有名である。毛の長短，色などによってさまざまな品種がある。

園庭の柵を設けた飼育施設で多数を飼っているのを見ることがあるが，ここでは室内での飼育について解説する。金属製の飼育かごには餌入れ，給水ビン，それに木製の巣箱を入れる。すぐに臭くなるので飼育かごの掃除はこまめに行う。

餌としては野菜の切れ端や配合飼料，それに煮干しを与える。基本的には夜行性で，昼間は寝ぼけていることが多い。性格はおとなしいが，密度が高くなると喧嘩が起こるので注意する。

生後３カ月で成熟し，雌雄がいれば容易に繁殖する。出産のための巣作り用にわらや新聞紙を入れておくと，巣箱の中に引き込む。２カ月の妊娠期間の後，３頭前後の子どもを産む。

病気には強いが寒さには弱いので，冬の保温には注意しなければならない。寿命は６～８年ほどである。

なおハムスターは中東原産で，普通はゴールデンハムスターのことである。モルモットに比べてものをかじる力や夜行性の程度が強く，気が荒い。

ウサギ　幼稚園で飼われているウサギは，ヨーロッパ原産のアナウサギを家畜として品種改良したもので，日本の野山にいて穴にはすまないノウサギとは違う。品種にはもっとも一般的な白色在来種やパンダウサギとも呼ばれているやや小型のダッチ種，その長い毛を利用するためのアンゴラ種などがある。

いずれも暑さ，寒さ，高湿度には弱い。ウサギはほとんど鳴かないので，感情を声から理解しようとすることは難しい。しかし，よく観察すると耳やしっぽの動きから推測できる。また，肛門に口を当ててやや下痢気味の便を食べる習慣がある。これは食糞といって栄養を摂るためには必要な行動である。

屋外の小屋で飼育するのも見かける。１羽ずつ金属製のかごに入れて室内で飼うときは糞や尿ですぐ汚れて臭うので，１日に１，２回は掃除して敷いた新聞紙なども交換する。餌は１日に２回ほど，水気の少ない野菜の切れ端の他，市販の固形飼料（ペレット）でもよい。オオバコやタンポポのような雑草を与える場合，ヒガンバナやタケニグサなどの毒草が混ざらないように注意する。水やりも必要で，給水装置も備えてやる。子どもたちの間で餌やりと掃除の当番を決めておこう。

繁殖は夏から秋にかけて，１年に２，３回は可能である。お腹が大きくなってきたメスは他のウサギから隔離して，出産後２週間位までできるだけ刺激を与えないようにしておく。神経質な母ウサギは生まれた仔を食べてしまうこともある。子どもは母乳を飲んで成長し，１カ月で離乳して親と同じものを食べ始める。

下痢の症状を示すコクシジウム症などの病気にかかったら，ペットショップか獣医に相談をする。ウサギの寿命は６～８年ほどである。

【図・写真提供】　落合　進
ひさみ幼稚園（写真11－1）

実践事例

1 メダカ・アオムシを飼う －室内の簡単な小さい設備で飼育する動物－

ねらい

- 身近な環境に生きている動物に親しみをもつ。
- 卵から孵って成長し，そして産卵という一連の成長の様子をみる。
- 生活の様子を観察したり，図鑑などで飼育の仕方，動物の生態や特徴を知る。

指導上の留意点

◎飼育が容易だからと子どもに責任を負わせてすべてを任せない。保育者は子どもができるだけ自分で世話できるように道具，餌などを準備し，その飼育活動を見守る。

◎死なせないように飼育環境の悪化に注意し，水替えや排泄物の除去，清掃などを定期的に行う。

◎動物の成長，変化を話題にし，観察を促す。興味にまかせて動物を傷つけないように注意する。

1 メダカの飼育記録

捕獲から飼育　5月に園の近くの用水路にいる野生のメダカを捕獲した。クラスの水槽にホテイソウを浮かべ，20匹余りを飼い始めた。数日後，子どもたちは腹部に卵が房状に付いた魚と，ホテイソウの根に付いた卵を見つけた。保育者は成魚が卵や稚魚を食べることを図書で確認し，根の部分ごと切り取って別の水槽に移した。

卵の中の稚魚は日々成長し，3日もすると肉眼でその目玉が見えた。7日ほどで孵化し，約4mmの稚魚がでてきた。毎日産卵するが，共食いを避けるために2週間ごとに孵化用水槽を替え，水槽の稚魚の大きさを揃えて飼育した。子どもたちは何かあると飼育図書を読み，調べた。1カ月ほどで稚魚は数十匹になった。

いたずら　6月，Aが成魚の水槽に手を入れ追い回すと1匹の目に血がにじんだ。数人が「かわいそう」というとAがうなだれた。子どもたちは魚に同情したがAを責めないものの，Aは非を謝った。数日後，目の血の減少をみたAは安堵した。7月下旬，5月に産まれた魚が産卵し始めた。

失敗の体験　保育者が6月生まれの魚の水槽を清掃しようと手洗いシンクに置き，数分その場を離れて戻ると水面に泡が浮いていた。保育者が声をあげると子どもたちが駆け寄る。見ているうちに魚の動きが鈍くなった。保育者は何かの拍子にシンクにある手洗い洗剤が入ったと推測し，すぐに魚を別の水槽に移した。

翌朝，その水槽の魚は全滅していた。保育者も子どもたちも反省し，魚に詫びた。子どもたちの発案で園庭に墓を作り，花を添えた。落ち着いてから，洗剤と石けんの危険性と安全な扱い方を話し合った。

放　流　11月下旬，魚は百匹以上になった。皆で相談し，元の用水路に放流することにした。しかし冬季に放すのは死ぬ可能性が高いので春まで待つことにした。飼育は順調に進んだ。3月下旬に子どもたちは大部分を用水路に放し，園にいる魚にお別れをいい，園を卒業していった。

子どもたちは約1年間の飼育と観察，それから派生するさまざまなことを経験し，いろいろな知識を習得したのである。

2 アオムシの飼育・観察記録

捕　獲　5月中旬，園庭の畑で保育者がコマツナの葉にモンシロチョウの卵を見つけ，葉の付け根から切り取って採取した。近くにいた子どもたちは保育者の話を聞き，20個ほどの卵を見つけた。

保育室で葉を水の入ったビンにさし，それごとプラスチック製の飼育ケースに入れた。子どもたちは虫眼鏡で卵を観察し，卵は黄色や黄緑色で細

アオムシの観察

虫眼鏡を使い観察

長くて，縦にたくさんスジがあるのを発見した。翌日，卵がオレンジ色になったのに気づく。

観　察　3日目に卵の殻から幼虫が出てきた。順番に虫眼鏡で観察した。幼虫はオレンジ色で，体に細かな毛が生えているのに気づく。幼虫が殻を食べ始めた。子どもたちから歓声があがり，「なんで殻を食べるんだろうか」という疑問の声があがった。飼育図書や図鑑を調べても何も書かれてなかったが，子どもたちは，卵の殻に栄養があるからだと結論した。幼虫はアオムシということもわかった。次々に孵化して幼虫が出てきた。

幼虫がたくさん葉を食べるので，自宅からも葉を持ってくることになった。図書で調べると，葉野菜ならなんでもよいのではなく，キャベツ，アブラナ，ダイコンなど特定の種類（アブラナ科）であることがわかり，皆で確認し合った。

毎日，よく観察しているAとBは，幼虫の脱皮を見つけた。そして脱いだ皮を食べるのも見た。するとしばらく観察から遠ざかっていた子どもたちも再び興味をもって観察に加わった。

3週間ほどで幼虫は約3cmに成長した。その翌日，子どもたちはサナギになっているのを見つけた。AとBはサナギになるときを見ようとしばしば観察するが，結局一度も見られず悔しがった。

保育者が，サナギからチョウになるので，サナギは別の飼育ケースに移すことと，チョウになったら，蜜しか食べないので飼育できないことを伝えた。子どもたちも図書で確かめてチョウになったら放してやろうと言っていた。

羽　化　サナギになって2週間ほど経過した朝，保育者はサナギのケースに1匹のチョウを発見した。登園した子どもたちに伝えると，歓声をあげて喜び，チョウを観察した。全員が登園したところで，チョウを放し，飛んでいくのを見送った。

AとBは図書で調べ，羽化するのは早朝が多いことを知った。翌日から2人は朝8時過ぎには登園し，サナギを観察した。2日目の朝，保育者と3人で観察していると1つのサナギの背中がパリパリと裂けた。裂けた所から，しわくちゃの羽をふるわせてチョウが出てきた。約30秒ほどの出来事であった。チョウはその位置で動かずにいて，20分ほどで羽根がのびた。3人はその様子を一緒にみて感動を共有した。登園して子どもたちのその様子を話し，皆で喜びを共有したのであった。

この感動と喜びの意義ははかりしれない。

【写真提供】上越教育大学附属幼稚園

実践事例

2 カメ・ハムスターを飼う －室内の簡単な大きい設備で飼育する動物－

ねらい

■餌を与えたり，食べる様子を観察したりして動物に親しみをもつ。

■図鑑で飼育の仕方やかかわり方を調べて知る。

■身体の姿形や色，鳴き声，動きなどそれぞれの動物の特徴に興味をもつ。

指導上の留意点

◎飼育動物が子どもに遊ばれた結果，ストレスで死に至るケースは多い。保育者は小動物とのかかわりを「○○と遊ぶ」と表現するべきではない。遊びだから何をしてもよいという身勝手な考えを育て，玩具のように扱う「○○で遊ぶ」ことを促すからである。

◎興味にまかせて，むやみに抱きかかえたり，自分の考えに従わせる不適切な扱いに注意する。

1 カメ（イシガメ・クサガメ）の飼育記録

ふれあい　園の玄関に甲羅干しができるように平たい石を入れた大型のたらいを置き，そこでイシガメ２匹を飼育していた。朝，子どもたちは登園するとまず，たらいをのぞき込み，カメの様子を見てから靴を履き替え，保育室に行くという日常であった。Aは自宅から持ってきた千切りしたハムを手でつまんで，カメに顔の前に出した。カメがそれに気づき，ゆっくり口をあけ，食べる。それを何度か繰り返し，ハムがなくなるとAはカメの頭を撫でて「じゃーね」といって保育室に行った。

Aは入園当初の１週間，母親と別れるのがつらく，毎朝泣いて登園し，保育者たちの働きかけを拒否し，園の玄関で１時間ほど過ごした。翌週，園長がカメに餌をやるのをAは興味深そうに見ていた。そこで園長が「Aちゃんも餌をあげてみる？」と誘うと，無言のまま手を差し出した。もらった粒状のカメの餌２個を，それぞれのカメの鼻先に落とすとカメが食べた。Aはカメの様子を見ながら，何度か餌を園長からもらい与えた。園長が「今日はもうお腹いっぱいだからまた，明日やろうね」というとうなずいた。様子を見に来た担任がAに声をかけるとすんなり保育室へ向かった。

数日，この餌やりを続けたが，その間にAは確実に落ち着きを見せ，餌をやるとすぐに保育室に行くようになった。そして自宅からハムを持って来てはカメに与えるようになった。その様子を担任に笑顔で報告するようになったのは，それからしばらくしてからであった。Aはカメとのかかわりを通して園に居場所を見つけ，保育者やクラスメートと言葉を交わすようになり，親しくなっていったのである。

冬眠をさせない方法　11月になると，カメの食欲が落ち，動きが鈍くなった。昨シーズンはプラスチックの衣装ケースで冬眠させた。しかし，乾燥を防ぐための水分補給が難しいし，春，土の中から出てきたカメの目が病気になっていて獣医に診てもらうなど大変であった。獣医に勧められたこともあり，飼育図書を参考にして，今シーズンは冬眠させない方法で冬を過ごすことにした。

大型水槽に陸場を作り，そこに爬虫類用ヒーターをのせ，水中にはカメ用ヒーターを入れて水温と気温を管理し，甲羅干しのために爬虫類用ランプを設置した。冬季でもカメは餌をよく食べ，甲羅干ししてくつろいだ様子をみせた。それを観察した子どもたちも保育者たちもゆったりとした気分となり，心が癒されるように感じた。

2 ハムスター（ゴールデンハムスター）の飼育記録

飼育の説明と約束　ハムスターを保育室で飼育す

カメの餌やり

カメの甲羅干し

ることになり，ゴールデンハムスター２匹と飼育用ケージ，シェルター，水タンク，回し車などの遊具を購入した。

子どもたちはハムスターを見ると触ったり持ったりしたくて我慢できない様子であった。保育者は，ハムスターの特徴と扱い方を最初に説明した。ハムスターは触られるのが嫌いで，とくに体の下の方を触られるのを嫌うこと，持つときは両手ですくうようにするか手にのってくるのを待つことを話し，そして慣れても驚かしたり，しつこく嫌がるような扱いをしないなどを皆で約束した。

ハムスターで遊ぶ　ハムスターは回し車などの遊具で遊ばずに，新聞紙や木綿の布にくるまっていたり，シェルターに入っていたりしてなかなか姿を見せない。子どもたちは我慢できずに，ついつい手を入れてハムスターを捕まえた。さっそく段ボール箱に入れて，皆でしつこく触ったり，撫でたり，手で追いかけ回したり，餌を与えたりした。そうしたかかわりを毎日，行うようになった。保育者が注意しても「眠ってばかりでつまらないから」という。そこで保育者がケージごと自宅にもち帰り，夜のハムスターの行動をビデオ収録して，子どもたちに見せた。その敏捷な動き，遊具で活発に遊ぶ様子に子どもたちは驚いた。しかし，園での扱いは変わるどころか，もっとひどくなっていった。空箱を組み合わせて複雑な通路を作りそこにハムスターを入れて手で追い走らせたり，１時間以上も手に持ったりして，まるで玩具のようにしていた。

命とのかかわり　２週間ほど経った日，１匹のハムスターが死んでしまった。子どもたちはその様子をみて，驚くと同時にがっかりした。保育者は子どもたちを責めるのではなく，なぜ死んだのか，どうすればよかったのかを，皆で話し合った。

ハムスターがまったく噛まなかったので，自分たちのやったことが嫌だったとは思わなかったという。そして保育者の話に，それほどおとなしく可愛い無力なハムスターを死なせた自分たちの責任を痛感し，涙したのである。それから子どもたちのハムスターへのかかわりが変わった。さらに園庭で捕獲した小動物の不適切な扱いも，保育者の「しつこく触り過ぎ」という一言の注意で，すぐに修正されるようなった。

ハムスターの命と引き替えに，子どもたちは生命を尊重するかかわりを学んだのである。

【写真提供】糸魚川市立田沢幼稚園

実践事例

3 屋外の小屋で飼育する動物（家畜）

ねらい

- 動物の餌や水の準備，小屋の清掃を手伝うことを通して，動物の生態や特徴を知る。
- 動物に親しみの気持ちや愛情をもつ。
- 動物の喜ぶことや嫌がることを推測し，思いやりをもって適切にかかわる。

指導上の留意点

◎子どもは毎日一定の世話を分担するが，安易に当番活動での世話を義務づけない。餌は家庭ゴミの野菜くずも与え，その意義を知るきっかけにする。より適切な環境で飼育できるように工夫する。

◎実例をあげて，動物の立場からみたかかわり方の適否を話し合い，身勝手に扱わずに，動物を尊重した世話に気づかせる。家畜の世話を通して子どもの心に思いやりが育つように配慮する。

1 ウサギ（アナウサギ）の飼育記録

飼　育　園全体でオスとメスのウサギを１匹ずつ飼育していた。ウサギ小屋は園舎から少し離れた所に，子どもが観察しやすく，かつ湿気がこもらず掃除しやすいように地面から80cmほどの高さに設置されていた。ウサギはみるからに愛くるしく子どもたちの興味を引きつけ，人気があった。毎朝，子どもたちの数人が自宅からキャベツやニンジンなどを持ってきてはウサギに与えていた。

気づき　天気の良い日は，クローバーなどが生えている場所をサークルで囲い，そこにウサギを放して運動をさせ，ウサギが草を食べたり走ったりする様子を観察した。

Aはウサギが走るとき，必ず耳を前方に傾けることに気づいた。そしてある絵本でウサギの走る様子が耳を背中側に倒して描かれているのを発見し，これは絵本のほうが違うと言い出した。他の子どもたちもウサギが実際に走るときの耳の位置に注目して観察し，Aが正しいことを了解した。そして「大人が描いている絵本にも間違いがあるんだね」と自分たちの観察した事実に誇りをもったようであった。

詳細に観察したので，ウサギが両前足を使って，顔をふいたり，長い耳を付け根から先端に向かってふいたりする様子にも気づいた。この耳をふく様子をBは「ママが髪をふくときみたい」と表現した。そして子どもたちはよりいっそう，ウサギに親しみを感じたのであった。

ウサギは葉野菜も大好き

命とのかかわり　10月に入るとメスウサギが巣を作り，しばらくして子を産んだ。保育者は自分がメスの世話をすること，餌をやりに行ったときに絶対に中をのぞいたりウサギを驚かせたりしないこと，中をのぞくと親が子ウサギを殺してしまうことを伝えた。しかし，オスウサギに餌をやりに行ったときに，Cが興味に駆られて，他の子どもの制止を聞かずにメスウサギの小屋にかかっている厚い布を動かし，中をのぞいた。そのとき，とくにメスウサギが暴れなかったので，そこにいた子どもたちは大丈夫なんだと判断して皆でのぞき込んだ。

翌日，子どもたちは登園すると，子ウサギ６匹

食べる様子を観察

水場付きのアヒル小屋

全部がメスウサギにかみ殺されたことを保育者から聞いた。のぞいた子どもたちは涙し，ウサギに悪いことをしたと反省し，心から謝罪した。

成長の喜び　11月半ばにまた，メスウサギが出産した。子どもたちは注意し合い，ウサギ小屋に近づかなかった。1月半ばになると厚い布が取られ，子どもたちはメスウサギが乳を与えたり，子ウサギをなめたりする様子を観察した。今度は，無事に成長したことを安堵し，皆で喜び合った。

2 アヒルの飼育記録

飼　育　園ではすでに白色レグホンやチャボなどのニワトリを飼い，それも老鶏となり，子どもたちの関心は低かった。そこで飼育図書を調べて，ニワトリより丈夫で管理が簡単で，水のない所でも飼えるアヒルを飼育することにした。

子どもの入園，進級に合わせて，4月にヒナ2羽を購入し飼育を始めた。子どもはアヒルのヒナもピヨピヨと鳴くのに興味を示した。当初は保育者が中心になり世話をした。夜は専用ヒーターで加温したが，成長は速く，4週間ほどでその必要もなくなり，鳴き声がガアガアになった。5歳クラスの子どもが中心になり世話を開始した。

朝，自宅から持ってきた野菜くずを家禽（かきん）専用のまな板と包丁で細かく切り，配合飼料に混ぜたものを容器に入れて，アヒルに与えた。子どもたちは愛情を感じて，抱きかかえたり，雑草を取ってきては与えていた。

園庭にいたアマガエルやバッタ，ミミズなどをアヒルは自分で見つけては食べていた。それを見た子どもたちは，「何でもよく食べていい子だね」と感心する。アヒルは子どもに慣れ，緊張も警戒もしなくなっていった。

共　感　大きなたらいに水を入れると，2匹のアヒルは我先に飛び込むが同時に水浴びするには狭すぎるのだろう，すぐに一方が出て，水浴びを終えるのを待つ。Aが「ボクたちより，お利口さんだね,順番を譲（ゆず）ってるもん」と笑いながらいう。保育者が「頭がいいんだね」というと，Bが「まけるなー」といい，周囲の子どもたちが笑った。

6月になると成鳥と同じ大きさになり，水場のついたアヒル小屋で生活しはじめた。小屋の戸を開けておくと，園庭にでて羽根をバタバタと拡げたり，運動したり虫や雑草をついばんだりし，そして小屋に戻って眠ったりした。子どもたちは適度な距離をもってかかわり，世話を続けていた。

【写真提供】糸魚川市立田沢幼稚園
上越教育大学附属幼稚園

実践事例 4 バッタ・ヤドカリなどを飼う －園の周辺にいる野生の動物－

ねらい

■ 園庭や，園外保育で行く野原，河原，海岸などで生息する野生動物を観察し，その生活の様子や場所の特徴，餌となっている動植物を知る。

■ 野生動物を捕獲して観察し，飼い方や動物の特徴を知る。

指導上の留意点

◎子どもは昆虫など野生小動物に強い興味を示し，捕獲し飼いたがるが，生活環境や餌には無頓着である。それを知るため飼育をするが，餌の確保など困難が多く長くは生きない。そこで生存中に元の場所へ放し，そこでの生活を見せ，子どもの視野をその環境にまで拡げる。

◎動物が特定の動植物などを餌とし，生活環境も異なることに気づくようにする。

1 バッタ類（キリギリス,トノサマバッタ，ショウリョウバッタなど）の飼育記録

捕獲と飼育　5月後半になり園庭の草地にバッタが目立つようになると，男児の多くは捕獲して各自の虫かごに入れていた。世話や観察する様子はなく，バッタは数日のうちに死んだ。それを気にもとめずに，捕まえては虫かごに入れていた。そこで保育者は子どもたちに「バッタの餌は何か，どうしたら死なせず飼えるか」と尋ねたが，誰も知らなかった。

保育者は飼育図書を読んで聞かせた。まず餌は草で，それもススキ，ササ，エノコログサなど細い葉（イネ科）の植物を好むのを話した。そして長く飼うには湿り気が必要で，虫かごでは乾燥し死ぬことを伝えた。さらに図書に記述のある飼育の方法を説明した。これにしたがい飼育ケースの底に砂と土を混ぜて敷き，餌の草を水の入ったビンにさして入れ，霧吹きで湿らした。そして子どもは各自の虫かごからそこへバッタを移した。

観　察　毎日子どもの観察する様子がみられた。Aが小さいバッタには羽根がないのに気づき，仲間に話した。保育者と一緒に飼育図書をみて，それはバッタの幼虫で,成長するに伴い羽根が生え,次第に大きくなること，幼虫は脱皮して大きくなり，7月中頃には成虫になることを確かめた。

共食い　Bが飼育図書にバッタの餌にキュウリやナス，リンゴが書かれていたからと，キュウリを持ってきた。他の子どももそれらを持って来て与えていた。数日後，幼虫が幼虫を食べる様子をCが見つけて，子どもたちは騒然となった。共食いすることをはじめて知ったのである。

図書をみて，煮干し，削り節も与えることにした。毎日新鮮な餌を補給し，ケース内は霧吹きで湿り気を与えた。それでも，ときどき1匹ずつであるがバッタは死んでいた。これにより飼育が難しいのに気づくようになった。

保育者が湿り気の調整が難しいからだと説明した。子どもたちのほうからこれだけやってもバッタが死ぬんだから，自分たちには飼えない，元の所に放してやろうという意見がでた。反対はなかった。努力して飼育したことに満足し，バッタに親しみを感じて同情した結果であろう。

なお，次頁左段上の写真のように，園庭で餌となる草をネットで囲ってそこにバッタを入れると自然に近い状況で長期間,死なせずに飼育できる。

2 ヤドカリの飼育記録

捕　獲　園外保育で岩場のある海岸に行ったときに，岩場の浅瀬や潮が引いたあとの潮だまりを探した。子どもたちはいろいろな巻き貝が動き回っているのを見つけた。ヤドカリであった。ま

園庭でのバッタの飼育

ミミズの採取と観察

た岩と岩の間や石の下などにも隠れていた。

ヤドカリは子どもの気配を感じると，殻の中に入り片方のハサミでフタをするので簡単に捕獲できた。ついでにその場所の砂利や石，巻き貝の貝殻を採集して，帰るときに一緒に持ってきた。

飼　育　園に戻り，飼育図書にしたがい砂利を水槽の底に5cmほど敷き，石で隠れ家を作り，貝殻を入れた。海水を石が沈むほどまで入れ，エアー式ろ過装置を付けた。日本の海にいるヤドカリは飼育が難しいとの記述があり，それを子どもに伝え，しばらく飼うことした。シラス干し，削り節，魚の切り身など与えるとよく食べていた。

観　察　数日後，子どもが別の貝殻に入ったヤドカリに気づいた。さらに体が大きくなって体にあった貝殻を探す様子も観察できた。２週間ほど経つと全体的に元気がなくなってきて，死ぬヤドカリもでてきた。保育者が放そうかと提案すると，子どもたちは同意した。

3 ミミズの飼育記録

草取りした後の草などを山積みして作った堆肥のところで，子どもたちがハサミムシやコオロギ，ダンゴムシを捕まえていた。Aがシャベルで堆肥を掘ると，大きなピンク色したミミズが出てきた。

Aは「大ミミズをゲット」というと他の子どもたちもミミズをほしがり，シャベルで掘り始めた。赤い小さなミミズには目もくれず，ピンクの大きなミミズを探す。次々に捕まえては空き缶に入れた。Aは４匹を捕まえ，得意な様子でそれを観察者に見せると観察者が「おー嫌だ」と驚いた。Aが「おじさん，ミミズが怖いの」ときくと，「小さいのは大丈夫なんだけど，ピンクのは気持ち悪い」と答えた。Aは呆れたような表情で「ミミズは土を食べてフンに出し，畑を耕すんだ，人の役に立つんだよ，ねえ先生」と観察者を諭すように言い，そしてそばの保育者に同意を求めた。

片づけの時間になったら，子どもたちは捕獲したミミズやその他の小動物をもとの場所に戻していた。彼らはミミズや小動物の体や動きを観察したかっただけなのである。

保育者と共にふだんから身近に生活する小動物に関心をもち，よく観察しているから，このようなかかわりができるのである。

【写真提供】糸魚川市立田沢幼稚園

実践事例

5 飼育しがたい動物の観察 －飼育展示施設や食事でかかわる動物－

ねらい

■テレビ映像や図鑑などでしかみられない大型動物の生活の様子，鳴き声や動きを観察する。

■飼育動物が快適に生活できるように飼育施設がしている工夫，努力を知る。

■食材となる動物に感謝し，食べ物を大切にする。

指導上の留意点

◎映像などで見た動物が実際に生活する様子を観察し，世界には不思議な動物，いろいろな動物がいることを実感し，その姿形，大きさ，色彩，鳴き声，動きの特徴に気づくようにする。

◎動物を擬人化して人のように表現し，クマさん，ライオンさんなどと仲間のように扱うのは，人間中心の考え方であり，現実の動物は特有の性質と生活があることに気づかせる。

1 動物園など飼育施設を通して

園外保育で動物園，水族館，昆虫館などの飼育施設に行き，さまざまな飼育動物を近くで直接観察した。子どもたちはそれを理屈抜きで楽しんだ。生物の多様性を知る絶好の機会であった。

1）シャチの観察

水族館でシャチのショーを見た。子どもたちはシャチが飼育員の指やホイッスルの指示で，高くジャンプしたり，人を背中に乗せて泳いだりする様子に感動していた。そのときAが，シャチの頭上から水しぶきと共に息を出したのに気づいて，それを大声でいう。周囲の子どもたちは一斉にその頭上に注目し，息を確認した。

後で飼育員が「シャチは魚と違って，頭上に鼻の穴があって，そこで空気を吸ったり，はいたりして息をしていること，人と同じ哺乳類という仲間である」と説明した。子どもたちはすでに見ていたので，その説明をすんなり受け入れ納得した。するとBが「だからシャチは頭いいんだ。人間とシャチは友だちなんだね」という。

その後，水族館のシャチの説明書きに「シャチは性質が荒く，オットセイ，イルカの他クジラなども群れで襲い食べる」とあり，保育者が読んで聞かせた。

Cが「じゃ，人間も食べちゃうのかー」というと皆は沈黙した。Dが「そうだよ，クマだって人を襲うよ，ニュースで見たよ。クマのプーさんは優しいけど，アニメだもん」というと，Eが「クマが出るから危険という看板みたよ」という。保育者が「シャチも専門の飼育員さんが訓練したから，いろいろな芸ができるんだね。人の仲間だけど，友だちではないから，側に寄ったら危ないよね」というと，子どもたちはわかったようだった。

2）ペンギンの観察

Aが「ペンギンは立って歩く姿が人みたいだし，水中を泳いだりする様子はアシカみたいだけど，本当はどっちの仲間なの」という。Bが「ペンギンは本当はペンギンチョウといってトリだって，ママが言ってたよ」というと，Cが「ペンギンがトリなら，なんで空を飛ばないの？」と問う。

子どもたちはこれらの疑問と主張に対して，いろいろ考え，主張し合うがそれぞれ納得できない。Dが「泳ぐ姿は鳥が空を飛んでいるみたいだ」というと，皆がそれには同意した。Bが保育者にどっちが正しいのか質問したが，保育者はわからないから，園に戻って確かめようと提案した。

園に戻ると早速，子どもたちは保育者と一緒に図鑑を調べた。保育者が説明文をゆっくり読んで聞かせると子どもたちはトリであると納得した。

保育者は答えを知っていても，即答せずに図鑑

◎動物園などのスタッフの話を聞き，展示の裏側も見て，飼育の工夫に気づくようにする。それを園での飼育のヒントとして生かせるようにする。
◎食材の名称と動物を対応して覚えるようにする。ふだん食べ物となっている動物にも生活があり，それを食べることで自分たちが生きていられることを知り，人と他の動物との関係に気づくように機会をとらえて話し合い，食べ物を大切にする心情と態度を育てる。

体験コーナーでヤギとかかわる

や大人用の参考書などを一緒になって探し，学ぶ方法を知るきっかけにしたのである。

3）動物園の体験コーナー

園では飼育していないヤギやポニー，ヒツジなどに触ったり，抱いたり，餌をやったりできる場所があった。子どもたちは初めは恐る恐る近づき，背中を撫でたり，頭を撫でたりしていた。雑草を食べるのを知ると，草をむしってきては食べさせていた。子どもたちは食べる様子を真似していた。園に戻ると，ポニーの絵をかきたいと言いだし，先ほどの様子を仲間と話し合い描いていた。とても印象深い経験であったことがわかる。

2 食事を通して

身近な動物とは毎日食べている食材ともいえる。ふだん家庭でも食材の名称を聞いているから，その動物に興味をもち覚えやすい。

1）給　食

保育者は朝の集まりのときに，「今日の給食はアジの南蛮漬けですが，材料はなんでしょうか」と食材名を尋ねた。半数くらいがアジと答えたが，どんな魚かは誰も知らない。そこで保育者は給食室から処理前のアジ６匹とタマネギ６個を借りてきて，グループごとに配ってみせた。

子どもたちはじっくり観察し，「背中がきれいな青色」「口の周りが薄く透けている」「尾の所に固いウロコがある」と気づいたことを言う。

給食の時間になり，料理をみるとアジはぶつ切りで調理され，魚形をしていない。しかし，「これは細いから尻尾のほうだ」などと想像して食べていた。保育者がアジ釣りの経験談をした。オキアミを餌にして釣り，釣ったアジを刺身と空揚げにして残らず食べたことなどを話した。Aが「アジの命を無駄にしないよう，残さず食べようね」というと，子どもたちは同意していた。

2）カレーライスを作る

園で子どもがシーフードカレーを調理することになった。食材の小エビ，ヤリイカ，アサリは子どもたちと一緒にマーケットに買いに行った。売り場で陳列されている食材の様子や冷蔵したり冷凍したりする売り場の工夫を観察した。食材の名前とその姿形を対応して覚えようとしていた。

食事のとき，スプーンでカレーの中を探り，これはヤリイカだ，ニンジンだ，アサリだなど食材とその名前を確認して食べていた。調理をすることで食材にも興味が広がるのである。

【写真提供】みつばち第二保育園

第12章 園外保育の実際

1 園外保育の意義と留意点

1）外で遊ぶ（進んで戸外で遊ぶ）

昔から子どもは「風の子」といわれ，外で元気で遊ぶことで暑さ寒さに負けない強い子に育ってきた。子どもの仕事は「くう」･「ねる」･「あそぶ」ことである。十分な睡眠で快適に目覚め，朝から食欲旺盛で外でたっぷり遊べば早い時間に眠ってしまう。このような正しい生活習慣によって元気な子が育つのである。そのためにはまず外で遊ぶことが重要である。戸外で日光を浴びることで体内のリズムが正常化し適正な睡眠をとることができ，気温などの環境変化への対応能力が向上するといわれている。

最近は交通問題や犯罪などの社会的諸事情によって，外で安全に遊ぶことが難しくなっている。さらに少子化の影響で，家庭内でテレビゲームなどを１人で遊んで過ごすようになり，仲間と一緒に外で遊ぶ機会が少ない子どもが増えている。このような状況から，子どもたちを戸外に連れ出す意味での園外保育がますます重要になってくる。

2）外で遊ぶ VS 自然と遊ぶ

都市化が進み，戸外での自然との触れ合いが減少した地域では，少年自然の家などの施設や自然公園を利用した園外活動が積極的に採り入れられている。幼児期において自然のもつ意味は大きく，自然の大きさ，美しさ，不思議さなどに直接触れる体験を通して，幼児の心が安らぎ，豊かな感情，好奇心，思考力，表現力の基礎が培われると幼稚園教育要領では述べられている（第２章 ねらい及び内容，領域「環境」内容の取扱い）。このように，自然とのかかわりは，幼児の知的発達，情緒発達にとって重要な役割をもち，幼児が自然とのかかわりを深めることが園外保育の目的の１つになっている。

しかし，一部の園外保育においては，自然の豊かな野外に子どもたちを連れ出すことが目的になっているのではないだろうか。そこには，豊かな自然環境を子どもたちに与えれば，子どもたちは自然と勝手に遊んでくれるとの大人たちの思い込みがあるように思われる。最近の子どもは自分から進んで自然とかかわることを楽しむ力が伸びておらず，せっかく自然と触れ合う機会があっても，自然公園にあるアスレチックの遊具に群がっているのが現状である。これは，運動場や園庭にあるすべり台やブランコなどの人工的な環境での遊びと本質的に変わりない。戸外で遊ばせる目的は達成できているかもしれないが，「野外での遊び＝自然とかかわる遊び」ではないのである。芝生広場でのゲームやバーベキューなどのレクリエーションが中心になり，楽しい思い出作りにはなっているが，自然とのかかわりという面では配慮が足りないことはないだろうか。受けもつ子どもたちの自然とのかかわり方の実態を把握し，幼児の行動の理解と予測に基づいた工夫（仕掛け）と計画が必要である。公園の遊具で楽しく遊んでいる子どもたちを見て，遊具で安全に遊ばせることしか考えず，安心して見守っている保育者ではなく，自然に目を向けない子どもたちを心配する保育者になってほしいものである。

2 五感をフルに活用した自然体験

最近の子どもたちは，間接情報は豊かに得ているが，直接的，具体的な体験に乏しいため実物の感覚がもてないといわれている。動物園ではじめてゾウを見る子どもの大半が「くさい」といって鼻をつまむ。テレビや絵本など（間接情報）でゾウのことは知っているが，においまでは知らなかったのである。このように見る（視覚），聞く（聴覚）ことはあるが，におったり（臭覚），触ったり（触角），なめたり（味覚）する経験が不足しがちである。

自然とのかかわりは，いろいろな自然事象から生きる力を得るための五感を使った情報収集であると考えられる。五感を使えば，１つのものから５つの情報が得られる。五感をフルに使った多様な自然体験が豊かな感性を生み出すのである。

子どもたちはどのように五感を使って自然とのかかわりを深めていくのであろうか。

この過程は次のように進むと思われる。

① 何かを発見する（においや音に気づくも含む：視覚，臭覚，聴覚）
② まずよく見て観察する（視覚）
③ 手で触ってみる（触覚）
④ 音がでるか振ってみたり（聴覚），顔を近づけておったり（臭覚），なめたりする（味覚）

自然とのかかわり方が浅い時期は，ほとんどが視覚を中心とした発見段階でとどまり，かかわり方が深まるにつれてよく観察する段階まで進むようである。このかかわり方の段階を判断するには，子どもたちの感覚に関する表現の変化に注目してみるとわかる。最初のころは，「黄色い花」「紫の葉っぱ」「ハート型の葉っぱ」など全体的な色や形を表現している。これが「ドクダミの葉っぱは，先が赤いよ」「わあー，カタツムリの中身，白い」「ギザギザの葉っぱ見つけた」などの部分的で具体的，細かい観察を交えた表現に変化するようになる。これは，物をよく観察する段階に進むことで，物事の具体性が増し，表現も豊かになったと考えられる。

子どもたちが触る段階にいくときは，最初のころは,「これ,触ると痛い？」,「触ってみたい」など,直接触ってみてからの感想ではなく，見た目からの想像や願望からの発言が中心になる。触る勇気が出れば,ダンゴ虫を触って,「モゾモゾする」,「こしょばゆい,くすぐったい」,草の上で転び回って,「ここ，気持ちいい」など実際に触った体験を通しての発言に変化する。保育者は，このような子どもの言動につねに注意を払い，自然とのかかわり方がどの段階にあるか把握し，適切な援助をすべきである。

におい（臭覚）や味（味覚）は物が食べられるかどうかを判断する大事な感覚であるが，食生活が豊かになり，自然とかかわるなかで食べ物を探す経験はほとんどなくなり,衛生面の指導もあり,ますますこれらの感覚を使わなくなってきた。子どもはドクダミなどの強い刺激臭には気づくが,顔を近づけないとわからないほのかな香りは観察力（触る段階）がないと気づかない。まずは，いろいろなものをよく見て触れるように子どもを誘導すれば，自ずといろいろなにおいにも気づくようになると思われる。味覚に関しては，衛生上の問題もあるので，ホトケノザやツツジなどの花の蜜を吸ったり，野生の果実（アケビ，グミなど）食べたりする機会があれば，積極的に園外保育に採り入れてほしいものである。

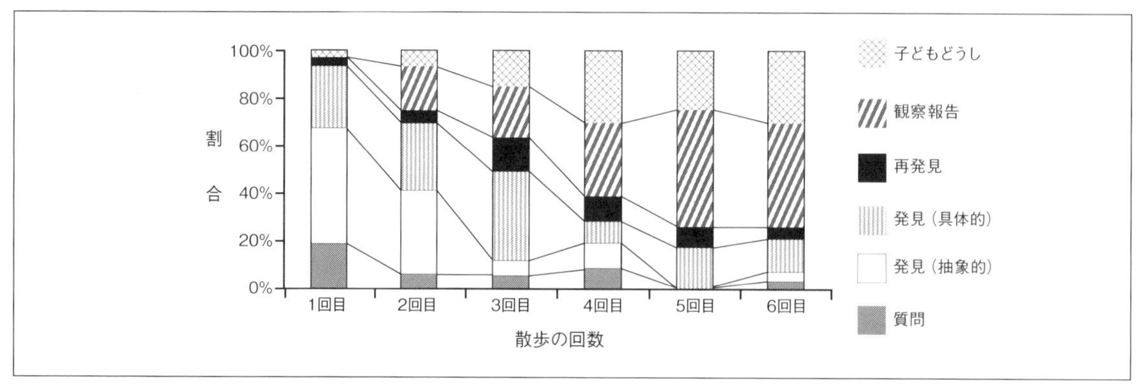

図 12 － 1 散歩時における子どもたちの会話の内容の変化

3 さがす・しらべる・わかるの3ステップ

子どもたちの自然とのかかわり方の変化を見ると，① **さがす（発見）**，② **しらべる（観察，調査）**，③ **わかる（理解）**の３段階（３ステップ）で自然とのかかわりが深まっていくことがわかる。

図 12 － 1 は，定期的に同じコースを自然探索しながら６回の散歩をした時の子どもたち（年長児）の会話の内容の変化を示している。

1）質問と発見

最初の１，２回は，単独で探索行動をする子どもは見られず，保育者の後ろをついてまわる子がほとんどであった。最初の頃は，「先生，これ何？」という質問が多く聞かれ，自分からしらべようとする積極的な態度はあまり見られなかった。会話の内容の大半が発見の報告で，「先生，あんなところに黄色い花があるよ」など表現が抽象的であった。また，赤い花（椿の花など）を見つけると，すべて「バラの花」と言う子どもがかなり見られた。この頃は，自然体験も少なく，ビデオや絵本などの間接情報をもとにした発言が多かったと考えられる。このように最初の頃は，子どもの会話の相手は保育者であり，質問と発見の報告が中心であった。保育者は子どもたちを自然に向かわせる工夫をする一方で，興味を示した子どもの発言（質問や発見の報告）を１つひとつ受けとめ，適切な対応をしなければならない。この時期は，子どもと保育者が１対１の関係になり，目配り，気配りが大変なときである（**図 12 － 2**）。

2）観察と再発見

散歩を繰り返すたびに，子どもたちはよく観察するようになり，「毛のある葉っぱ見つけたよ」とか「この木ザラザラしてる」など発言内容も観察をもとにした具体的な表現に変わっていった。さらに，「これと同じ花見つけた」とか「園にも同じものがあったね」など，一度発見したものにまた気づく再発見の報告も目立つようになった。この頃になると観察力が増すにつれて実物の感覚がわかるようになり，直接体験をもとにした比較などが可能になり，物事の本質が理解できるようになってきたと思われる。この時期に，バラ以外の赤い花があることに気づき，種名などに興味を示すようになる。このタイミングを逃さず，図鑑などで名前をしらべるなど適切な対応が望まれる。

3）共有化と理解

後半では，子ども同士の会話が増加し，「カタ

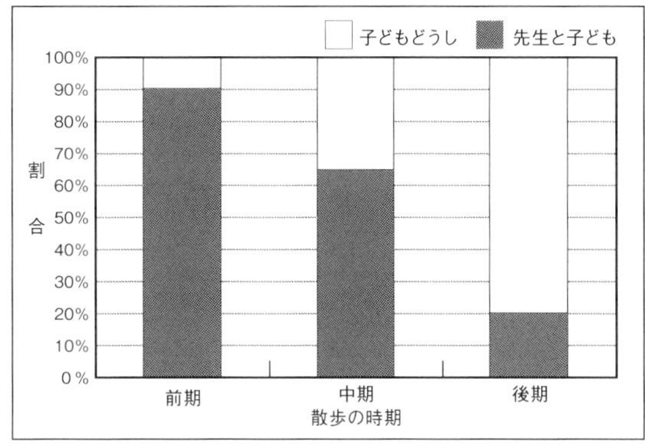

図12－2 散歩時における子どもたちの会話の相手の変化

バミの種が飛んだよ」とか「あれは，アジサイでしょ？」など自分の発見のよろこびを他の子どもと共感し合おうとしたり，お互いに情報を交換したり確認しようとする姿が見られるようになった。自然探索を通して保育者を中心にした子ども同士のコミュニケーションが形成され（**図12－2**），自然とかかわる感動体験の共有化ができるようになったと思われる。この時期は，観察を繰り返すことで，類似性や共通性から生物を分類できるようになり，まわりにいろいろな生物がいること（生物の多様性）を理解したり，生物の成長や季節の変化に気づいたりするようになる。

このように，自然とのかかわりは発見から始まるといっても過言ではない。幼稚園教育要領でも「環境」領域のねらいに自然とのかかわりで発見を楽しみ考えたりすると述べられている。子どもたちは自然の不思議さに気づき，考えたりしらべたりしながら新しい知識を身につけていく喜びを感じるのである。子どもたちにたくさんの発見をさせるために，保育者はあらゆる場面で仕掛人となり，細かな配慮が必要である。

4）保育者の働きかけ

近くの公園でドングリ拾いの園外保育を計画したとしよう。子どもたちに向かって「みなさん，△△公園にドングリがたくさん落ちているから，今日は公園にドングリ拾いに行くよ。」と言葉がけをし，さらに「この図鑑を見てごらん。ドングリは形や大きさがいろいろあるんだよ。先生にどんなドングリがあったか見せてね。」と指導して出かける場合と，「今日は天気がよいから△△公園に散歩に行こうか」と言葉がけをし，その後，「何かおもしろいものがあるかもしれないから，ビニール袋を持っていこう。」ときっかけを作る言葉をかけて公園に行く場合を考えてみよう。さらに公園に到着してから前者では，「みんな，ここにたくさんドングリが落ちているよ。誰がいちばん多く集められるかな。」とすぐにドングリ拾いを始めさせる。一方，後者では，公園を探索させて子どもの誰かがドングリを発見するのを待って「みんな，○○ちゃんがここでドングリ見つけたよ。すごいね。他のお友だちも探してみようか。」とドングリ拾いを促す言葉がけをする。この両者の子どもたちへの対応の違いを考えてみよう。

前者の場合，ドングリ拾いは与えられた遊びであり，遊びそのものが受動的になってしまっている。そこには，たくさん集めた喜びはあるかもしれないが，自ら発見する喜びはなく，好奇心，探究心を失わせることにつながる。大人は子どもに結果を求めようとして，理解させるほう（知識）から入ろうとしている。

後者の場合，ビニール袋を持って「さがす」という仕掛けでドングリを発見し，ドングリ拾いに発展した。保育者はドングリ拾いへの発展を予測し園外保育の計画はしたが，自分の力でドングリを発見するとの子どもの主体性を重視した点が重要である。同じドングリ拾いであっても，言葉がけや工夫しだいで子どもの自然とのかかわり方が大きく変わることを理解しなければならない。

実践事例

散　歩 －自然探索を目的にした散歩－

ねらい

■身近な自然に目を向ける。
■探索する目的をもつことで，探索意欲を引き出し，発見の楽しさを体験する。
■発見したものをよく観察する。
■発見した動物や植物の種名や生態を図鑑で調べて知る。
■同じ場所での自然探索を継続することで，自然の季節や時間の変化に気づく。
■自然の複雑で多様な世界を理解させる。

指導上の留意点

◎目的地までは安全面を重視し，子どもたちを引率する。自由活動中は指定された場所以外に出ないよう注意し，子どもたちを遠巻きに見守る。
◎自然に興味を示さない子どもには声かけなどを行い誘導する。一緒に探索を行い，子どもの発見に問いかけをする。子どもたちが発見する前

身近な自然を体験する機会を提供する有効な園外保育として「散歩」がある。散歩は汗を流す健康目的の歩き（ウォーキング）だけでなく，探索を楽しみながらの歩き（ウォッチング）もある。ここでは，同じ公園を継続的に利用する５回の散歩を通して，子ども達の自然とのかかわり方の変化と各散歩の保育指導の実践例を紹介する。

1 外あそび

１回目の散歩では，事前指導は散歩に行くことを伝えるだけで，公園内では自由に遊ばせた。その結果，子どもたちは，自発的にブランコやすべり台などの大型遊具で楽しく遊んでいた。

2 発見を楽しむ「探検あそび」

２回目の散歩では，事前指導で「探検あそび」を園内で実施し，ビニール袋を持たせて公園を散策させた。子どもたちの活動を見ると，花の色の違いや植物のにおい，いろいろな虫の発見など前回と比べるとさまざまなものに目が向くようになっていた。しかし，探索に飽きた子どもが大型遊具のほうに戻っていくという行動が見られた。

3 発見から観察へ

３回目の散歩には，ミニ図鑑と虫めがねがセットになった探検バッグを持たせることにした。幼児が図鑑や虫めがねを有効に活用できるかは疑問であるが，じっくり観察するきっかけを作らせることが大切であると思う。観察ができるようになると，「○○を見つけたよ」といった発見の報告だけでなく，「いろいろな形のドングリがあるよ」といった色や形の観察報告に発展していった。

4 自然の多様性の理解

４回目以降は，事前指導で「虫捕りあそび」を目的に，公園に遊びに行くことを伝えた。これによって，子どもたちは虫探しに集中し，いろいろな虫を採集し，バッタ以外にキリギリスやコオロギの存在を知った。

5「虫捕りあそび」の効果

同じ場所で２週間の間隔で虫捕りを繰り返したことで，子どもたちは，バッタの大きさや草たけの変化に気づき，虫や植物の成長に気づくことができ，自然の季節や時間に伴う変化を知った。

散歩の内容は，「外あそび」から「探検あそび（ビニール袋携帯）」，さらに「探検あそび（探検バッグ）」から「虫捕りあそび」へと展開し，それに伴い子どもたちは確実に自然とのかかわりを深めていった。この背景には，子どもの自然とのかかわり方の段階（①さがす（発見），②しらべる（観察），③わかる（理解））に応じた保育者側の適切な援助と工夫（仕掛け）が関係している。保育者はどの段階でも子どもが発見を楽しめるように，子どもの発見を受け止め，一緒に共感し，発見の

に保育者側から口出ししないように注意する。
◎ 子どもたちが尋ねてくる事にできるだけ答える。答えられない事に関しては，園に帰って図鑑で調べようと声かけをする。

お散歩中の発見

内容（新発見，再発見，自然の多様性や季節変化）によって適切な助言を行うようにしなければならない。また，安全を確認したうえでの許容範囲で子どもを冒険させる勇気も必要である。

表12－1 各散歩における子どもたちの姿

	子どもの姿
1回目	・まわりの自然に目を向けることよりも大型遊具で遊ぶ子どもがほとんどであった。 ・時間が経過するにつれて遊具から離れ，草むらに入って花を探す子，斜面を上ったり滑ったりして遊ぶ子が見られた。 ・ダンゴムシ，カエル，ツツジの花などを発見する。
2回目	・探検という意識があり，自ら草むらのほうに寄って行き何かを探そうとする姿が見られた。 ・誰かが草むらの中に入っていくと，まねをしてどんどん中に入っていく。 ・カエルやバッタを見つけ，大喜びするが，なかなか触ろうとしない。 ・草花や木の実などに目がいくようになり，桜の木の下に落ちている木の実を拾い集める。 ・虫を見つけると教師に見せにくる。黄色い花，白い花，青い花と色で区別して見せにくる。 ・探検に少し飽きてくると，大型遊具のほうへ行ってしまう。
3回目	・探索バッグを持つことで，探そうという意欲も出てきた。虫めがねで虫や植物を観察する。 ・形の違うドングリを見つけ，教師と一緒に図鑑で調べる。 ・ミミズを見つけると悲鳴をあげて気持ち悪がる。 ・虫（ダンゴムシなど）を見つけると，教師に見せにくる。 ・帰り道に思い思いに草をとり，持ち帰る。
4回目	・虫を積極的に手で捕まえる男の子に対し，傍観する子が女の子に多かった。 ・飛ぶ虫（大型のバッタなど）を見つけるが，なかなか捕まえることができない。 ・地面の穴を見つけ棒を突っ込んでみたり，手を入れて深さを確認していた。 ・木の根元や枯葉の中からダンゴムシを見つけ，ビニール袋に入れていた。 ・虫捕りあそびという目的をもつことで，積極的に動き回るようになった。 ・教師から声をかけられなくても自ら図鑑で調べようとする姿が多く見られるようになった。
5回目	・大きなバッタを追っかけまわし，やっとの思いで捕まえ教師に見せにくる。 ・虫やまわりの植物の成長に気づく。（虫の大きさ，草の伸び具合） ・ダンゴムシを捕まえるとき，枯草などを食べることを知っている子どもたちはダンゴムシを枯草と一緒にビニール袋に入れようとしていた。ミミズは直接触らず，棒でつまんでいた。 ・虫捕りでは，最初傍観的だった女の子たちが，次第に虫に手を伸ばすようになった。 ・図鑑を日常的に見るようになり，チョウやバッタの種類をいえるようになった子が増えた。

第13章 自然現象にかかわる保育

1 自然現象と保育における意義

自然現象とは，自然界で起こる気象現象（寒暖，晴れ，曇り，雨，風，雪，霧，霜，雷，虹，台風，竜巻）や天体現象（太陽，月，星，季節，昼と夜，潮の満ち干，日食，月食），地球内部の活動による現象（地震，津波，火山の噴火），引力（重力）や磁力による現象（物の落下，磁石）および生命現象（季節の変化に伴う生命活動：紅葉，花の開花，鳥の渡り）などが挙げられる。これらの自然現象は幼児にどのように受け止められ，いかなる意味をもつのかをまず保育者自身がよく理解することが必要である。

幼児は日常生活のなかでさまざまな自然現象や事物に接している。しかし，生き物や遊具などに対するような興味や関心を示すようなことは少ないと思われる。ほとんどの自然現象や事物は身近に起きるか，身近に存在するごくありふれたものであり，子どもたちにとっては目立たない存在である。虹や雷のようにめったに起こらない気象現象に驚いたりするが，これらにめぐり合うのは機会的で，日常に起こる自然現象の不思議さに接する機会はほとんどないか，気づかないのである。

また，生き物や遊具などは，手で触ることができたり操作することができたりして，直接的具体的なかかわりがもてる。一方，自然現象とのかかわりは，身近であっても生活の背景として幼児の意識外であったり，直接かかわりがあったとしても眺めるだけや絵本・テレビなどの間接情報であったりする。最近は，都市化が進み，戸外で遊ぶことが減少し，自然現象に接する機会や興味・関心は薄れる一方である。このような状況のなかで，身近な自然現象に目を向けさせ，起こり得る自然現象を予測し，直接的な体験が日常生活のなかでいつでもできるよう準備するのが保育者の役割である。

2 自然現象の実際

1）太陽と水と生命

これらの自然現象は，太陽と地球の相互の関係によって科学的に説明できる現象であるが，幼児にこれらを科学的に理解させる必要はない。しかし，物事の法則性に気づくという面において，「太陽のめぐみ（光とあたたかさ）」および「水と生命の星，地球」という２つの要点を経験的に把握させせることは必要ではないだろうか。

幼児は，太陽と雲との関係で晴れの日や曇りの日などの天気を理解し，日光が当たるか（日なた），当たらないか（日かげ）で暖かさの違いを感じ，太陽の有無で昼と夜の区別をしている。このように太陽は幼児にとって深いかかわりがあるにもかかわらず，日常的な存在なので，日頃は，興味・関心の対象になっていないと思われる。太陽に関心をもつのは，遠足や運動会などの特別な行事の日の天気を気にするときで，テルテル坊主を作った翌日，晴れたら太陽（お日様）に感謝し，ありがたさを感じるであろう。しかし，太陽の熱作用によって雲がわき，雨が降り，風が吹くといった気象現象が起こり，太陽のめぐみで植物が育ち，そのおかげで動物たちも生きていけることをつねに意識して生活している人は大人でも少ないであろう。寒い冬の日のひなたぼっこ，晴れた日の洗濯物干し，日なたでよく育ったヒマワリなど日常生活での経験のなかで，太陽のめぐみを語る機会はたくさんあると思われる。保育者はこのような機会を見逃さず，いつでも語れるように心がけるべきである。

最近は科学技術の進歩で月に人類がいける時代になり，宇宙から地球の姿を見ることができる。絵本や図鑑などで幼児でも青く輝く美しい地球の姿を知ることができる。子どもたちに地球の絵を描かせた場合，４つの色を使って描くであろう。すなわち，青，白，茶，緑である。この４つの色は，地球の自然環境を代表する色であり，青は海，白は大気を漂う雲や北極・南極の氷，茶は陸地，緑は陸地の大半を覆う植物である。地球は豊かな水をたたえ，海や陸には動植物などのさまざまな生命が活動し，現在の自然環境を形成している。地球に水（海）が存在することで生命が誕生し，水と生命の星になれたわけであるが，兄弟星の金星や火星には水がない。なぜ，地球にだけ水（海）が存在するかは，太陽との距離が関係している。金星は太陽に近すぎて水が蒸発し，火星は逆に遠すぎて水は凍ってしまった結果，水（海）が存在しないと考えられている。すなわち，地球と太陽との距離がちょうどよかったため，水の星になれたわけである。このように，太陽と水と生命は切っても切れない関係であり，地球の自然の源である。これらのことを保育者は子どもたちに科学的に説明する必要はないが，地球の自然の成り立ちを理解したうえで，自然とかかわる保育のなかで太陽と水のありがたさ，生命の大切さを子どもたちに感じさせる工夫が必要であろう。

2）気象現象

幼児の生活空間の中で空は無限の広がりがあり毎日その姿を変えている。子どもは空の様子を見て，青空が広がり太陽が出ていれば晴れ，雲がたくさんあり太陽が雲に隠れて見えなければ曇り，黒い雲が広がり，空から雨（雪）が降れば雨（雪）の日だと認識できる。しかし，子どもは毎日天気を気にして生活を送っているわけではない。晴れの日が続けば，外でいろいろな遊びができるので，気象現象への関心は低くなるであろう。一方，雨のために外で遊べなくなったときや，運動会や遠足などの特別な行事の前日などは気象現象への関心は高まるであろう。このようなタイミングを利用して保育者は天気にかかわる活動を計画すべきである。とくに雨や雪へのかかわりには強い興味・関心を示す。雨上がりの水溜りでの遊びや，雪が積もったときの雪だるまや雪合戦など子どもたちには大きな楽しみである。また，梅雨時期など長雨が続くときなどでも，ペットボトルで作った雨量計で雨の量を測ったり，雨具を着て雨の日の散歩を行ったり，雨の日なりの楽しみ方がある。

雷や虹などの気象現象は突発的であり，機会を逃さないようにすぐに対応ができるように心がけるべきである。虹は太陽を背にして見えるので，雨上がりや日差しがあるなかでの雨など，虹が見えそうな日は太陽と反対方向の空を注目してみよう。保育者自身が気象現象に強い興味をもっていれば，毎日見上げる空で不思議な現象に出会うことが多くなる。虹や形のおもしろい雲（例えば飛行機雲）を発見したときは，子どもたちにすばやく声かけをして空に注意を向けてあげよう。これを繰り返すうちに，子どもは虹の美しさに感動し，雲の形の変化に気づき興味関心を示すようになるであろう。

災害を伴う自然現象，台風，竜巻，地震や津波は，長い人生のなかでもめったにめぐりあわない事象であり，できれば避けて通りたいものである。テレビの災害報道などを通して洪水で水に浸かった家や地震で倒れたビルなどの映像から天災の恐ろしさを知ることができる。しかし，これはあくまで間接情報であり，子どもたちがどこまで実感を伴っているかわからない。大雨の日の増水した側溝に近づかないとか，地震のときは机の下に隠れるなど安全指導は必要である。とくに，将来大きな地震が発生する可能性が高い地域では，保育者は地域や家庭と連携して，いざというときの危機管理体制を整えておかなければならない。そのためには子どもたちに地震に対する興味関心をもたせ，ただ恐怖心をあおるのではなく，地震の際の身の守り方を学ばせなければならない。

3 自然事物を通じた科学的理解の芽生え

地球の自然環境を代表する４つの色のうち，青，白，茶の３色は，生命（緑）を除いた無生物の自然を構成する素材，すなわち自然事物として，水，氷，大気（空気），石，砂などを示している。幼児はこれらの自然事物の中で生活し，その存在に気づくことなく（意識することなく）日常を送っていると思われる。これらの存在に気づくときは，遊びの素材として採り入れたときである。子どもは水遊びや砂遊びが大好きであるが，遊び方によっては，水や砂の不思議な性質を理解させるいい機会である。保育者は，自然事物を遊びに採り入れる際に，おもしろくて楽しい遊びが前提であるが，遊びを通して自然事物の科学的理解の体験的な芽生えができるような工夫（科学遊び）が必要である。

１）水

幼児は，のどのかわきで水の必要性を感じ，動植物の飼育栽培を通して，生き物にとっての水の大切さを知っている。「水」という存在は，幼児にとって日常的であり，日頃は意識していないが，遊びの対象としての水は特別な存在となる。とくに夏の暑い日のプールでの水遊びは楽しいものである。しかし，楽しいだけの遊びに終わらせずに，科学遊びの要素を少しでも採り入れることが保育者の役割である。

「水」は水素と酸素の化合物（H_2O）で，温度によって固体（氷），液体（水），気体（水蒸気）の３つの状態（物質の三態）がみられる。氷が解けて水になったり，水が凍ったりすることは子どもにとってはとても不思議なことである。冬の寒い日に氷で遊ぶ機会があれば，氷の不思議な現象を体験できる遊びの内容を考えてほしい。地方によっては，地球温暖化の影響もあって，冬でも氷が張らないところが増えている。そのような所では，家庭用冷蔵庫で作った氷でも十分に遊べる。

水は常温では液体の状態である。液体は形がなく，いろいろな姿に変わることができる。形や大きさのちがう容器を準備すれば，水はどんな形の容器にも入る。容器からあふれた水は高いところから低いほうへ流れていく。こぼれた水は乾いた布にしみこみ，絞れば出てくる。そのまま干せば，水は蒸発して消えてしまう。このような水の液体の性質を理解させる内容をいろいろな水遊びに採り入れてほしいものである。

水遊びには，いろいろな遊具を利用するが，ただ，遊具で遊ぶのではなく，遊具を作ったり，操作したりすることで科学遊びに発展させる工夫も必要である。水鉄砲は水に圧力をかけること（水圧）で生じる現象を遊びに採り入れたものである。レバーを引くだけで水が出る既製のおもちゃの水鉄砲で遊ぶよりは，シャンプーやマヨネーズの空き容器を利用するほうが，力の入れ方や穴の大きさなどで水の飛び方が違ってくることに気づくことができる。

物が水に浮かぶ現象（浮力）も，おもちゃを浮かべて遊ばせるだけでなく，身近なものを利用して浮くものと沈むものがあることを理解させることができる（例，キュウリやナスなど土の上にできる野菜は浮く。イモやニンジンなど土の中にできる野菜は沈む）。また，水は溶媒としていろいろなものが溶ける性質がある。絵の具や草花の汁を溶かして色水遊びができる。溶かす物や混ぜ合わせによっては，色が変化する不思議な現象を体験することができる。

シャボン玉は水に石けんを溶かした溶液を利用した水遊びである。既製のシャボン玉セットを買い与えて遊ばせる場合では，シャボン玉遊びを楽しむことはできるが科学遊びの要素はほとんどない。実際に水に石けんを溶かしてシャボン玉液を作らせることで，溶かす石けんの量に関心をもち，試行錯誤のなかで適量を見出すことができる。うまくできたときの達成感はひとしおで，科学的思考の芽生えとなる（遊び方は，第14章の実践事例4，p.152参照）。

水は，物理・化学的性質だけでなく生命の源としての不思議さも体験できる。長雨の後のあぜ道の水溜りや庭の片隅においてある水がめにいつのまにかアメンボがいたり，オタマジャクシやボウフラ（蚊の幼虫）がわいているのを見て驚くことがある。子どもにとっては，生物がどこから来たのか理解できず無生物の世界から自然発生したと思い込むであろう。実は飛んできたり，親が来て産卵したのであるが，水と命の関係を理解させるいい機会となる。

写真13－1　空気の大砲　打つぞっ！

2）空気・風

幼児にとって空気の存在も水と同様，日常では意識外の存在であると思われる。息を止めたり，水にもぐったりすると息苦しくなり，空気を吸うこと（呼吸）で生きていることは理解できるだろう（厳密に言えば，酸素呼吸）。空気の存在を感じるときは，風を感じるときである。風は空気が動くことで起こり，風が皮膚にあたって空気を感じるのである。

このように，風と関連する遊びによって幼児にも空気の存在を理解させることができる（風を起こす道具：うちわ，扇風機などの利用，風の強い日の凧揚げ，風車，ダンボール箱に穴をあけて作った空気砲（**写真13－1**）など）。

空気そのものは見えないが，目に見える工夫で空気の存在を感じさせる遊びがある。その1つは煙の利用である。空気砲の中に蚊取り線香などを入れて煙を溜めて空気を押し出せば，空気の流れがわかる。水の中に空気を入れれば，泡として見える。袋に閉じ込めることでも空気の存在がわかる。ゴミ袋を利用した熱気球の実験は子どもたちを驚かすことができる。特殊な袋としては風船があり，空気を感じるおもしろい遊びがいろいろできる。

3）音

音は空気の振動によって起こる物理現象である。その原理を幼児に理解させる必要はないが，遊びの中で空気と音の不思議な関係を理解させることはできる。風船の口を指で押さえて空気の出る量を調整すると，口周辺のゴムが振動しておもしろい音が出る。空気を入れすぎて大きな音と共に破裂する風船に子どもは興奮するであろう。

4）大　地

私たちは大地の上で生活している。毎日踏みしめている地面は，もとは岩石の塊で，それが石・砂・粘土と風化作用で細かい粒になって堆積したものである。都市化が進んだ地域では，地面はアスファルトやコンクリートで覆われ，砂や土に接する場所は運動場や公園などに限られている。小石がたくさんある場所は，一部の海岸や川原に限られ，このような自然環境に恵まれている地域では，遠足などの園外保育等で石投げやきれいな石を集めさせるなど石に興味をもたせる工夫をしてほしい。砂や土とのかかわりが，砂場や園庭に限られる地域では，保護者の了解の下に，泥んこになるまで遊ばせてあげたいものである。地域の協力で，田植え前の田んぼの泥遊びは子どもにとって楽しい経験になる。水と土で泥ができるが，この泥から作る泥ダンゴ遊びは，よりきれいなダンゴを作ろうとする意欲と創意工夫する力を引き出してくれる。

4　季節に伴う自然や生活の変化に気づく

地球は自転軸（地軸）が 23.4 度傾いたまま，太陽の周りを回るため（公転），１年のうちに地表への日光の量（日射量）が変化し季節が生じる。夏は日射量が多くなるので暑くなり，日ざしは強く，眩しくなる。逆に冬は日射量が夏より少なくなるので寒くなり，日ざしは弱くなる。温帯にある日本では季節はさらに細かく分かれ，年間気温の変化に伴って春・夏・秋・冬と４つの季節（四季）に区分される。この季節に伴う寒暖の変化は，各季節の気象現象に影響する。夏は入道雲が現れ雷や夕立があり，夏の前後には梅雨や台風の時期が訪れる。冬には北風（季節風）が吹き，雪が舞い，地域によっては春先まで雪が消えずに残る。また，春には桜が咲き，夏にはセミが鳴き，秋には葉が色づき（紅葉），冬には北から渡り鳥が飛んでくるなど季節ごとに生命活動の変化が見られる。さらに，季節に応じての衣替え，春の入園式，夏のプール，秋のお祭り，冬のクリスマスなど生活活動の変化や年間行事によって季節を感じることができる。このように地球の公転に起因する季節変化は，① 気象現象の変化，② 生命現象の変化，③ 人間の生活活動の変化などを引き起こす。私たちは，寒暖の変化を肌で感じつつ，各季節で見られるこれらの変化によって季節感を経験的に味わうことができる。

これらの季節感は，過去の経験と時間軸に沿った事象の変化の気づきをもとに形成されるが，これは大人の感性であって，幼児は変化の気づきはあるかもしれないが，それに伴う季節感をもつことは難しいと思われる。幼児にとって大事なことは，季節に伴う自然や生活の変化に気づかせることであり，経験的に季節を感じる活動を保育者はたくさん用意してあげることである。さらに季節の変化を感じとる事象は，幼児にとってわかりやすく，印象的なものが望ましい。外でたくさん遊ばせれば，夏は暑く冬は寒いことが体感できるし，春のお花見，夏の水遊び，秋のイモ掘りや紅葉狩り，冬の雪や氷との遊びを通して季節を感じることができる。このように幼児が季節の変化を感じる活動は，直接体験を通して実感できるもので，空間・時間的な連続性がないものが多い。

しかし，工夫しだいでは幼児に時間的変化に気づかせることは可能である。園庭に桜の木がある所は多いと思われる。これらの園では，春のお花見の行事は行うが，そのあとは桜とかかわる活動はほとんどない園が多いであろう。園庭の桜の木は，花が散った後は葉桜になり，その後パチンコ玉ほどの小さなサクランボ（ソメイヨシノ）が実り，夏にはたくさんのセミが鳴き，秋には赤や黄色に紅葉し，冬には枯れ木になりミノムシがぶら下がっているなど１年を通していろいろな姿を見せてくれる。春のお花見に始まり，初夏のサクランボ採り，夏のセミ捕り，秋の落ち葉集め，冬のミノムシ遊びなど毎日見慣れた桜の木との四季のかかわりを通して，時間的変化に気づかせることができるのではないだろうか。ツバメが毎年巣作りをする園では，事前にビデオや絵本などの間接情報によってツバメにまつわる童話や子育ての話を聞かせて興味をもたせ，ヒナが巣立つまで見守ることでツバメの渡りの季節を理解させることができる（**写真 13－2**）。このように保育者はまず身近な自然の季節変化に気づき，子どもたちの目を向けさせる工夫が必要である。

保育者は園庭や園周辺の自然環境や社会環境を把握し，園独自の季節ごとの風物詩をつくり，幼児にとってその時期にふさわしい活動を選ぶべきである。とくに，自然の季節には旬というものがあり，その期間は短く年によって時期がずれたりするので十分な注意が必要である。いつ・どこで・どのような自然とめぐり合うかを保育者はいつも意識し，自然への感性を研ぎ澄ませておかなければならない。ツクシなどの山菜取りやホタル見物など季節限定の活動は，時期を逃すと１年待たなければならない。また，冬の寒い日，天気予報などで雪が降る可能性があるならば，保育内容を雪遊びに変更できる柔軟な対応も必要となる。とくに，年間で雪が降る日が少ない地方では，雪は冬を感じる絶好の機会であり，この日を逃すと後日雪と遊べる保証はない。午前中に雪が解けてしまう場合もあり，自然を相手にする場合は，タイミングが大事である。そのためには，事前の情報をもとにした予測と計画性が必要になる。自然は待ってくれない。

写真 13－2　ツバメの巣

年間行事を計画する際，自然現象と結びついた行事，例えばお月見や七夕などは，なるべく満月や天の川が見える星空を子どもたちに見せてやりたいものである。このためにはお月見会は満月の日を選び，七夕のときは新月の日など星が見やすい条件の日に星の観察会を事前に行うなど，自然とかかわる体験を含む内容に計画すべきである。運動会や生活発表会など園の行事が中心になり，準備も含めてこれらの行事に追われて自然に目を向ける余裕がないという言い訳をよく聞くが，他の行事との関係や時間的制限（夜の行事）などからお団子作りや七夕飾りを作るだけの行事で終わらせたくはない。

【写真提供】　近畿大学九州短期大学付属幼稚園
（写真 13－1）

5 天体（空・太陽・星・月・宇宙）

1）空はどうして青いの？

幼児から「空はどうして青いの？」とたずねられたら，なんと答えるだろうか。

空が青いのは，大ざっぱに言えば，太陽の光が空気中の粒子とぶつかって，青い光が散乱して目に届くから，というのが，科学的な説明である。

しかし，このような場合に，幼児に理解できるようなかたちで説明をすることはなかなか難しい。

年齢の低い子どもに説明するときには，必ずしも科学的な正しさにこだわる必要はないかもしれない。しかし，水を入れたペットボトルを日光に当てたときに影に現れる虹のような色を見せれば，比較的年齢の高い子どもたちは，太陽の透明な光にも実はいろいろな色の光が混ざっていることを理解することは可能である。

空はなぜ青いのか。夕焼けはなぜ赤いのか。そんな素朴な疑問を生み出す空には，古代から多くの人を引きつけてきた天文現象の不思議さと魅力がある。

2）もし太陽がなくなったら？

子どもに「もし太陽がなくなってしまったらどうなると思う？」とたずねたら，なんと答えるだろうか。「ずっと夜になっちゃう」と答えるかもしれない。「寒くなる」という子もいるかもしれない。もちろん，太陽の役割は，それぱかりではない。風が吹くのも雨が降るのも，太陽と関係がある。太陽の光で植物が光合成をして，地球の生態系を支えている。地球という惑星が，今このように存在しているのも，太陽があるからなのである。

しかし，幼児にとって，そのような太陽の働きは，抽象的で理解しにくいものである。むしろ，日常生活の中で，太陽の動きや作用を，実際に体験することを重視するほうがよい。

例えば，昼と夜がある。日なたは日陰よりも暖かい（暑い）。よく晴れた日には濡れたものが早く乾く。朝や夕方と比べて昼には影が小さくなる。曇っているときには影踏みをするような影は現れない。日の出や日の入りのときに空が鮮やかに赤くなることがある。冬は夜が早くやってくる。外で遊ぶときに帽子をかぶらないと病気になることがある，等々。

幼児期に必要なのは，日常の生活体験のなかで，太陽の恵みを身体で感じ，１日の，あるいは１年の時間のなかで太陽の変化に気づくことである。保育者のかかわりも，そのような気づきを促すものであってほしい。

3）お月さまとって！

『はらぺこあおむし』などの作品で有名な絵本作家エリック・カールに，『パパ，お月さまとって！』（偕成社）という絵本がある。

ふだん，私たちは，たまたま月を見かけたときに，「今日は三日月」とか，「今日は満月」などと思うことはあっても，毎日毎日，徐々に変化していく月の姿を，順を追って見ることはほとんどない。この絵本は，その月の変化をしっかり順を追って見せてくれる。

月は，周期的に変化する。この規則正しい変化や，満月のときには足もとにくっきり影が映るほどの明るさのために，月は，太陽とともに，昔から人々に親しまれてきた。

保育の活動のなかに，「お月見」などの行事を採り入れたり，「かぐや姫」の物語にふれることがあるかもしれない。これらは，昔から，人々が月に対して抱いてきた親しみを，子どもたちが追体験する機会でもある。

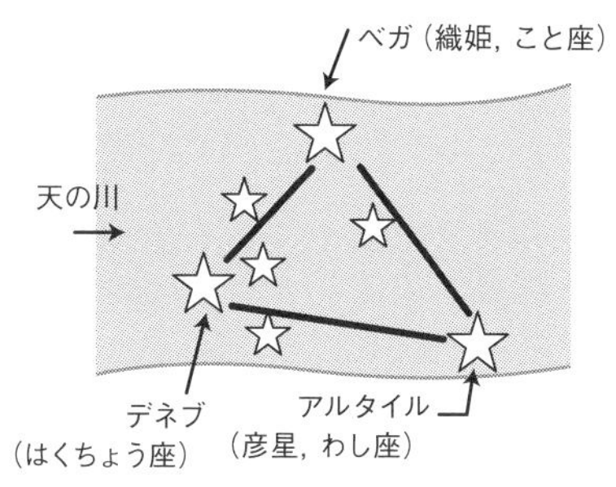

図 13 － 1 夏の大三角形

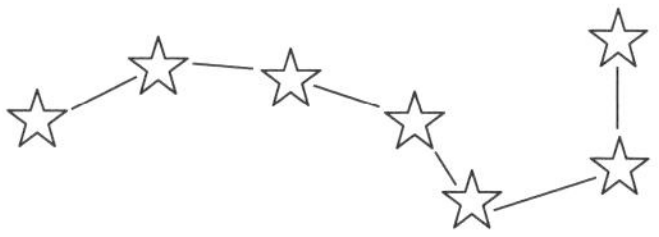

図 13 － 2 北斗七星

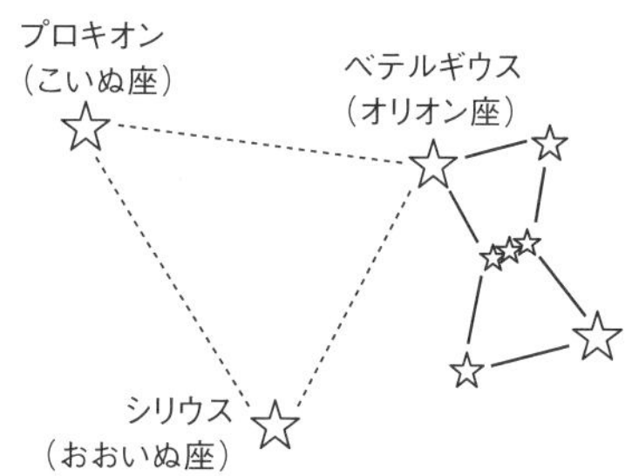

図 13 － 3 オリオン座

ところで，月の表面の模様を，日本や中国では「ウサギ」に見立てることがある。世界には，「女性の横顔」や「カニ」，「ライオン」や「ワニ」などに見立てる地域もあるという。満月を見ながら，子どもたちとともに，どんなものに見えるか，あれこれ考えるのも楽しいかもしれない。

4）あっ，ながれぼしだ！

吸い込まれてしまいそうな，満天の星空というのは，現代の日本ではなかなか見ることができないだろう。

だが，旅行やキャンプなどに出かけたときに夜空を見上げると，思いのほかたくさんの星が見えるものである。条件がよければ，白く煙るような「天の川」も見ることができるかもしれない。

もし，ふだん見たこともないくらいたくさんの星が見えるような場所に行くことがあったら，しばらくぼんやりと空に目を向けているとよい。流れ星というのは，意外と流れるものである。

とくに，７月から８月にかけてと，12 月から１月にかけては，流れ星の多い時期である。場合によっては，“願いごとが追いつかないくらい”たくさんの流れ星が見えることもある。

5）オリオン舞い立ち　スバルはさざめく

都会でも，少し町外れの，明かりの少ない見晴らしのよい場所へいくと，明るい星の星座を，いくつかは見ることができる。ふだん，星を見たことのない人は，星に詳しい人に教えてもらいながら見るとよい。

夏から秋の時期に頭上を見上げると，明るい星が三角形にならんでいるのが目に入る。これは「夏の大三角形」と呼ばれるもので，このうちの２つの星が，七夕伝説で有名な「織姫」と「彦星」である（**図 13 － 1**）。

「北斗七星」もわかりやすい。「ひしゃく星」という別名のとおり，水をくむ「ひしゃく」の形に星が七つ，ならんでいる（**図 13 － 2**）。

冬の星座の代表的なものに，オリオン座がある（**図 13 － 3**）。この星座は，大きな四角形にならんだ星の中に星が三つならんでいて，たいへんよく目立つ。この星座を目印にすると，おおいぬ座，こいぬ座，牡牛座などの明るい星や，ふたご座の２つ星なども見つけやすい。

その他に，季節や時間によっては，金星や火星，木星や土星などの惑星がたいへん明るく見えることもある。

満天の星空を見ると，心が静かに震えるような感動をするものである。しかし，そのすばらしさを子どもたちに伝えられるのは，実際にそれを体験した人だけである。

実践事例

1 雨・雲・雪・氷

ねらい

■天気はいつも変わることに気づく。
■雲や霧について，体験を通し理解する。
■冬の森を歩き回り，雪で遊ぶ。
■雪や氷のある生活を楽しむ。

指導上の留意点

◎子どもの生活のなかで傾斜のあるところを登るという体験を大事にする。
◎登山などの活動の前に明日の天気を心配したり空を見上げたりして心配することも，見えない明日を考えることができるようになる大切な経験である。
◎体を動かして雪や氷で思う存分遊ばせたい。

1 天気に気づく

天気の変化に気づく子は認知する能力が強い。周りの変化をいち早く察知したり，見通しがもてるので準備したり計画なども上手にたてられるようになる。強いていえば自分の身を守れる子といってもいいだろう。雨や雲，雪，氷など子どもたちの生活で気づかせたい自然教材である。

それは大自然のなかに子どもを連れ出さなければできないということではなく，日常の生活でどれだけ子どもたちに気づかせられる保育を工夫できるかという事である。

2 花壇や畑作りを通して

花の種をまいて花を育てたり菜園の野菜を育てる活動をするなかでも植物も人間も同じように水がなくては育たないことを知り，暑い夏には年長児になると当番活動で，じょうろで水をやり雨が降ってくると「よかったね」と喜びあったりし，雨がもたらす意味を少しずつ理解する。

3 遠足や登山で

4，5歳になると長距離の道のりも歩くことができるようになり，遠足や登山などを経験する。そのなかで時間を追って天候が変わっていく様子に目を向け，空や雲の変化に気づくようになる。

4 台風や嵐の後の水たまりで

雨が降った後にできた水たまりは子どもたちの絶好の遊び場となる。穴や溝には水がたまり，子どもたちは水たまりめがけてばしゃばしゃと走ったり，水たまりに映る空や雲を見つけて，そこに映った自然の美しさを知るようになる。

1）遊びから確かめ，そしてまた遊びへと

はっきりと地上と空を認識でき，表現も可能になるのは6歳といわれている。天候の変化に気づきだしたら絵本や科学絵本も大いに利用し，遊んだあとで皆で絵本の読み聞かせをする。

その際，「さっき遊んだとき，こんなことがあったね」と共感し，確かめ合うことができる。科学絵本と呼ばれるものを使うときはできるだけストーリー性のあるものが展開しやすくてよい。

2）お天気表をつける

「天気予報みてきたよ」「今日雨が降るってニュースで言ってた」雨がふったりすると，「○○ちゃんの言ったことその通りになったね」と，楽しい会話が生まれる。気づいていく楽しさがわかり出すと「お天気表を皆でつけよう」と，当番がカレンダーやお天気表につけていく活動が楽しい。色紙やシールで楽しむのもよい。

5「冬の森を歩く」

冬の遠足も子どもたちにぜひ経験させたい。風邪の心配こそあれ，身支度をしっかりして出かければ4，5歳児になれば問題はない。雪の多い地域

そり遊び

雪中乗馬

なら腰までの雪を思い切りこいで歩いたりクラスの友だちがたくさん入れるような大きな「かまくらづくり」に挑戦したりする。

冬の公園に出かけ，鳥や動物の足跡を発見する「足跡遊び」を楽しむこともできる。気温によって形の変わる雪の結晶しらべをしたり切り紙で雪の形を造り壁面飾りの製作をしたりする。

6 アイスキャンドルづくりや氷割り

氷が張る寒さになると小さなミニかまくらをつくり，そこに皆で手作りキャンドルを飾って楽しむ（図 13 － 4）。また，小さな容器に氷を張り凍らせてミニキャンドルに火をともして楽しむこともできる。これらは氷が張るまでの準備と時間はかかるが，子どもが時系列ということを理解し「見通し」をもてるようになる楽しい教材である。また，冬の寒さを歌や遊びにして楽しむわらべうたや手遊びも数多くあるので楽しみたい。

【写真提供】（公財）鉄道弘済会 人見認定こども園

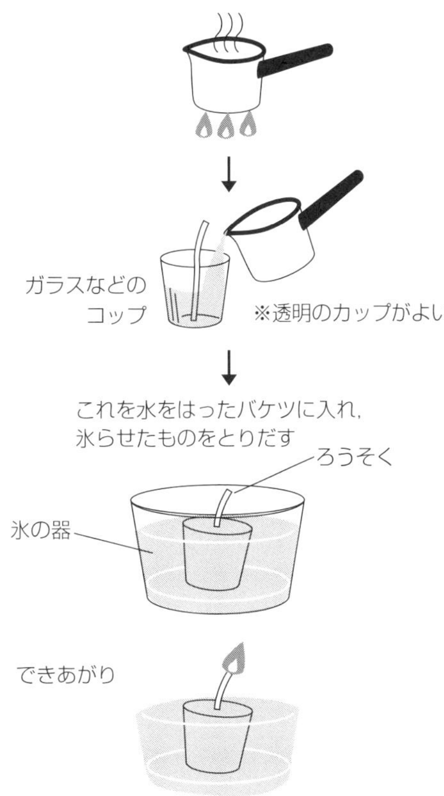

図 13 － 4　アイスキャンドルづくり

実践事例 2 風・音・光・影

ねらい

- ■心地よい音を聴き，感じる。
- ■光や影の不思議や美しさを知る。
- ■１日の生活のなかで夕方や朝の光の変化に気づく。
- ■光がつくるさまざまな事象を知る。

指導上の留意点

◎ 音楽も人の声もテレビやCDを通して聴くことが多くなっている。自然のなかのさまざまな音に意識を向けるように援助する。

◎ 光や影のあり方でさまざまな事物が視覚にとらえられる。蛍光灯の光だけではない，自然のなかの光に気づかせる。

1「演奏会で本当の音を」

風も音も目には見えない。あなたがもし風や音に感動し，伝えたいと思ったときどういった計画をするだろう。自分の感じている音が正しいと思いこんではいないだろうか。どんな子にも心地よい音を，本当の音を知ってほしいと思う。

デジタルの音の世界で生まれ育つ子どもたちに本当の音を感じてほしいというねらいで，園では本当の演奏会を行う。チェロ，ピアノ，クラリネット，三味線，琴，フルート，ギター，篠笛，声楽，果てには世界の民族楽器まで。知らせたい音がたくさんある。

2 音の出るもの探し

森に遠足に行き「途中の道で音の出るものを探したり拾ったりしながら行こう」と働きかけると，石や木の枝を拾ったりカサカサなる葉を拾ったりしながら考え，「打楽器演奏会」と称し，保育士が太鼓を叩き，演奏を楽しみ「歌も歌おう」と手づくりの演奏会になる。

名演奏を聴かせることがよいのではなく，一緒に心地よい音を共有，共感できる場をどれだけつくってあげられるかがポイントである。

3 森と緑のなかで

最近「木育（もくいく）」といって日本全国で自然再生運動が活発である。「森づくりセンター」があちこちにあるので，社会資源として大いに利用させてもらうことができる。「木を森にかえそう」という運動である「21世紀みんなの森づくり」にかかわっている大人が集まり，森のなかで音楽会を行ったり植樹をしたりし，園も親子で参加している。子どもたちへのプレゼントは「手回しオルガン」の演奏会。さまざまな木を材料としてつくられるパイプオルガンで，１人ひとりが手で回し参加できることが楽しい木の楽器である。ほかに「炭琴（たんきん）演奏」など自然で柔らかい優しい音を聴くことができる。

手回しオルガンはゆっくり回すとゆっくり，夢中で回すと元気な演奏が聴かれる。ある時，マイクに風の音が入り，「風も一緒に歌ってるね」と言った子がいて，きちんと音を聴く力が育っていると感心した。また，耳の不自由な子と森にでかけると，吹いてきた風を肌で感じている。風力発電のプロペラが回るのを見て，風を感じることもできる。不自由な面をもっているもっていないにかかわらず，五感を働かせるということである。

かざぐるま遊びや落下傘（らっかさん）遊びも風を感じる遊びである。

4 ホタル観賞会

暗くなると眠り，朝の明るさで目覚めるという，普通だった生活リズムが乳幼児期から失われ

森のお散歩

草木で笛づくり

つつある。テレビや電気をつけたなかで眠らされるという生活に変わってきている。自然の光に目をこらすことがなくなり，デジタルのクリアな画面でなければ「よく見えないね」という感覚になってきている。

園では夏に「親子ホタル観賞会」を企画し，ホタルの本を読み聞かせ，コミュニケーションを深め，ホタルの自然の光を感じてほしいと実施している。翌日，子どもたちから「ホタル見たよ！」「光ってたよ」「そばまで来たけど，また飛んでいったの」と，にぎやかな感想が聞かれる。

5 影遊び

誕生会などで映画会を行う映写機を利用し，影絵遊びを行う。スクリーンの裏にいろいろな扮装をして立って当てる「私は誰でしょう」ゲームも大喜び。クラスの友だちのあてっこも好評である。

影で楽しむ影絵遊びも，大人がやってみせると低年齢の子どもたちも集中してみている。

光と影は友だちということがわかり，影踏み鬼ごっこも楽しんで遊べるようになる。

6 ステンドグラスごっこ

色を通して光を感じる遊びを考えたとき，ステンドグラスごっこがある。玄関や街中でステンドグラスの飾りを見るが，あるとき色セロファンで「これで見るとみんなが赤くなってるよー」と言い，「どれ，見せて」「本当だ」と遊びだす。

いろいろな形を描いて大人が切り抜き，そこにカラーセロファンを貼って遊ぶ。スライドカードにはさんで映写すると，次々といろいろな形に切ってきて遊ぶ。

光を通してみると，こんな風に見えるということが共有できる。色の重なりもおもしろい。

7 夜景を見る

どんな地域でも夜景を見ることはできると思う。遠くからあるいは高い所から見える家の明かりや建物の明かりは不思議な懐かしい気持ちを起こさせるものだ。一緒に夜景を見て，夜空を見上げたりしながら光の暖かさを伝えることができる。

お泊まり保育などを利用して，夜間登山などを体験させることもできる。たくさんの親子で一緒に楽しむのもよい。また，クリスマスに電飾を楽しむ所も多くなっているので，さまざまな色を見つけて楽しむのもよい。

【写真提供】（公財）鉄道弘済会 人見認定こども園

実践事例

3 水・砂・泥

ねらい

■原始的な素材で遊ぶ楽しさを知る。
■水・砂・泥の性質を知り工夫して遊ぶ。

指導上の留意点

◎ 子どもの自発性と遊びの方向性を見守り，遊びの発展を援助する。
◎ 水の危険性について十分配慮し，たとえ膝の深さであってもおぼれることがあることをつねに心に留めておく

1 ダムづくり，水流し

乳児期に水や泥，砂に触れてきた子どもたちは幼児期になると時間の流れなどがわかるようになってくる。園庭での穴掘りから，友だちと相談しながら長くつなげ, そこに水を運び流し始める。

そのうち，流してばかりいたのではつまらなくなり,「ふさいで水をためよう」とダムを作りだす。簡単に作り水を流すとあっけなく壊れてしまい,「さあ, どうする」と保育者が一緒に考えると「水が強いから，もっと硬い堤防にしなきゃ，だめだ」と皆で次の段階へと遊び出す。水を一生懸命運ぶ子，スコップでひたすら土を運ぶ子，飽きてしまう子と様々なタイプの子がいる。お昼までかけてダムを作り，水を運び,「１，２，３！」で水を流したとき「やったー！」と歓声があがった。ここで大切なのは原始的な素材を与えたからといって，そのままでは何の発達もないと言うことである。子ども達のやりたいこと，作りたいと思っているものがわかったらやりとげられるように，支援，援助することである。ダムに水を貯めて思いきり流したとき，どんなだろうという子どもたちの計画がみえたときこそ達成感を味わうことができる素晴らしい機会である。

川流しの保育の前後に，絵本『かわ』(加古里子作・絵，福音館書店，1962）を読み聞かせた。

年長になると時系列がわかるようになり，「川はどこからあってどこまで続いているの」と聞いてきた子がいた。そこで絵本を上手にばらして１つにつなげ，川の姿がわかるようにみせた。小さい細かな絵であったが実によく見ていた。今日遊んでいた子が「おもしろかったね。明日もダムづくりやろうね」と他の子を誘っていた。

泥んこ遊びをするとき，汚れ物が多くなるので思い切りできるように低年齢の子ほど保育者の配慮が必要になる。その配慮を経て，やがて自分たちでできるようになっていく。

2 川遊び － 園外保育：夏のワークキャンプで

川遊びを計画する。園庭や絵本の中でしか経験できない川遊びを園外で体験する。園外保育での川遊びの場面は小さな滝のある場所。川のおもしろさは水が流れているということである。『みず』（福音館書店）の絵本を読んでいると，まさに絵本どおりの体験である。場所はどの場所も浅く深い所でも子どもの膝くらいである。しかし，たとえ膝の深さでもおぼれる子がいるということも頭に入れておかなくてはならない。また，雨がふると川は増水し，姿を変えることも教えなくてはならない。美しい自然のなかで遊ぶときは，絶えず危険な事が背中合わせであることを考えて保育していかなければならない。

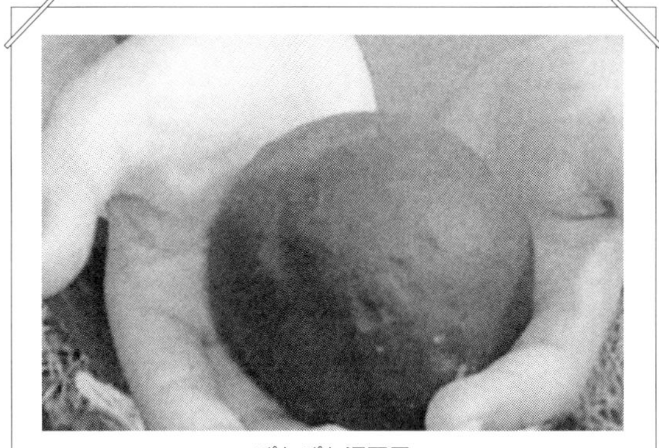
ぴかぴか泥団子

泥パックでエステ！？

滝のある川では子どもたちが「みんなで滝にさわってこよう」と手をつないで滝まで歩いたり，「さわれたよ！」と大喜び。流れる水，流れの遅いところを探し，水を止めたり笹舟を作って流したり，園庭でやっていたことと同じ遊びをしていた。

3 泥遊び ― 頑丈玉づくり

３歳くらいになると両手の指も分化し，泥のお団子を上手に握ることができるようになる。お団子を上手に握って「はい，どうぞ」とごちそうしてくれる子をみると，発達したのだなあと目安にしたりすることがある。

年長児の泥団子づくりが発展し，友だち同士で「誰がいちばんまん丸できれいか」から，「転がしてみて誰がこわれないか比べっこしよう」といった遊びに広がっていく。泥団子の絵本に出会い，「ぴかぴか光る泥団子」を読むと一斉に皆の顔が輝き，翌日から夢中になって泥団子をつくる子どもたちになっていた。誰でもぴかぴかの素晴らしい泥団子がつくれると話し合うなかで

① よい土を探す
② よくこねる
③ 丸めるときは心をこめて
④ さらさらの土をまぶしその上から布で磨く

と皆で確認すると「いちばんぴかぴかの頑丈玉にするぞ！」と言っている子もいた。１人ひとりが大事そうにできあがった泥の頑丈玉をケースに飾ってもらい，得意げに教えてくれる。春先の１カ月ずっと自由遊びでやっている姿がみられた。この根気のいる泥んこ玉づくりは，しばらく各地の保育現場でブームになったようである。子どもたちが「突き出た大脳」と言われる手を使ってものをつくりたいという気持ちをかたちにしてやろうと，毎日のご飯茶碗を手づくりでつくろうと計画している。

それは遊びからはじまった不思議な茶碗づくりである。砂を盛り上げてそこに水をたらすと，中央がくぼみ，茶碗状の形になる。手のひらでやさしく他の砂をよけるとみごとな茶碗のできあがり。

子どもたちは夢中になって，壊れないよう毎日つくり出した。やがて「本当に使える茶碗をつくろう！」と土をこねる，本物の陶器づくりに発展した。

【写真提供】（公財）鉄道弘済会 人見認定こども園

実践事例

4 お月見

ねらい

■ お月見の由来を知り，興味をもってお月見の準備をする。

■ 月の形や位置が，日を追うごとに変化していくことに気づく。

■ 満月の明るさや色，模様を興味をもってよく見たり，美しさを感じ取ったりしながらお月見をする。

指導上の留意点

◎ 日本に古くから伝わる行事の由来を伝え，保護者の協力も得て，親子で体験できる取り組みにすることにより，家庭生活の豊かさを支えていく。

◎ 月への興味を広げるとともに，秋の七草探しや虫の声への気づきなどを通して，秋の深まりを感じ取る機会とする。

1 お月見の由来

お月見は旧暦の8月15日に月を鑑賞する行事で，この日の月は「中秋の名月」,「十五夜」,「芋名月（いもめいげつ）」と呼ばれる。団子やお餅（中国では月餅），ススキ，サトイモなどをお供えして月を眺める。

お月見の由来を調べると，中国各地では月見の日にサトイモを食べることから，もともとはサトイモの収穫祭であったという説が有力と言われる。

日本では，旧暦8月15日の中秋の名月だけでなく，9月13日にもお月見をする風習があり，こちらは「十三夜」,「後の月」,「栗名月（くりめいげつ）」とも呼ばれる。

2 お月見の準備をしよう

1）秋の草花を集めよう

お月見をすることを知らせ，家の周りや公園などで，親子で秋の草花探しをしよう！という呼びかけをする。

「ススキなら空地にあったよ！」「クズを見つけましたよ」と情報が寄せられ，ススキが集まってくる。

園の一角を草花コーナーにして飾っていくようにする。身近な自然の変化や美しさを再確認し季節感を味わう機会にしていきたい（図13－5）。

2）月の変化に気づかせよう

中秋の名月の2週間前位から投げかけていくと，ちょうどよく月の変化を味わうことができる。また，月に関係する本を読むことで，月への関心が高まる。いくつかを紹介する。

3）月見団子を作ろう

園で簡単に作ることができる。調理活動の楽しさを味わいながら，お月見への関心がさらに高まっていく。

9月の敬老の日の行事と重ねて，地域の敬老会の方々に「子どもたちにお月見団子作りを教えてください」とお願いし，一緒に作ると楽しさも広がる。「こうやって丸めるのよ」とやってみせてくれるおばあちゃんたちの手さばきに，子どもたちは目を丸くする。すぐにゆであげ，敬老会の方々と一緒に月見団子パーティーをする（図13－6）。

一緒に作り一緒に食べることで，心も1つになる。家庭でも作ることができるように，レシピを保護者に配布すると効果的である（図13－7）。

図 13 － 5　秋の花，みつけた

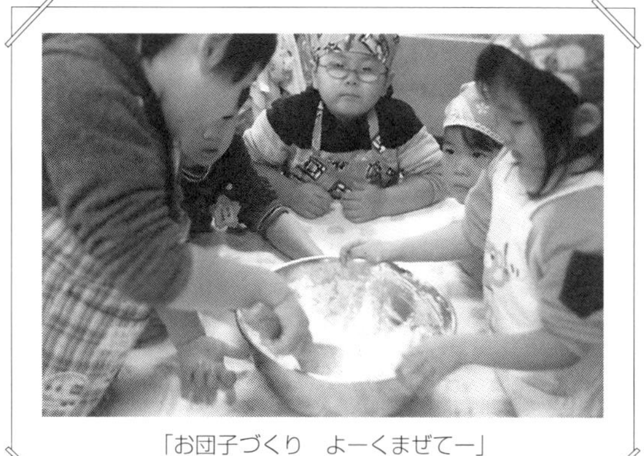

「お団子づくり　よーくまぜてー」

図 13 － 6　敬老会の方と団子作り

材料：白玉粉１袋，木綿豆腐１丁
　　　きなこ，さとう，黒みつ

手順

①

白玉粉をボウルに入れる。

②

豆腐を加減を見ながら入れ，よくこねる。（耳たぶくらいの硬さ）

③

なめらかにまざりあったら，生地のできあがり。

④

直径3～4cmに丸める。

⑤
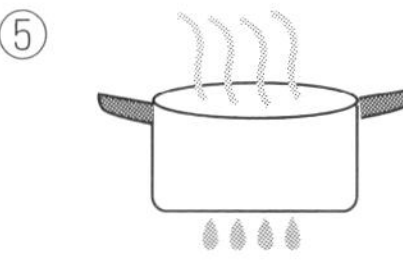
沸騰した湯の中に入れる。浮いてきたらできあがり。ザルにあげる。

⑥
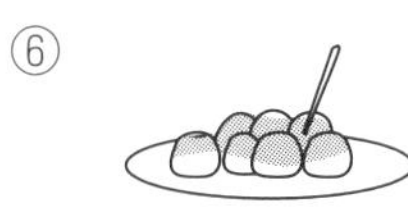
きなこや黒みつをかけて食べる。

図 13 － 7　豆腐を利用した月見団子作り

3 いよいよお月見

夜空が晴れて，満月を見ることを楽しみに降園させる。教師も，もちろん忘れずに夜空を見上げる。同じ月を，それぞれの場所で見上げている子どもたちや保護者のことを胸に思い描きながら。

そして翌日，昨夜のことを子どもたちと語り合い，子どもたちの声に耳を傾けていく。心に残ったことを互いに出し合いながら。

4 虫の声に耳をすます

秋が深まるにつれて虫の声が響いてくる。昼間でも園庭の草むらからコオロギのかわいい声が聞こえるはず。子どもは気づきにくいので「あっ，何か声がするよ！」と気づかせていく援助が大切である。

【写真提供】　ふどう幼稚園

実践事例

5 星・七夕・プラネタリウム

ねらい

■七夕まつりの行事に楽しく参加する。
■夜空に星を見つけたり，星にまつわるお話を聞いたりする。
■地球という星に生きている不思議を感じる。

指導上の留意点

◎星にまつわるお話がたくさんある。昔の人達が星空に思いを託していたその気持ちを，七夕まつりの行事を通して伝えたい。

1 七夕まつり

日本中の七夕まつりの行事は，北海道の中でも道南，道北，道央，道東と形態が違っている。道南の七夕まつりは子どもたちがゆかたをきて，各家庭にろうそくをもらい歩く。その際に必ず「となえうた」をうたわなくてはならない。この日はどの家庭でも，お菓子を用意して待っていてくれる。アメリカの留学生がこの様子をみて，「まるでハロウィンのようですね」と感想を言っていた。このとなえうたが北海道各地でそれぞれ違っていておもしろい。地域の大人たちが子どもたちの無病息災を願って絶やさないでいてくれる行事である。成人して行った卒園児達が，友だちとふるさとのことを話す時に必ず話題になる行事だと話してくれた。

地域の家庭やお年寄りの家庭から毎年「わが家に回ってきてくれないか」と電話をいただく嬉しい行事になっており，1週間前から「お星様に願い事をしようね」と笹飾りを製作する。年齢によって製作する物は違うが，年長児になるとハサミで細かに切る「天の川」やちょうちんを製作する（図13－8）。

全園児での集会を行い「おりひめとひこぼし」の紙芝居をしたあと，各クラスが予定している家庭に回って歩く。

2 みんなで星をみつけよう

－おはなしで，プラネタリウムで，家族で，キャンプで，そして歌で－

星にまつわるお話を聞いたり七夕まつりの行事に参加したりするなかで夜の空や星に興味をもち始め，家に戻ってからも家族と話題にしたりする。7月に入ってから，お話の読み聞かせなどで星座の本を読む。星座のお話は幼児にもわかりやすく，夜空の星に興味をもつようになる。この時期の年長児の描く自由画には地底線が現れ，空には太陽や星，その間に人を描くという3次元の認知ができてくる。子どもたちに夢をもたせたい，豊かな創造力をと願うとき，科学的なことについて保育を実践するにはさまざまな角度から，やはり私たち保育者は何十通りの方法も用意しておかなければならないだろう。

社会的資源の活用として，プラネタリウムで星を知る方法もある。視覚を通して静止画や映像で知らせることは幼児に限らず自閉症，ADHD（注意欠陥多動症），LD（学習障害）の子どもたちにもよい手だてのひとつではないかと研究されている。

季節や月日で見える星が変化していくことも，動く地球の中に自分が生きているということがやがてはわかってくるだろう。

絵本『スプーンぼしとおっぱいぼし』（八板康

七夕まつり

磨 写真・文／杉浦範茂 絵・構成，福音館書店，1992）を読み聞かせると，夜空に必ず「オリオンをみーつけた，おっぱいぼしだ」「どこどこ，あ，みーつけた」と，星ひとつで笑いながらの会話が生まれる。歌にも空に目を向ける，星にまつわる歌が数多くある。童謡ばかりでなく，いろいろな人が星におもいを馳せて残した歌を歌い聴かせたい。宮沢賢治の作詞，作曲の「星めぐりの歌」の曲も，教えると子どもたちはすぐに覚える大好きな歌のひとつである。

プラネタリウムのような社会的資源が身近にある都会から，降るような星空が見られる地域までさまざまであるが，どちらがよいということではない。何より私たち大人がいかに子どもたちに，宇宙を科学的に創造力豊かに伝えられるかということである。

【七夕ちょうちん】

画用紙に絵をかく

丸めて円筒に

画用紙と同じ大きさの紙を半分に折る

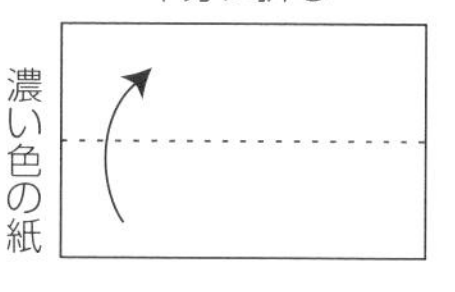

途中までハサミを入れる

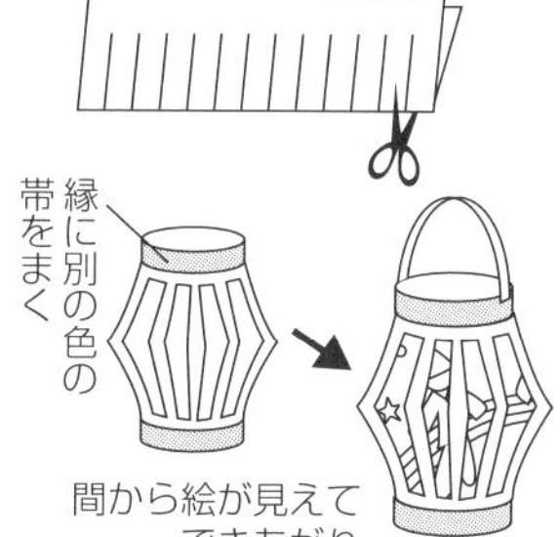

間から絵が見えてできあがり

【天の川】

半分に折る

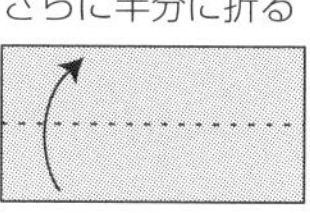

さらに半分に折る

交互にハサミを入れる

1cm

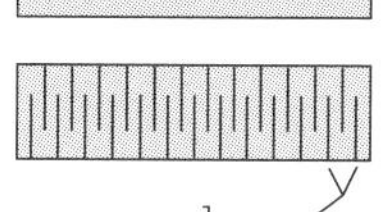

1cm

ひろげてのばしてできあがり

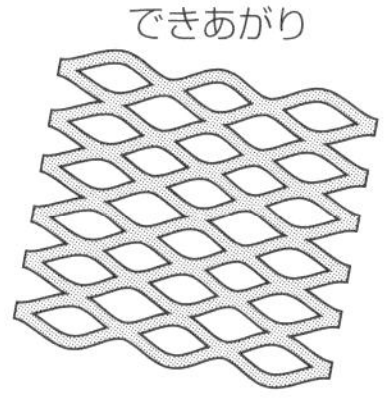

【飾りをつけるためのこよりを作る】

和紙を２cm×２.５cmくらいに切って角からまいていく

図13－8　七夕まつりの制作物

◆ **道南地方のとなえ歌**

竹に短冊七夕まつり
大いに祝おう　ろうそく１本ちょうだいな

◆ **道東地方のとなえ歌**

ろうそくだせ　だせよ
ださんと　かっちゃくぞ※（※ひっかくの意）

◆ **「星めぐりの歌」宮沢賢治 作詞**

1 赤いめだまのさそり　ひろげた　わしのつばさ
青い目玉の小犬　　光りのへびのとぐろ
オリオンは高くうたい　つゆとしもとをおとす
2 アンドロメダの雲は　魚の口の形
大熊の足を北に　　五つのばしたところ
小熊のひたいの上は　空のめぐりのめあて

第14章 物にかかわる保育

1 身近な素材とかかわる保育の意義

人間は身近な物から道具を作ってきた。とくに衣食住にかかわる物作りは，必要に迫られての道具作りから始まった。このため，物を作ることは人間らしさを示す大きな手段となっている。幼児にとって，物作りは自分らしさを示すと同時に，他人に自己アピールする手法なのである。

幼児は身近なさまざまなものに興味を示す。興味のあるものに対しては夢中で遊び，遊びのなかで何かを発見する，そして新しい遊びを作り出していくのである。すなわち発見から発明が生まれるように，幼児は好奇心や探究心から創造力を培っていくのである。

幼児の発見・発明は身近な素材から生まれる。身近な素材とは一般家庭にある物，「紙・プラスチック・ビン・缶・木・布・ひも」などである。

保育者は幼児を身の回りにある素材で遊ばせ，幼児自らが発見する楽しみを育てることが重要だ。また，保育者は幼児が発見しやすい環境を整えるとともに，幼児に提供するさまざまな素材を集め，準備しておくことが大切である。そして，その素材を提供する場所とタイミングを待つのである。

1）考える，工夫する，創造する力を養う

(1) 繰り返すことによる発見

幼児の発見・発明は同じことを繰り返すことから始まる。幼児は同じ操作を繰り返すことで徐々に習熟し，それを記憶に蓄積するのである。

例えば，幼児が積み木遊びをしている時，「こうやるのだよ，こうやって」などと自分自身に言い聞かせるように，何度も繰り返しながら積み木を積んだり，壊したりして遊んでいるのを目にする。幼児は積み木を高く積みたいのであるが，大切なのは高く積むことができたという結果より，積んでいく過程にある。繰り返す行為は，試行錯誤して学ぼうとしているあらわれなのである。

初めから成功することはあり得ない。何度も失敗し，失敗のなかから新たな思いつきが生まれるのだが，それは偶然にあらわれることが多い。ある時，理想と現実が重ね合わされ発見に結びつくのである。この繰り返しという行為には次の３点が含まれている。

① １つのことを完成させるために，順序を踏まえること
② 時間をかけて考え，工夫すること
③ 創造することにより，何かを発見する楽しみを見つけること

幼児にとって，小さな成功は非常に大きな喜びをもたらす。そして，幼児はさらに高度な物を作ろうと努力し，積極的に物事に向かっていこうとする。この向かう力が創造力を育てるのである。

創造力を育てる指導には身近に存在する物，つまり紙・木などの無生物素材での指導が適している。なぜならば，動物などの生きている物はそのもの自身も成長するため，工夫したり創造したりすることが困難であるからだ。

⑵ 科学の目

幼児にとって「考える」「工夫する」「創造する」ことはどのような意味をもっているのだろうか。「考える」とは,「思考をめぐらす。学ぶ。学習する。」(広辞苑）ことである。また「工夫」するとは「いろいろ考えて良い方法を得ようとすること。」(広辞苑）である。さらに「創造」するとは,「新しいものを造りはじめること。」(広辞苑）である。「考える」「工夫する」「創造する」ことは「かがくの目」をもつことである。「かがくの目をもつこと」とは第1に何かに興味をもつ事である。

「なんだろう？」これは期待感をもって物に接することである。このために保育者は幼児の行動を熟知しておく必要がある。

① どのような興味をもっているのか
② どのようなことをしたいのか
③ どのような経験が必要か

第2に興味がある物に対し自分で試したくなることである。

「何だろう？どうして？」と興味を満足させるための種明かしがほしくなる。例えば，科学マジックを見せると「なんだろう？」「どうしてできるの？」「私にもできるかな？」と自分でやりたくなる。

第3に完成することである。

幼児にとって,完成すること（できること）は,この上のない喜びであり，充実感を満たすことができる。保育者は完成したら直ぐに幼児をほめるべきだ。幼児はほめられればほめられるほど嬉しいのである。嬉しいとは（広辞苑）

① 心がうきうきとして楽しい
② 心が晴れ晴れとして喜ばしい
③ 満足して，相手に感謝する気持ちになるさま

「子どもを育てるには何をしたら良いのだろう？」という質問を良く耳にする。しかし，答えは無いのである。保育者として信念をもって事に当たることが大切なのである。そして，考える・工夫する・創造する力を養うことの最大の方法は「ほめること」である。

2）物を大切にし，最後まで工夫して使う

領域「環境」の内容（7）は「身近な物を大切にする」となっている。物に愛着を抱くよう指導し，このことで物を大切にし，無駄をしない気持ちを育てることとしている。さらに自分の物だけでなく友だちが大切にしている物も大切にしようとする気持ちを育て，公共の物を大切にする気持ちが育まれるようにする。これらのことは将来にわたる物への接し方の基礎となり，大きな社会問題であるプラスチックやゴミ問題に代表される環境汚染の解決への一歩となり得る。

そのため幼児教育の物作りにおいては，SDGs（第9章，p.51 ～ 52 参照）を考慮した教育を進めていく必要があり，領域「環境」の実践は，このSDGsに直結する保育といえる。

例えば物作りの素材で多いプラスチック，日本を始めとする多くの国でこの素材を大量に海に放棄し，便利さを追求する一方で海を犠牲にしてきた。保育者は未来を担う子どもたちに，有効利用や再利用といったゴミ削減，さらに工夫して使う体験の機会を作らなくてはならない。

また，家庭でのゴミの分別を考えてみよう。燃えるゴミ，燃やせないゴミ，再生ゴミなど各自治体によって細かく分別されるのが一般的となった（巻末附録1の第14章1），p.197)。

物作りのSDGsは，ゴミの分別と同じように素材の分別から始まる。多種多様な素材から新しい物を作り出す。こうした力を育成するために，領域「環境」は以前からESDの教材として取り入れられている。

だが残念なことに，現代社会では物を作るより

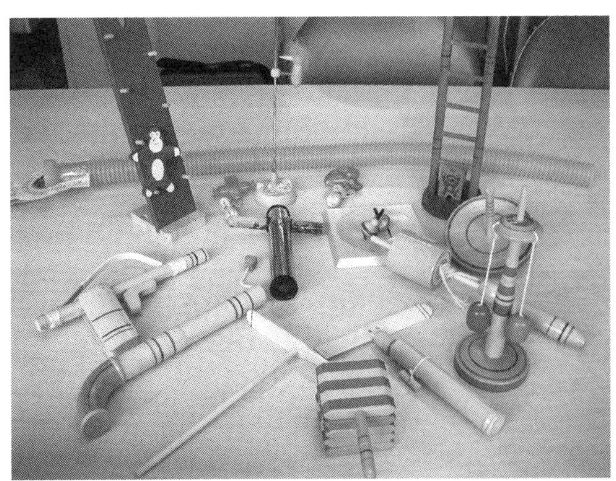

写真 14 − 1　100円ショップで販売される手作りおもちゃの例

作られた物を購入してしまう。例えば全国にはコンビニ，100円ショップが点在する。比較的安価な品を大量に販売しているため，私達は手軽に物を手に入れることが可能である。物作りで目指す「手作りおもちゃ」が，100円ショップで多種類販売されている（**写真 14 − 1**）。幼児達はそれを購入し，遊ぶ。そして，壊れれば捨ててしまうのである。大量生産，大量消費はもはや普通になってしまっている。

壊れたら捨てるような物を購入するのではなく，壊れたら修理できるような素材を見つけ，上手に使いこなすことは幼児達の物作り指導には欠かすことができないことなのである。

領域「環境」における物との出会いは，興味や好奇心をそそられる多くの素材に触れることから始まる。素材には次のような条件が考えられる。

①身近にあり，簡単に手に入ること
②興味関心を引き立てる素材であること
※色が鮮やかである，形が特異である，イメージを膨らませることができる，など
③完成された物ではなく，未完成品であること

保育者はこれらの素材条件を考慮し，幼児の興味をそそるような素材を準備し，作る楽しさを指導しなくてはならない。作る楽しさは工夫する楽しさを呼び，物を大切にする心を育てる。そして，物作りを楽しんだ後，自然を汚さないことが大切である。

3）物の性質を楽しむ力を養う

物を扱うとき，言葉と関連づけて物の性質を知ることが多い。重い・軽い，熱い・冷たい，硬い・柔らかいなど言葉からその物の性質をうかがい知ることができる。砂遊び，水遊び，風船遊びでは，個体・液体・気体という物の性質を知らず知らずのうちに理解するようになる。

幼児にとっては日常生活そのものが教材であり，活動を通して物への接し方や注意を学んでいくのである。保育者は次のような事柄に注意し幼児の物への関心を引きつけることが大切である。

「熱いから気をつけて運んでください」，「ここをそっと持つようにしましょう」，「優しくなでましょう」などの行為は物の性質を理解する言葉として話しかけるようにするべきである。

一方的な禁止や規則は物を理解する助けにはならない。「〜してはいけない」「〜しない」などの言葉は，物の性質を理解する上で妨げになるのである。

素材を表す言葉に「金属」・「鉄」・「銅」・「アルミ」・「プラスチック」・「木」・「ゴム」・「皮」などがある。製品名としては，「缶」・「画鋲」・「釘」・「針」・「なべ」・「はさみ」・「指輪」・「時計」・「コード」・「輪ゴム」・「びん」・「ひも」・「プラスチック」・「容器」・「ポリ」・「袋」等の製品が存在する。

私達は素材をあらわす言葉や製品名を口にすることで，その物のもっている性質まで知ることができる。これは言葉との関連づけで物の性質を感じてきたからである。幼児にとって少し難しいような言葉であっても，性質をあらわす言葉はなるべく使うように心がけたい。これは実際に体験することから学ぶためである。

幼児にとって理解が困難ではあるが，知っておきたい「物の性質をあらわす表現」として「硬い」・「丈夫」・「きれい」・「壊れやすい」・「伸びる」・「曲がる」・「燃える」・「(光や電気を）通す」などがある。理解できる範囲で使ってみたい。

2 素材の性質，特徴，および留意点

1）身近な素材

身近な素材の性質や特徴を生かした教材を多くもっており，それを思ったように指導できたとき，物作りの教育は成功したと言える。目標は幼児が自然物や身近な素材を使って，のびのびと描いたり作ったりして遊ぶことである。そして自然物を取り入れて工夫して遊ぶ楽しさや，表現する喜びを感じとることである。

⑴ 紙の素材

牛乳パック・空き箱・段ボール・トイレットペーパーの芯・紙袋・新聞紙・ちらし・紙皿・紙コップ

⑵ プラスチックの素材

ペットボトル・スチレン容器・アイスカップ・ヨーグルトカップ・透明パック・卵パック・乳酸菌飲料の容器・フィルムケース・手さげポリ袋・エアパッキング・パッキングネットなど

⑶ その他の素材

空きビン・空き缶・木材，布きれ・ひも・糸・たこ糸・砂・粘土・石けん・液体洗剤など

クリップやホチキス，輪ゴム，粘着テープは工夫を助ける材料となるので，いつでも自由に使えるように整理し準備しておきたい。また，紙や空き箱，糸，ひも，棒などの素材はなるべく多種類準備したい。

2）素材の教材化

保育者は，幼児が自由で活発な製作活動を展開するために，日頃から素材を集めるように心がけておかなければならない。次にその素材を使った遊びを研究しなければならない。しかもそれらの遊びが，個人遊びから集団遊びへと発展できるように導きたいものである。身近な素材を使った製作方法と遊び方をまとめて「素材の教材化」と言う。素材の教材化で考慮すべき点は次の３点である。

① 身近な素材を使った遊びを知っているか

② 身近な素材を教材化できるか

③ 身近な素材を使った科学遊びを指導できるか

科学遊びの定義は「事物の性質や法則性を調べたり，使ったりしながら自分で考え，工夫し，操作・製作していく過程で遊びを楽しむことができる遊び」である。

⑴ 自然物（空気・水・砂・粘土）遊び

① 風車・風輪（風の吹いてくる方向，風の強さ）

② ゴム風船ロケット・ゴム風船自動車・ゴム風船ボート（風船から吹き出る空気によって飛んだり，走ったり，水に浮かべたボートを進ませる）

③ 落下傘（空気にも重さがある事）

④ 紙飛行機（重心，紙質，折り方，大きさ，形，投げ方による違い）

⑤ 空気鉄砲・紙玉鉄砲（玉をとばす空気の働き）

⑥ 水に浮かぶもの調べ（杉，檜，樫，発泡スチロール，アルミ箔，笹舟などの浮力）

⑦ 水鉄砲（竹の水鉄砲，プラスチックのパイプ鉄砲，ビニールパイプの水鉄砲，両手を組んだ水鉄砲など素材の違い）

⑧ 噴水（サイフォン，水圧の原理）

⑨ 水車（水を落とす高さと水車の早さの関係）

⑩ シャボン玉（石けん水，のりを混ぜた大きなシャボン玉，シャボン玉を吹く器具を工夫する）

⑪ 色水遊び（アサガオ，ダリア，キンギョソウ，ツユクサ，ホウセンカ，イチゴ，ヤマゴボウ，ミカン，赤キャベツ，葉っぱ，果汁などの色の違い）

写真 14－2 身近な素材を使った教材

⑫ あぶり出し（砂糖水，食塩水，牛乳，石けん水，灰汁，酒，酢によるあぶり出し）
⑬ 化学反応あぶり出し（デンプンとヨウ素溶液によるヨウ素デンプン反応，塩化コバルトのあぶり出し）
⑭ 氷遊び（氷を使ったいろいろな遊び）
⑮ 砂や土（粘土・泥団子・砂と水によるおにぎり・砂のジオラマ・磁石で砂の中から砂鉄を見つける・のりで描いた記号に砂を貼り付けるなど素材の違い）

⑵ 音遊び
① いろいろな笛（ストローの笛，ショウブの笛，タンポポの茎の笛，麦の笛）
② ビニールパイプ聴診器
③ 糸電話（伝声管，針金電話）
④ 音階（コップに水を入れ音階をつくる，グラスの音比べ，試験管の音階）
⑤ たたく音（お椀，フライパン，バケツ，金属のお盆）
⑥ 吹く音（空き瓶）
⑦ はじく音（スプーン，フォーク，空き箱，輪ゴム）
⑧ 木の音（木片，積み木）
⑨ 割れる音（ゴム風船）

⑶ 光遊び
① 影踏み遊び・影遊び（陽のあたる屋外でいろいろな影のかたちを作って遊ぶ）
② 影遊び（室内でスクリーンに物や手の影を写し，何のかたちかを当てる）
③ 色のつく影・動く影絵遊び（色セロハンや色ビニールで目や特徴のある場所に色をつける）
④ 色ゴマ遊び（コマに塗ってある色が，コマの回転によって加色混合して色が変わることを気づかせる）
⑤ 虫眼鏡・凸レンズ・カメラ遊び（凸レンズで物が大きく見えることに気づかせる）
⑥ 水レンズ（コップやガラス管に水を入れ，文字をみる）
⑦ 鏡の不思議（鏡に映った文字が反対文字になる，３面鏡の不思議）
⑧ 万華鏡を作る（幾何学模様を作る）

⑷ 磁石遊び
① 磁石遊び（鉄，ニッケルはくっつく，銅，アルミ，ポリビニール，プラスチック，紙はつかない）
② フェライト磁石を使った遊び（人形などの下に画鋲，ゼムクリップ，王冠を貼りそれを紙の下から磁石で動かして遊ぶ）
③ 静電気のマジック（化学繊維やプラスチックに静電気を起こし，発泡スチロールや小片紙をくっつける）

⑸ 動くおもちゃ遊び
① 糸車（糸巻きとゴムのよりもどし）
② 行き戻りする車（プラスチックケースにゴムと重りを取り付け，転がすことによりゴムがよじれ，今度は戻ってくる動きをする）
③ 動く亀（亀型の箱に糸とゴムを取り付け，糸を引くことでゴムをよじる）
④ やじろべえ（支点と左右の重りのバランス）
⑤ 起き上がりこぼし（円柱形の素材に重りを入れ，左右に動かす）
⑥ 俵とビー玉転がし（俵型の紙の中にビー玉を

入れて坂道を転がす）
⑦ 自動車転がし（紙箱に輪を付け坂道を転がす）

3 道具・用具の操作，安全指導

「身近な環境に自分からかかわり，発見を楽しんだり，考えたりし，それを生活に取り入れようとする。」このねらいは紙製品やプラスチック製品，電気製品などの家庭用品，さらに園の遊具や用具に積極的に働きかけ，それらと遊んだり，物を作るなどの活動ができるようになることがねらいとなっている。

1）おもちゃ遊び

園でのおもちゃは，このねらいを達成するための道具･用具として適しており，利用されている。すなわち，おもちゃで遊びながら，見たり，考えたり，工夫したりするのである。保育者はねらいを考慮して，年齢にあったおもちゃを与えなければならない。

⑴ 3歳児のおもちゃの特色

色や形はシンプルな物。しかも片手で持って動かすことができる大きさであること。また，自分がその物に乗って遊べるような物。操作が難しい物や動かすことが困難な物は遊びが長続きしない。

⑵ 4歳児のおもちゃの特色

興味が仕組みに集中する。操作は困難でも友だちのやり方をまねてできるようになる。また，友だちと競争するような遊びも喜ぶ。ネジを巻くような遊びや，分類して片づけることもできるようになる。

⑶ 5歳児のおもちゃの特色

自分で試したり，考えたり，工夫したりできるような遊びを好む。

年齢により同じ物でも遊び方は違ってくる。例えば段ボール遊びは，3，4歳児は段ボールという素材に触れて遊ぶ，中に入ったり，投げたり，動かしたりする。

5歳児になると段ボールを加工して遊ぶようになる。加工するためにはそれなりの大きさ，数が必要になる。保育者は，いつ，どれくらい，どのように素材を提供するかが能力の見せ所である。段ボール素材が単に置いてあるのではなく，幼児が物を扱う能力を身につけたことを確かめ，的確に提供できることが大切なのである。

2）遊びの安全性

危険防止に注意することはもちろん安全に遊べるように保育者は配慮をしなければならない。

⑴ 場　所
① 遊び場に危険な物はないか
② 砂場は清潔に保たれているか

⑵ 用　具
① シャベル，はさみ等の先は丸いか
② 破損箇所はないか

⑶ 行　動
① 虫眼鏡で太陽を見るなどの危険な行為をしていないか
② 危険な場所に近づいていないか

構造が丈夫であって，危険が少ない品を準備することは保育者や園が十分考慮すべき点であることは忘れてはいけない。

工作の材料は家庭から出る廃材が多い。あらかじめ家庭と連絡を取っておき，必要なときに持ってこさせるような配慮が必要である。

3）園で安全を確認し準備する工作道具

はさみ，目打ち，千枚通し，かなづち，キリ，ナイフ，のこぎり，ホチキス，のり，接着剤，ペンキである。これらの工作道具は，安全に使用できることを確認したうえで，必要に応じて出すのではなく，つねに準備しておくべきである。

実践事例

1 紙で遊ぼう

ねらい

■ 紙の持つ質感を存分に味わい，楽しむ。
紙の質感からさまざまなイメージを引き出し，想像力や工夫する力を育む。

■ さまざまな紙を利用して制作活動を楽しむ。

■ 製作物を遊びに利用することにより，製作過程や活用方法の工夫を引き出す。

指導上の留意点

◎ 多様な紙を活かして，子どもの工夫する力，創造する力を育むようにする。

◎ 紙を使った製作過程だけでなく，製作物を使った遊びへと活動の展開や広がりをもたせる。

◎ 個々の製作の進行状況を把握し，適切に援助することが大切である。

保育活動の場では，さまざまな紙が存在する。画用紙，折り紙といった既製の紙以外に，新聞紙や牛乳パック，段ボールといった紙製品の廃材がある。紙という素材は，厚さや肌ざわりといった質感の違いだけでなく，画用紙・折り紙・新聞紙といった平面的なものから，牛乳パック・紙コップ・空き箱などのような立体的なものがある。

このように多様で，しかも身近で手に入りやすく自在に扱える紙を十分活用する。

1 素材を楽しもう

1）新聞紙やぶき（図 14 ― 1）

新聞紙を２人で広げて持ち，「壁」に見立てて体当たりして破く。新聞紙の持ち手と破く子どもが交代しながら繰り返す。続いて，破いた新聞紙をさらに小さく破いていき，「雨粒」にする。床に広がった雨粒を手ですくい，投げて落ちる様を見て楽しむ。最後に，床に広がった「雨粒」をすくい，動物の顔を貼ったゴミ袋を「喉の渇いた動物」に見立てて，入れる。

年少児で実施する場合は，新聞紙の持ち手を保育者が行うほうが望ましい。また，年齢によって新聞紙の高さや枚数を変化させるとよい。新聞紙をさまざまに見立てることで，最後の片づけまで円滑に運営できるように工夫する。

その他にも，新聞紙は紙質・大きさから，保育活動に活用しやすい素材である。破く以外に，広げて床に敷き詰めて潜って遊ぶ，折りたたんでどの大きさまで座れるか試す，まるめてバットやボールを作って遊ぶなどがある。

図 14 ― 1　新聞紙やぶき

2 作って遊ぼう

1）紙飛行機をつくろう

包装紙や広告紙などさまざまな質感や大きさの紙を使って，紙飛行機を製作する。製作した紙飛行機を飛ばし，空に浮かぶ様子を眺めたり，遠くへ飛ばす工夫を試したりする。

2）紙飛行機ゲーム（図 14 ― 2）

同じ材質・大きさの紙を用いて，紙飛行機を製作し遊戯室などの広いスペースに，スタート地点とそれぞれの距離によって異なる点数エリアを設け，紙飛行機を飛ばして競う。競うことにより，製作や飛ばし方の工夫が促される。また，個人で競うのではなく，グループ単位で競うことにより，

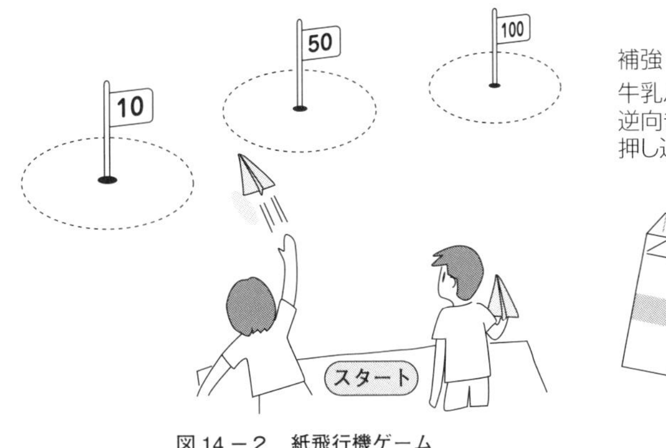

図 14－2　紙飛行機ゲーム

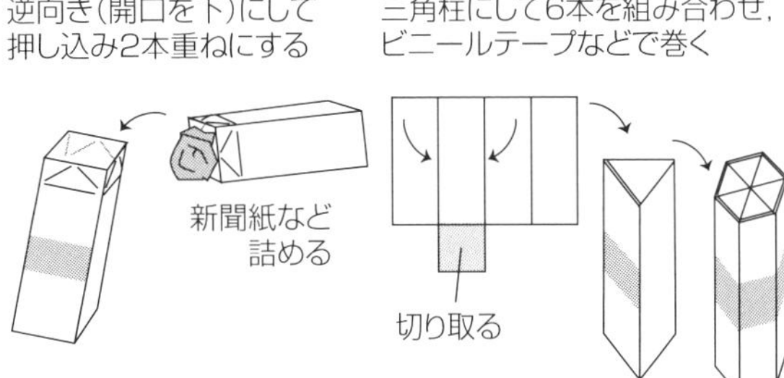

図 14－4　牛乳パックの補強

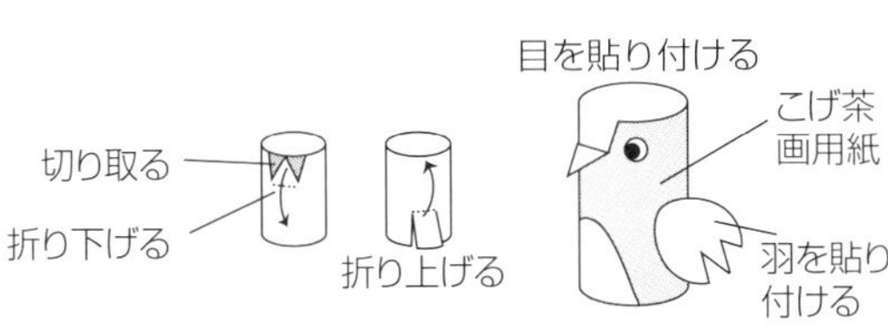

図 14－3　トイレットペーパーの鳥

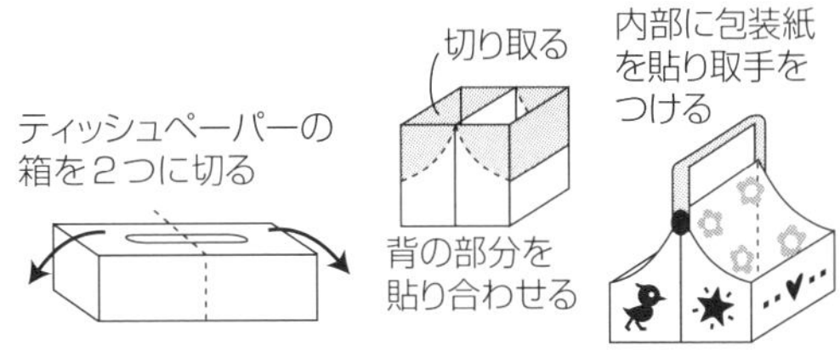

図 14－5　身近な素材を使った教材手さげカゴ

協力や思いやりといった心の育ちも期待できる。

3）牛乳パックでおもちゃを作ろう

牛乳パックの立体感を利用して，サイコロ型のおもちゃを製作する。1L容器の底の１辺と同じ長さで側面を切ると，立方体が２つできる。この２つのパーツを組み合わせることで簡単にサイコロ型が製作できる。中に，おはじきや鈴を入れて，音の出るおもちゃを作ったり，９つのサイコロを用いてブロックパズル（６つの絵を合わせるおもちゃ）を作ることができる。対象年齢によって，牛乳パックの裁断は困難な場合があるので保育者がどの段階までを準備するかを熟慮する。

3 特徴を活かして遊ぼう

1）トイレットペーパーの芯

円筒形の形を活かしてスズメ，ペンギン，ヒヨコ，フクロウなどの鳥やタヌキなどを作る（図14－3）。

2）牛乳パックで大型遊具

牛乳パックはその丈夫さから机や椅子などの大きな遊具が製作可能である。製作の際に，一度開いたものは，三角柱の形状に，また，そのまま利用する場合は，中に新聞紙などを詰めると強度が増す（図 14－4）。さらに，高さのある遊具を製作する場合は，足元になる部分に新聞紙の代わりに砂などを詰めると安定感が得られる。

3）ティッシュペーパーの空き箱で手さげカゴ

木の実や落ち葉拾い，あるいはお店屋さんごっこなどで使う手さげカゴを空き箱で作ろう。軽く加工しやすくすぐに手に入る空き箱であるが，捨てずに上手に利用することが物を大切にする力につながる（図 14－5）。

4）牛乳パックでジョーロやシャワー

水を入れても丈夫なことから，たくさんの穴を開けるだけで水まきのジョーロや水遊びのシャワーができる。

実践事例

2 布・ひもで遊ぼう

ねらい

■さまざまな布素材の質感に親しむ。
■利用する布素材によって，季節を感じ楽しむ。
■細いひも，糸による不思議な遊びを体感し，好奇心や探求心を育み意欲をもって試行する。
■イメージを膨らませて，人や動物になりきって表現して遊ぶ。

指導上の留意点

◎糸は振動がよく伝わるようにピンと張った状態を保つ。
◎使用しないときは受話器の紙コップに糸を巻いて保管し，使用する時にピンと張った状態を保ちながら伸ばしていくと，糸が絡まず何度でも遊べる。

布やひもは，人間の衣服の素材として利用されているため，とくに布には材質による季節感がある。薄手の綿や麻は夏を，ウールや厚手の布は冬をイメージし，それぞれ涼しさや暖かみを感じる。さらに，布そのものの柔らかな質感は，乳児の遊材としても適している。保育活動の場では，このような布やひもの特性を保育者が充分理解し，さまざまな材質や形状を保育の場に活用してほしい。

1 布で遊ぼう

1）ひとりでできるかな？（布絵本）

衣服の着脱に用いられているボタン・ファスナー・マジックテープ，さらにはベルトや靴ひもをそれぞれのページに盛り込んだ布絵本にさわって遊ぶ。素材と色の異なる布で三角や丸といった異なる形を配すだけでも，布をさわり楽しむことができるが,「とめる」「外す」行為を楽しむ工夫，例えば，木からリンゴを外すといった見立てを工夫すると楽しい。さらに，布の色合いとして明るいはっきりとした色を使うのが望ましい。また，ボタンやフックのつけ外しで数を数えたり，指先操作の練習ができる。

2）手袋人形

使わなくなった手袋や軍手を利用して，人形を作る。作った人形で音楽に合わせて踊ったり，劇遊びを楽しむ。フェルトで目鼻耳をつけるには布用接着剤か木工用ボンドで貼り付ける。さらに，頭の部分に不要になった布やストッキングを入れると頭部がしっかりする。手袋の他に，靴下などを利用してパクパク人形などが作れる。

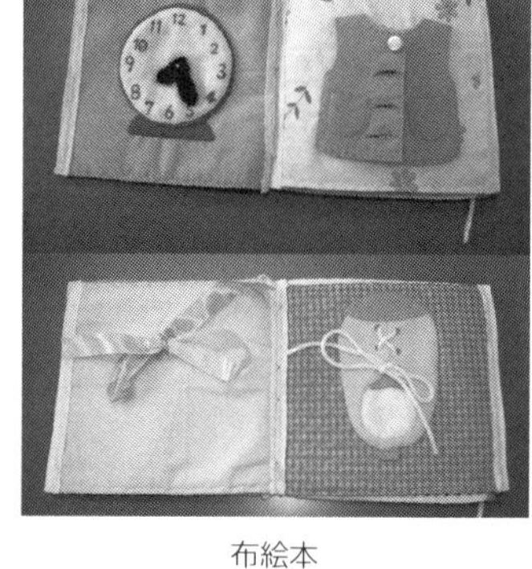
布絵本

手袋人形

3）変身遊び

身近な布を使って，いろいろな人に変身して遊ぶ（図 14 − 6）。

4）染めて遊ぶ

ヨウシュヤマゴボウ，タマネギ，コーヒー，紅茶などで染めて遊ぶ。

5）ハンカチ遊び

ハンカチ落とし，ハンカチ取りなどのゲーム，ネズミやバナナ，ヘビやカタツムリなどを作って遊ぶ（図 14 − 7）。

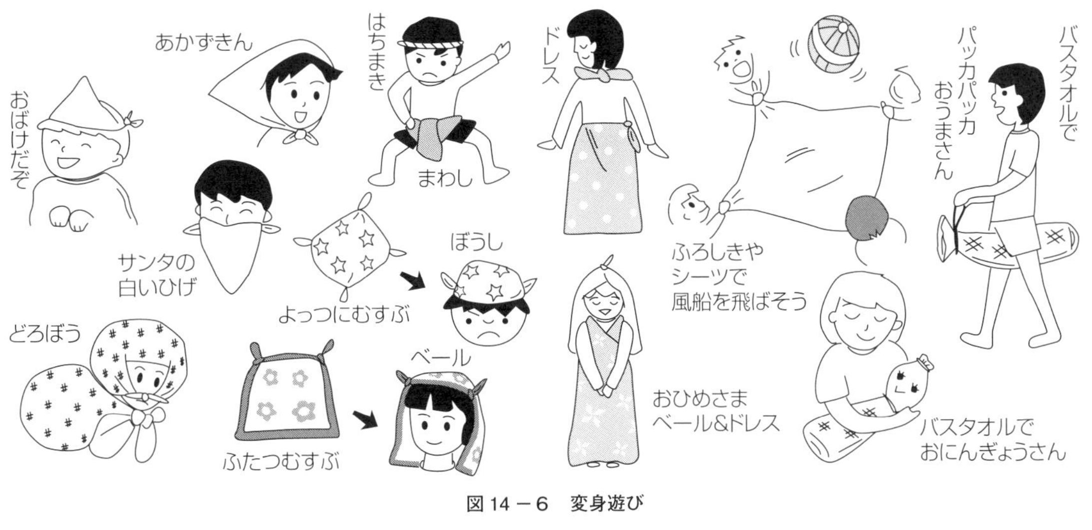

図 14－6　変身遊び

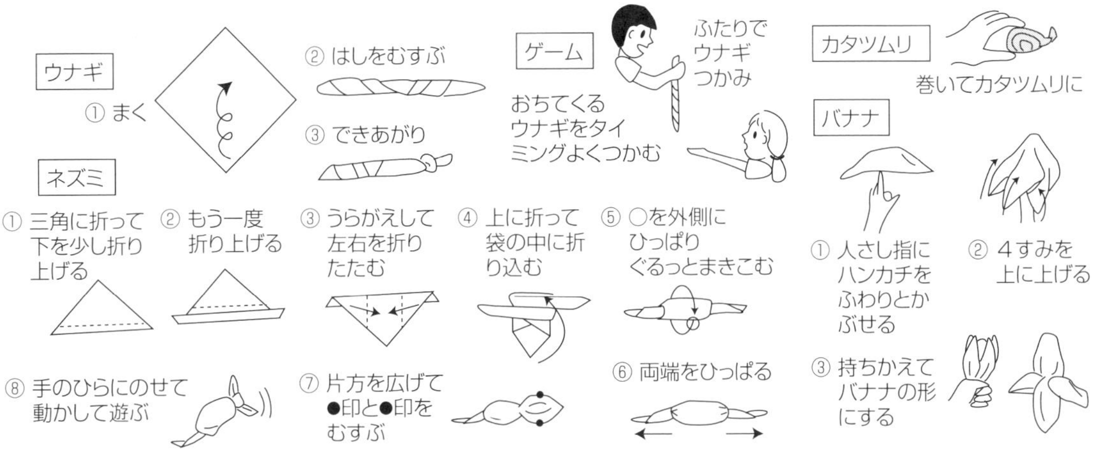

ウナギ
① まく
② はしをむすぶ
③ できあがり
ゲーム
ふたりで
ウナギ
つかみ
おちてくる
ウナギをタイ
ミングよくつかむ
カタツムリ
巻いてカタツムリに
バナナ
① 人さし指に
ハンカチを
ふわりとか
ぶせる
② 4すみを
上に上げる
③ 持ちかえて
バナナの形
にする
ネズミ
① 三角に折って
下を少し折り
上げる
② もう一度
折り上げる
③ うらがえして
左右を折り
たたむ
④ 上に折って
袋の中に折
り込む
⑤ ○を外側に
ひっぱり
ぐるっとまきこむ
⑥ 両端をひっぱる
⑦ 片方を広げて
●印と●印を
むすぶ
⑧ 手のひらにのせて
動かして遊ぶ

図 14－7　ハンカチ遊び

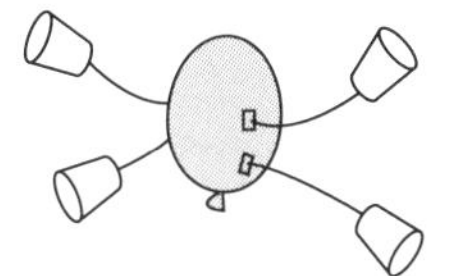

図 14－8　親子糸電話

2 糸やひもで遊ぼう

1）糸電話

紙コップの底，中心に小さな穴を開けて糸を通す。糸が抜けないように，糸の先を結ぶ。糸の両端の紙コップを電話に見立てて遊ぶ。糸が子どもや糸同士で絡まないように注意する。糸電話の中央を風船で経由させると，親子糸電話ができる（図 14－8）。また，糸を指や布でこすると，糸の振動が紙コップで音となってあらわれる。

2）ひもで遊ぼう

輪にして「電車ごっこ」にするほか，大勢で遊ぶ「長縄遊び」や指先を器用に使う「あやとり」などがある。

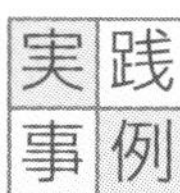

3 プラスチック素材で遊ぼう

ねらい

■ さまざまなプラスチック素材を使って，工夫しておもちゃ作りを楽しむ。
■ 特徴に気づき，それを生かしておもちゃを作ること楽しむ。
■ 製作したおもちゃを用いて遊んで楽しむ。
■ 廃材でも工夫することで楽しいおもちゃになることに気づく。

指導上の留意点

◎ 物を繰り返し使うことを知ったり，大切に使うなど物へのかかわり方の基盤が形成されるようにする。
◎ 日常生活で使われる容器を用いる場合は，けがをしないようまた習慣性を避けるため，安全が確認できている容器（食品用など）を用いる。

現代社会はさまざまな化学合成品で溢れている。ペットボトル，プリンやゼリー容器，魚や肉のトレイは，容器リサイクル法が施行されても，回収率・リサイクル利用率が高くないのが現状である。このような，一般的にはゴミとして扱われている空き容器であるが，保育の場では素材として活かされている。資源を無駄遣いせず，さまざまなかたちで利用することは，今後の地球環境を担う子ども達への教育としても欠かせないといえる。また，ペットボトルや発泡トレイは，透明や白色で撥水性があり，水に浮かせたり入れて遊ぶ水遊びに適している。

1 発泡トレイの船造り

発泡トレイを２つ用意し，１つは船の帆の形に切り取る。切り取った船の帆に，グレープフルーツの皮をつぶして出てきた汁を塗り，もう片方のトレイにつける。グレープフルーツの皮がないときは，オレンジなどの柑橘系の皮で代用できる。柑橘の皮に含まれるリモネンと呼ばれる物質により，発泡トレイの表面が僅かに溶け，接着する。

2 ペットボトル

シャワーやボウリングのピン，色水遊びの容器として，また，水を入れずに「浮き」に使う。また，おはじきやビー玉を入れて蓋をし，ビニールテープで固定し，転がすときの音や，振ってマラカスとして楽しむ。大きなサイズの容器に大量のビーズを入れることで波の音が作れる。砂や石ころではどんな音ができるだろうか。さまざまな音作りから子どもの豊かなイメージや音への感性が育まれる。

3 卵パック

１）金魚の飾り物

卵パックを，正方形（２×２）になるように切る。好みに合わせて，パックの中に折り紙や色ビニールを入れ，中身が出ないようにホチキス止めをする。１つの角に細くさいたビニールひもをつけ，画用紙で作った目玉を貼りつける。パックを切った部分やホチキス止めの部分はセロハンテープなどで覆う。天井から吊したり鳴る鈴などをつけて，風鈴としても活用できる。

２）玉入れゲーム

10個のドングリ，あるいはビー玉などを入れてホチキス止めをし，ビニールテープなどで４辺を貼り合わせる。振りながらそれぞれの山に１つずつドングリあるいはビー玉を入れる。早く入れたほうが勝ちとして，

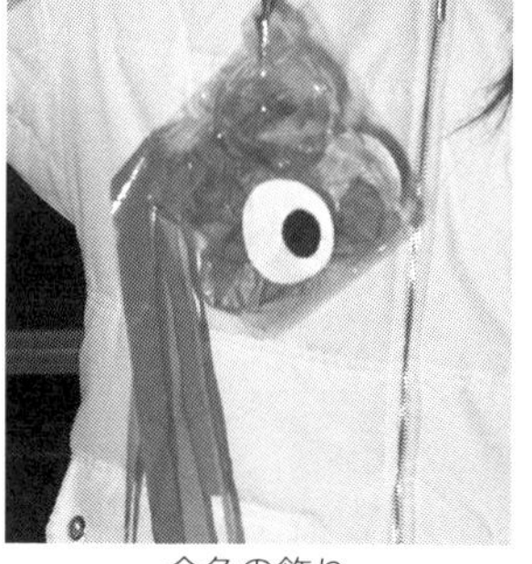

金魚の飾り

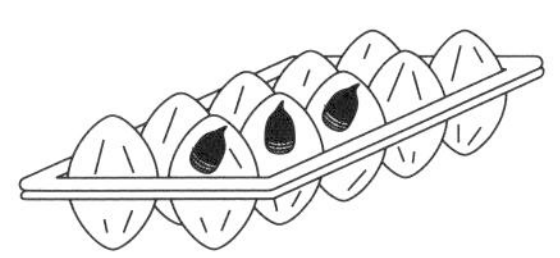

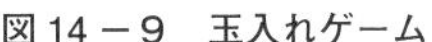
図14－9　玉入れゲーム

ビニールの服でキメポーズ

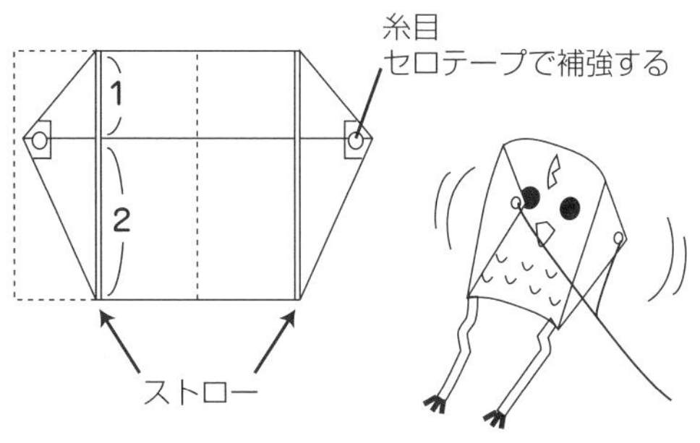

図14－10　ビニール袋の凧

競争して遊ぶ（図14－9）。

4 カップ麺容器

両端に左右対称に２～３箇所切り込みを入れる。切り込みに輪ゴムをかけて，外れないようにテープでとめる。輪ゴムの引っ張り具合を調整しながら，輪ゴムを指ではじいて演奏する。

5 ビニール袋

買い物をして，厚くてきれいな色のビニール袋をもらうことは多い。袖口をはさみでカットし洋服やレインコートを作る。スカートも作り折り紙などで装飾すれば華やかなドレスに変身する（上の写真参照）。大型のゴミ袋も，とっさの時の雨ガッパの替わりになる。

１）凧

切り開いてセロテープで糸をとめて作る（図14－10）。

２）落下傘

円形や四角に切ったビニールの周囲に適宜セロテープで糸を貼りつけ，糸の先に重りをつける。高く放り上げるとゆっくり落ちてくる。

6 プリンカップ，ゼリーカップ

紙コップを製作遊びに利用する代わりに，このようなプリンやゼリーのカップの容器を利用することは資源の有効活用として大切である。極力試みてみる。つねに家庭から，あるいは給食やおやつの際の廃材を集めておく。

図14－11　ペットボトルでエレベーター

7 フイルムケース

デジタルカメラに押され，フイルムを使って撮影する機会がたいへん減ってきている。専門の店舗で空き容器をもらうことができる。

黒色容器の中に豆や木の実を入れ，何の音か当てていく。いくつかの種類を同数ずつ入れておくことで，グループ分けの道具にもなる。

【写真提供】　山口雪子（金魚の飾り）
　　　　　　　田尻由美子（ビニールの服）

実践事例

4 科学遊び －シャボン玉・磁石－

ねらい

■シャボン玉を作って遊ぶ。
■工夫することでシャボン玉を大きくしたり，数を多くしたりする。
■シャボン玉が飛んでいく様子を見て楽しむ。
■磁石のもつ性質を使った遊びを楽しむ。
■磁石の性質に興味をもち，遊び方を工夫する。

指導上の留意点

◎安全なシャボン玉液を使い，口や目に入らないように注意する。
◎色の美しさやふくらんで飛んでいく不思議な感触を十分に味わえるようにする。
◎磁石を用いると，鉄を含む金属と含まない金属に分別できる。資源を分けるという環境教育の一端としての気づきへと導きたい。

1 シャボン玉

夏の科学遊びとして定番であるシャボン玉あそびは，石けんと水によって構成されるシャボン膜の縮む（表面積を小さく保つ）性質を利用している。シャボン玉を作る工夫から，飛んでいく様子を眺める楽しみと，幅広い年齢で活用できる。

1）シャボン玉液の作り方

固形石けんをスプーンなどで削り，ティースプーン1杯に対してお湯100ccを加えよく攪拌する（**図14－12**）。

図14－12 シャボン玉液の作り方

2）丈夫なシャボン玉

デンプンのりを作成し，デンプンのり20に対し，石けん液1の割合で調製するとよい。デンプンのりは，水500mLに片栗粉を計量カップ1杯加え，透明感がでるまで熱して作る。PVA（ポリビニルアルコール）合成洗濯のりでも可。

3）美しい色のシャボン玉

ビールや砂糖液などを入れると七色に変化する。また，小分けしたシャボン玉液に，絵の具や食紅で色をつけ，色味を眺めて楽しむ。

4）大きなシャボン玉

16番手程度の針金を適当な長さに切り，針金に毛糸を巻きつけていく。鍋やバケツなどの円筒形の品を型に大きな枠を作る。余った部分はねじり，持ち手にする。

また，大きい丸枠を作る以外に，枠の中を針金で分割したり，網目状にすることで，一度にたくさんのシャボン玉を作ることできる。ラケットやもち焼き網でも代用できる。

5）シャボン玉遊び

ストローの先に，3～4回同じ長さの切り込みを入れ，花びらのように開いてシャボン玉液をつけるとシャボン玉が作りやすい。シャボン玉を作って眺めるだけでなく，白い大きめの紙にシャボン玉をぶつけると，さまざまな色や大きさの丸が描かれる。できた模様を眺めて楽しむことや，壁面として活用することができる（**図14－13**）。

安全対策：危険な合成洗剤は使用しない。低年齢児で実施する場合は，ストローの途中に小さな穴を開け，液を吸い上げないような工夫・配慮が必要である。

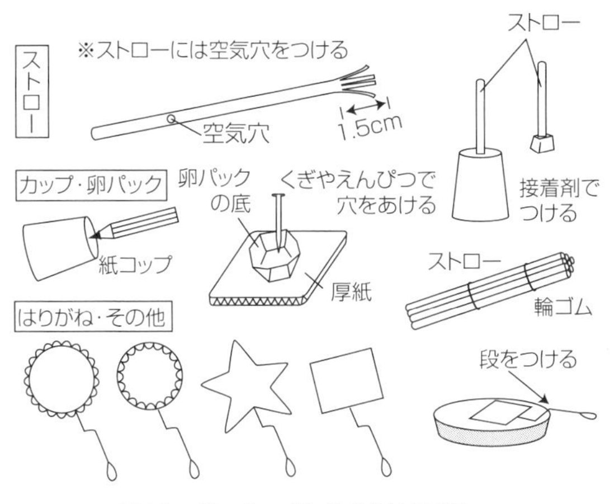

図 14 − 13　シャボン玉づくりの道具

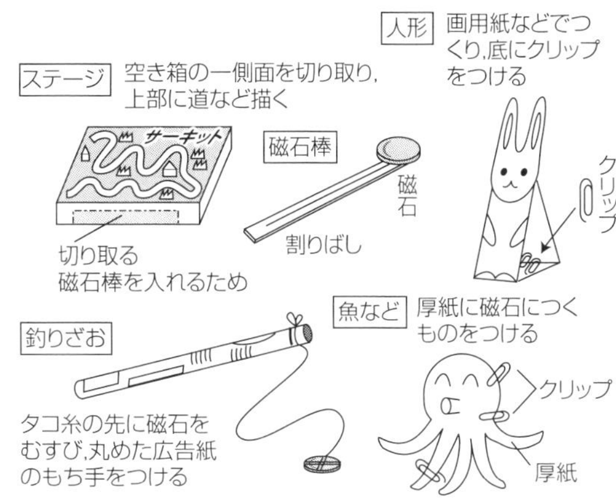

図 14 − 14　磁石遊び

2 磁石あそび

磁石は，N 極と S 極があり，同じ極同士では反発，異なる極では引きつけあう性質がある。また，鉄を含む金属製品にくっつく性質がある。同じジュース缶でも，鉄を含むスチール缶にはくっつくが，アルミニウム缶には磁石はくっつかない。この磁石がもつ性質を保育活動に利用することで，子どもの不思議を楽しみ，探索や工夫する意欲を育てたい（図 14 − 14）。

1）砂鉄あつめ

割り箸の先に丸い磁石をつけた磁石棒を作り，ポリ袋で覆って砂場で砂鉄を集める。ポリ袋を裏返すと砂鉄がこぼれずに集まる。

2）人形劇

紙箱などのステージにゼムクリップをつけた人形を立てて，下から磁石棒を動かし人形劇を演じる。あるいは，人形に磁石をつけ，磁石の反発する力を使って，宇宙遊泳の見立て遊びなどもできる。

3）魚釣りゲーム

紙や発泡トレイにさまざまな魚の絵を描いて切り取る。または，小麦粉粘土・紙粘土を使って魚を作る。粘土の場合は，固まる前にクリップを1つ，クリップの一部が出ているように埋め込み，乾いたら色を塗って仕上げる。紙や発泡トレイを切り取った場合も，クリップをつけ，外れないようにテープでとめる。竹ひごや割り箸，あるいは丸めた広告紙などを釣竿に見立て，一端に糸をつけ，糸の先に磁石をつけて釣りあげる。青いビニールやたらいを池・湖に見立てて，その中に魚を並べ外側から，釣り糸を垂らして魚釣りをする。

ゼムクリップの代わりにモールやホチキスの針も同様に磁石にくっつくので使用できる。

4）飛び出すカエル

蓋のある紙箱を用意する。箱の底に磁石をテープなどで，しっかり固定する。折り紙や布でカエルを作る。カエルの腹の部分に磁石をつける。このとき，箱の底に固定した磁石と同極（N 極と N 極，S 極と S 極）となるようにつける。箱の中にカエルを入れ，蓋をする。蓋を開けると，箱の中からカエルが飛び出す。

安全対策：誤嚥に気をつける。2個以上飲みこんでしまったときはおなかのなかで腸をはさんでくっつき，腸に穴を開けることがある。

実践事例

5 動くおもちゃ・不思議おもちゃ

ねらい

■おもちゃの動きを楽しむ。
■動く仕組みに興味を持ち，工夫して遊ぶ。
■物の性質に気づき，それを利用して考えたり工夫してあそぶ。
■不思議な感触を十分に味わう。

指導上の留意点

◎さまざまな物の性質や力，仕組みを子ども達が理解できるように工夫し，保育活動に活かしていく。
◎子ども達の発見や試行を引き出すように配慮する。

動くおもちゃには，それぞれ動くしくみが備わっている。子どもは，動きに感動し，どうして動くのか興味をもつ。しくみを知ろうとする探求心や，動きを工夫しようとする研究心は，子どもの発達に有意義である。また，日本にはこのような動くしくみを工夫した伝承的なおもちゃや遊びが多い。

1 動くおもちゃ

1）玉乗り人形（起き上がり小法師）

トイレットペーパーの芯など，円筒形の素材を使う。円筒形を適当な幅に切り，内側に一カ所，紙粘土などで重石をつける。重石をつけた反対の外側に，紙などで作った人形を接着する。おまけなどが入っている卵形の容器を使っても起き上がり小法師が作れる。重心が下にあるよう人形上部が軽く構成されるように工夫する。

2）ころころ動くおもちゃ

セロハンテープの芯，カップめんの空き容器，紙コップなどに切り込みを2カ所ずつ入れ，輪ゴムをかけてテープで止める。輪ゴムの中央に丸めた粘土をつける。粘土を数回回して手を離すと，ころころと動きだす。二股に分かれた小枝とマツボックリでもできる。各自が作って早さを競って遊ぶ（図14－15）。

3）走る自動車

ペットボトルの蓋4つに穴を開け，ティッシュの空き箱などを利用して自動車の車体を作る。竹ひごを車体前輪と後輪の位置に通す。前輪にあたる竹ひごは車体に固定する。穴を開けた蓋を車輪として竹ひごにつける。このとき，後輪の蓋だけを竹ひごに固定する。ゴムを前輪と後輪を支える竹ひごに結びつける。自動車を後ろへ動かしてから，手を離すと前進する。

4）コマ回し

回転する物は軸となる中心に重心が集まり，安定する。手作りのコマを作成する際は，円盤の中心に軸がくるように作成するとよい。また，円盤が正確な円形でない場合は，円盤を指に乗せ，一番バランスよく支えられる点に軸を定めるとよい。

5）ぶんぶんゴマ

２つ穴の大き目のボタンに糸を通し，糸を左右の手に持ってくるくる回し，糸をねじってミニぶんぶんゴマで遊ぶ。また，円形に切った段ボール紙２枚をボンドで貼り合わせ，表面には模様を描いて大きいぶんぶんゴマを作る。中央２か所に穴を開けてひもを通し，ひもの両端にもち手をつける。２人で回して遊ぶ（図14－16）。

6）ぴょんぴょんカエル

空き箱などの厚紙を長方形に切断して，中央で２つに折る。両端に２か所ずつ切込みを入れて輪ゴムを交差させて取り付ける。裏返してゴムが戻

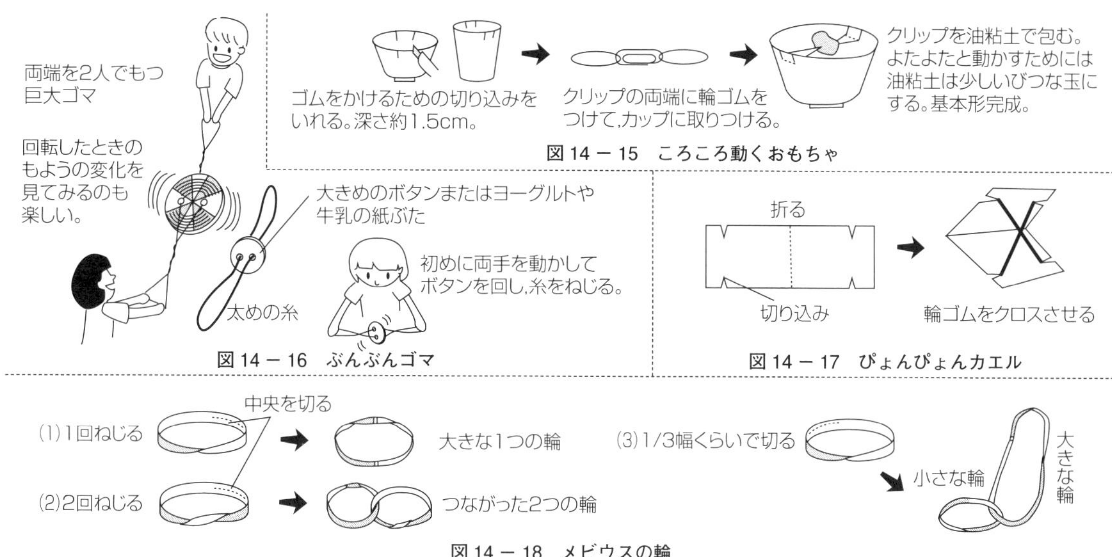

図 14 − 15　ころころ動くおもちゃ

図 14 − 16　ぶんぶんゴマ

図 14 − 17　ぴょんぴょんカエル

図 14 − 18　メビウスの輪

ろうとする力でぴょんとカエルを飛ばす（**図 14 − 17**）。

7）びっくりロケット

トイレットペーパーの芯の片端にゴムを装着し，ゴムをつけてない側からラップの芯などを通して，ゴムを引っ張る。トイレットペーパーの芯を手から放すと，ゴムの元に戻る力により，トイレットペーパーの芯が勢いよく飛んでいく。飛距離を競うゲームへと応用ができる。その他牛乳パックや紙コップなどでびっくり箱ができる。

2 不思議おもちゃ

1）メビウスの輪

紙テープを輪にして中央を切ると同じ輪が2つできるが，さらに工夫してみる（**図 14 − 18**）。

(1)　1回ねじった輪（メビウスの輪）の中央を切る。大きな一つの輪ができる。

(2)　2回ねじった輪の中央を切る。2つの輪が鎖のようにつながる。

(3)　1回ねじった輪（メビウスの輪）を 1/3 幅で切り始める。一周切り終えた所で切れ目が合わないのでもう一周切り進む。つながった大きい輪と小さい輪ができる。

2）どっちが重い？

同じ大きさの容器（ペットボトルなど）に，同じ高さになるように，水・砂・ビー玉などのさまざまな素材を入れる。子どもたちに，並べた容器の重い順番を予想させる。実際に容器を持ったり，秤に乗せたりして，容器の中身の重さを確かめる。容器は，中身が見える透明な物を使用し，あらかじめ高さをあらわす線を引くと，見た目に同じであるにもかかわらず，重さの違いがあることの不思議さを伝えやすい。中に入れる物をさまざまな素材にし，比較する楽しさが伝わるように工夫する。

3）水が漏れない不思議な袋

レジ袋や傘の袋など，さまざまな大きさや形のポリ袋で試してみよう。水をいっぱいに入れて口を縛る。つまようじをたくさんさしてハリネズミやハリセンボン。不思議や不思議，みずは一滴も漏れない。

4）割れない不思議な風船

風船の結び目と頂点を貫通するように串をさす。あるいはセロハンテープを張ったところに串を刺す。不思議や不思議，風船は割れる気配がない。

第15章 文化や伝統に親しむ保育

1 日本の伝統・文化に触れる保育の意義

新しい幼稚園教育要領では，領域「環境」の内容 (6) に「日常生活の中で，我が国や地域社会における様々な文化や伝統に親しむ」ことが盛り込まれ，保育所保育指針でも，3歳以上児の保育に関するねらい及び内容で同じ記述が追加されている。具体的には，伝統的な行事，わらべうた，伝統的な遊びなどに親しむことが「内容の取扱い」で明示されている。

その背景としては国際化の急激な進展に伴って，異文化交流や相互理解が強く求められる時代となったことがある。これは自国の伝統や文化を十分理解し，それを大切にした上で他国の伝統や文化を受け入れ，尊重するということで，幼児期には国際理解の意識の芽ばえなどが養われるようにすることが求められる。

特に，日本には四季があり生活の中心に農業を据えてきたこともあって，自然や動物，植物に関連した大変に豊かな独特の伝統や生活文化を有してきた。しかし現代では，地域の人々の関係が希薄になり，また核家族化によって世代間の伝承が困難になった。さらに，生活習慣も含め情報化により多様な要素が混在し，新しい文化の創造が見られる。

このような時代にあっては，日本人としてのアイデンティティを見失わず，自信をもって異文化に接するためにも，自分の生まれ育った国や地域の伝統・文化に関心をもち，大切に守り継ぐ必要がある。伝統・文化は，幼い時から原体験として子どもの深い部分に刻み込まれていくことで根づいていく。地域社会や家庭だけではなく，保育所・幼稚園が子どもたちに伝え，継承していくよう努力すべき時代なのではないかと思われる。

1）保育者として知っておきたいこと

(1) 行事の由来や意味などを調べよう

各月あるいは季節ごとの代表的な伝統的行事，社会的行事，生活文化などについて，由来や意味，内容はもちろん，前後の保育活動，遊びへの展開などの基礎知識，技術をできるだけ身につけておくことは必要だ。すべてを覚えておくことは困難でも，常に関心をもち，参考図書を数冊手元に置いて，必要な時に適宜調べながら保育を豊かにする必要がある。

(2) 地域の自然や地域に根ざした文化を知ろう

行事に限らず，地域に受け継がれている文化や地域の自然（森・田畑など）を利用した活動を大いに保育に取り入れるべきである。例えば，茶畑がある地域ならば，茶摘みをしてお茶をつくる過程を体験し，さらにはお茶を点(た)てて飲むといった日本で古くから親しまれている緑茶に関心をもつような保育を考える。稲作を行い，収穫した米を薪で炊いたり，餅つきをしたりといった体験は，食文化や食育の観点からもぜひ保育に取り入れたい内容である。地域に根ざした文化や日本古来の文化に関心をもち，子どもに伝えるための知識や技術を身につけよう。

(3) 大人として知っておきたい生活文化

月の満ち欠けを１カ月の基準とした旧暦は現在では使われなくなったが，節句，十五夜，五節句，二十四節気（にじゅうしせっき），十二支，六曜などのように日本人の生活にもなじみ，現代においても親しまれている生活文化があり，これは保育者自身の教養，常識として知っておくことが必要である。

2）子どものかかわりにおける留意点

① 年間指導計画は年度の終わりに反省，評価するが，ともすると行事は毎年同じことを繰り返す傾向にある。行事の種類，回数，内容など，時期や子どもの発達状況，集団の規模や実施時間帯などの細かな観点で検討し，次年度の計画に反映させ，常に適切にするよう心がけることが大切である。つまり，日常の保育活動の延長線にあり，それとの連続した保育となるよう見通しをもって計画を立てておくことが望ましい。

② 実施にあたっては，由来や意味をわかりやすく語ったり，絵本や紙芝居などの児童文化財を使ったり，教材を使って楽しく伝えるようにしよう。大切なことは子どもに何を伝えたいか，何を知ってほしいか，活動あるいは行事における「ねらい」をしっかりともつことである。それらを保育者のわかりやすい言葉で語り，保育者の思いが伝わるようにすることが必要なのである。

③ 行事として型どおりの内容を行い，あるいは単なる製作遊びや飾り付けで終わるのではなく，自ら材料を集めたり，工夫してつくったり，作品で遊んだり表現したりと，展開に深みをもたせるようにしよう。このように日常の保育に織り込み，保育を豊かにするという視点が最も重要である。

2　主な年中行事と記念日の由来

４月（お花見）　日本全国３～５月にかけての春の花は農耕，狩猟，漁労などの目安にされており，なかでもとくに桜の開花は作物の植え付けなどの目安としてなじみ深い花であった。

５月（端午の節句・こどもの日）　男の子のいる家庭ではこいのぼりやかぶと，五月人形を飾って，柏もちやちまきを食べる。男の子の節句となった由来は，もともと田植えを間近に控えて人々が身体を清め，邪気を払うために菖蒲（しょうぶ）を用いていたので，この「菖蒲」の読みが「尚武」に通じるため武家に好まれ，男児のお祝いとなっていった。1948年に国民の祝日に関する法律で，５月５日が「こどもの日」として祝日となった。

６月（父の日）　「母の日」は1908年に始まったが，その翌年，苦労して育ててくれた父を思い，１人の女性が祝日とするよう申請した。アメリカでは1972年より国民の祝日。

７月（七夕・土用）　棚（たな）に機（はた）で織った衣服を供えるという旧暦７月15日に行われていた慣わしが，仏教とともに伝わってきた牽牛と織姫の伝承と融合したと考えられている。

土用は，立秋の前の18日間をとくに指す。丑の日で「う」のつくものを食べると縁起がよいとされた。この時期は「暑中」とも呼び，衣類の虫干しや見舞い状などを出した。

８月（お盆）　祖先の霊が帰ってきて家族と楽しく過ごす日。ミソハギなどの花やお茶の他，お団子やおはぎ，そうめん類を供えることが多い。盆踊りも霊を慰めるためになされた。

９月（敬老の日）　諸説あるが，その１つには兵庫県のとある村で，農閑期で気候の良い９月15

表15－1　園で取り組まれることの多い行事

月	園行事	伝統行事・生活文化		社会行事
4	入園式，始業（進級）式，保護者会，健康診断	花まつり		お花見，交通安全運動
5	遠足，家庭訪問（幼稚園）	端午の節句（こどもの日）	立夏	憲法記念日，母の日，愛鳥週間
6	衣替え，歯科検診，避難訓練，保育参観	梅雨	夏至	父の日，歯と口の健康週間，時の記念日
7	プール開き	七夕，暑中見舞い	小暑	
8	夏季保育，お泊り保育	お盆	立秋	
9	親子遠足，避難訓練	お月見	秋分の日	防災の日，敬老の日，秋の交通安全運動，動物愛護週間
10	運動会，遠足，衣替え，避難訓練			読書週間（10/27～11/9），スポーツの日
11	作品展，バザー	七五三	立冬	文化の日，勤労感謝の日
12	大掃除	餅つき，年賀状	冬至	クリスマス会，大みそか
1	正月，参観日，懇談会	正月，七草粥，鏡開き		成人の日
2	生活発表会，小学校見学	節分	立春	建国記念の日
3	お別れ会，1日入園，卒園式	桃の節句（ひな祭り）	春分の日	

園行事：成長の節目を祝う保育，園の式典，家庭とのかかわりなど
伝統行事：日本の伝統・文化に根ざした保育など
社会行事：国や社会全体の記念日など
※このような行事に毎月誕生会，地域行事や園独自の行事が入る

日を「老人を大切にし，お年寄りの知恵を借りて村作りをしよう」という日にしていた。これが全国に広まって1966年に国民の祝日となった。ハッピーマンデー法により2003年から9月の第3週の月曜日に変更された。

10月（スポーツの日）　もとは「体育の日」で，1964年の東京オリンピック開催日に由来した。祝日法改正により，2020年から「スポーツの日」と改称され，10月第2月曜日と定められた。なお以前は10月が気象統計上，特に晴れが多い日であったが，現在の「晴れの特異日」は11月3日。

11月（七五三）　男児は3歳と5歳，女児は3歳と7歳に行う子どもの成長を祝う行事。3歳からはひもでとめる服から帯締めに，5歳からは男女の区別のある衣服になるなど，中国で吉数とされる奇数年を，衣服を替える目安ともしたことから。

12月（冬至）　カボチャを食べたり柚子湯に入る。寒さの厳しい時期に栄養をつけ，体を温かくして過ごすための知恵でもある。

1月（正月・鏡開き）「正」の字には「改まる」「初め」の意味がある。農耕生活を守る年神（としがみ）様にお供えしていたおもちを11日にお汁粉や雑煮にして食べる鏡開きでは，神事に用いる丸い鏡に見立てたおもちを刃物で切ることは不吉とされ，手で割るなどしたことから「開く」と言われたと考えられる。

2月（節分・立春）　旧暦の季節の変わり目（立春，立夏，立秋，立冬）の前日を節分と呼んだが，なかでも1年の始まりである立春の前日をとくに指して使われるようになった。病気や災いを引き起こす鬼を，穀物の霊が宿ると考えられていた豆をぶつけて追い払おうとした。子どもの心の中に住んでいる「泣き虫鬼」「意地悪鬼」「おこりんぼ鬼」などの悪い鬼を追い出して，「元気な良い子」

表15－2　二十四節気

名称（よみ）	大略の日付	意味
立春（りっしゅん）	2月4日	春の気配があらわれてくる候
雨水（うすい）	2月19日	雪が雨に雪や氷は溶けて水となる
啓蟄（けいちつ）	3月6日	地中で冬眠していた虫たちが姿を現す
春分（しゅんぶん）	3月20日	昼夜の長さが等しくなり春が始まる
清明（せいめい）	4月5日	桜をはじめ草木が芽吹き，花が咲く候
穀雨（こくう）	4月20日	この頃に降る雨は百穀を潤すとされる
立夏（りっか）	5月5日	夏の気配があらわれてくる候
小満（しょうまん）	5月21日	生物が成長し一応の大きさに達する
芒種（ぼうしゅ）※1	6月5日	種播きの時期
夏至（げし）	6月21日	昼間の時間が1年でもっとも長い
小暑（しょうしょ）	7月7日	暑さが本格的に（暑中見舞いを出す）
大暑（たいしょ）	7月22日	暑気のもっとも盛んな時期
立秋（りっしゅう）	8月8日	秋の気配が感じられる頃（残暑見舞いとなる）
処暑（しょしょ）	8月23日	暑さが収まってくる頃
白露（はくろ）	9月7日	秋が本格化する　野の草に露が宿る
秋分（しゅうぶん）	9月23日	この日を境に夜の方が長くなる
寒露（かんろ）	10月8日	露が冷気にあたって凍りそうになる
霜降（そうこう）	10月23日	霜が降りはじめる頃
立冬（りっとう）	11月7日	冬の気配がうかがえるようになる
小雪（しょうせつ）	11月22日	雪がちらちらと舞い始める
大雪（たいせつ）	12月7日	北国などで本格的な雪が降りだす
冬至（とうじ）※2	12月21日	この日を境に日脚は伸びていく
小寒（しょうかん）	1月6日	本格的な寒さが始まる
大寒（だいかん）	1月21日	1年でもっとも寒い日とされる

※1 芒種は稲や麦など穂の出る穀物の種のこと　※2 柚子湯を立てたり，お粥やカボチャを食べて健康を祈る。

にするという意味を伝えるとよい。

3月（ひな祭り・桃の節句）　桃やよもぎの力で邪気を払っていたことや，紙の人形（ひとがた）で身体をなでた後，水に流してお祓（はら）いとしたことなどから徐々に変化してきた。今では女の子の健康と成長を祝うお祭りとして知られ，ひな人形を飾り，桃の花や菱もちを供えて，白酒やはまぐりのお吸い物をいただく。

3　旧暦，五節句，二十四節気，干支（十二支），六曜

旧暦（太陰太陽暦）　現在の太陽暦は1873（明治6）年から使われはじめた。その移行の際に，月の満ち欠けや季節と密接に結びついている七夕や十五夜などの行事や，それまでの生活サイクルがうまく対応しないことが問題となり，これを解消するために，かつて使われていた太陰太陽暦を再現して「旧暦」とした。

五節句　端午の節句，桃の節句のほかに，1月7日が七種（ななくさ）の節句，7月7日が七夕（しちせき），9月9日が重陽（ちょうよう）の節句あるいは菊の節句という。

二十四節気（にじゅうしせっき）　春夏秋冬をさらに6つにわけたもので，古代中国の黄河中・下流域の気候をもとにつくられた。間隔が約15日で，毎年同じ季節に同じ節気（日付は1日前後ずれる）がくるので農作業などに便利なため広く使われるようになった。日本の実際の季節感とはかなりずれがあるものの，現代生活でもなじみの深いものである。（**表15－2**）

干支（えと）　由来には1つの昔話がある。『ある日神様が「1月1日に新年の挨拶に来た者から

12番目までを1年間，その年の長にしてあげましょう」と言いました。そこで張り切った牛は，自分は足が遅いからと早くにでかけました。ところがあと1歩のところで，その牛の背中に乗っていたねずみが神様の前に飛び出して1番となってしまいました。

一方，猫も張り切っていましたが，神様のところに行く日をついつい忘れてしまいました。そこでねずみにいつの日だったかを尋ねたところ，ねずみはわざと違う日を教えたのでした。12番のなかに入れなかった猫はねずみを恨みに思い，今でもねずみを追い回すのだそうです。』

六曜（ろくよう）　鎌倉時代末期から室町時代にかけて中国から伝わり，日の吉凶を占うものとして使われはじめ，今でもなじみ深い。先勝，友引，先負，仏滅，大安，赤口があり，婚礼などの祝儀は大安に行うとよいとされ，仏滅はさけることが多い。また，友引の日は凶禍が友に及ぶということで，葬儀は厳に慎む日とされている。

4　わらべうた，伝承遊び，食文化に触れる保育の実際

幼稚園教育要領の領域「環境」の内容の取扱い(4)，及びその解説において，具体的にわらべうた，伝統的な遊び，国・地域の食に触れることが例示されている。

わらべうたは0歳児から年長児まで幅広い年齢で行われる保育実践の一つである。他者との触れ合いや自身の身体活動を促し，また，遊びの中

①♪いっぽんばし
こちょこちょ

②♪すべって
たたいて
つねって

③♪かいだんのぼって

④♪こちょこちょ…

図15－1　一本橋こちょこちょ
出典）志村聡子編著『はじめて学ぶ乳児保育　第三版』同文書院，2022より

で表現したり考えたりすることにもつながる。「一本橋こちょこちょ」（図15－1）や「うえからしたから」，「おてぶしてぶし」，「ずいずいずっころばし」，「かごめかごめ」，「はないちもんめ」など，誰もが知るわらべうたは多い。さらに，コマ回しやおはじき，竹馬などの伝承遊びも取り入れてほしい遊びである。日本の文化に触れるだけではなく，地域の高齢者などさまざまな人々との交流の機会をもつことにもつながる。

日本は米を主食とする食文化があり，稲作が農業だけでなく環境や経済の代表的課題を抱えていることを考えると，幼い時から食文化に触れる体験は大変重要な意味を持つ。第10章の実践事例7「お米を育てて食べる」（p.84）などを参照して，日常の保育の中で食の問題にも触れてほしい。

5　社会的行事と保育の実際

子どもたちにとっての行事や記念日は成長の節目を周りの大人や友だちと喜び，確認しあえる大切な時である。それは日本の文化を伝承したり地域の人たちと一緒に行うような社会的行事から日常生活のなかで誕生会を祝い合うような小さな園内行事まであり楽しく行っている。

以前は各家庭で行われていたこうした行事のほとんどが姿を消してしまった今，園が地域のコミュニティとしての役割をさらに担って行かなければならないだろう。

園での行事や記念日は保育方針に沿って年間の指導計画に組み込まれるが，行事をあまりにも取り入れすぎて振り回されてしまうことのないよう，地域性や子どもの発達を考慮しながら楽しく伝えていきたい。

ぺったんついたお餅をみんなでまるめるよ

1）もちつき

師走になってから園で行うもちつきは子どもや大人家族が無病息災を願いお正月を迎えるための楽しい社会的な行事の1つになっている。お正月を迎える気持ちを民話紙芝居『かさじぞう』（童心社刊）で伝える。例えば餅つきの前に地域に古くから残る伝統芸能のひとつ「江差のもちつきばやし」（北海道の無形民俗文化財）を，保育者が練習し景気づけと称し子どもたちに披露すると，どの子もいつも遊んでいる保育者が踊るのをみて大喜びしたりする。早朝から続々と保護者と子どもたち，祖父母，地域のお年寄りも含め園に入りきらないほどの人が集まり，0歳から6歳までのクラスの子が次々とはっぴを着て元気に餅つきをする。その数はお昼の終了まで15臼にものぼる。地域の中で多くの人たちと楽しく過ごすこのような行事は子どもたちが成長して次の世代に伝えたいと思うような風景となっていくことだろう。

2）桃の節句をひな祭りのお茶会に

3月3日は桃の節句，早くからひな人形を飾ったりして楽しむが，女の子のお祝いという設定ではなく和の文化を楽しむ日にしている園もある。この日のために着物をあちこちから集め，朝から

カミネッコンでドングリを植樹

お誕生会でプロの劇団と演じる「おおきなかぶ」

子どもたち１人ひとりが着物を着せてもらい，保育者のたてるお茶会に招待される。場所を変えて保育者のひく琴を聴いたりとさまざまに和の文化にふれる機会を採り入れられる。

3）社会的資源の活用 －みんなの森づくり－

地域にあるさまざまな社会的な資源にも目を向け活用したい。例えば，美術館，図書館，プールといったような文化施設から地域で活動しているさまざまな機関がある。例えば自然の中で子どもたちを遊ばせたいと考えている園では林野弘済会という機関と連携し 21 世紀の森づくり－森に木を返していこう－という大きな行事に参加している。森づくりのイベントでは親子で「カミネッコン（再生段ボールのプランター）」植樹をしたり，園庭に子どもたちが収穫を楽しんだりできるようにと「ブドウ棚づくり」「藤棚づくり」を実践している。地域のお年寄りの方や植物に詳しい専門家にも力を貸してもらいながらの楽しい行事である。

6 園内行事の実際

園独自のさまざまな行事が指導計画にも組み込まれる。それは集団生活で育った力，成長した姿を保護者や友だち，子どもにかかわるさまざまな人たちとともに喜び合い確かめ合うことのできるような行事にしたい。卒園式，運動会のような大きな行事から誕生会等がある。また，年長児のクラスで取り組んでいた縄跳びが全員跳べるようになったり，１人の子が逆上がりに挑戦していて飛べるようになると「お祝いをしよう！」とクッキーをつくって「今日は○○ちゃんのヤッター記念日だよ」とパーティが始まることもある。

卒園式は修了証書授与の式典だけの場合もあるが，保育生活の集大成がみられ皆で成長を喜び合えるのも卒園式である。どの子も自分のいちばんよいところが出せて楽しく巣立っていけるような行事にしたいと保育者がいちばん頭を悩ませられる（？）時でもある。緊張しおごそかな雰囲気でのお祝いの仕方もあれば練習した歌や踊りを皆にみてもらう方法もあるがどちらも大切なことである。ただ，つねに誰のために何のために何を伝えたいかを基本に据えて計画をたてていかなければならない。

【写真提供】（公財）鉄道弘済会　人見認定こども園

第16章 数量・図形にかかわる保育

1 数量・図形に関する基礎知識

1）インフォーマル算数

人は生活のなかで必ず数量，図形とかかわる。例えば，数量では日付や時刻，家族の人数，物の個数や重さや体積，電話番号，車のナンバーなど限りないほどである。また周辺にある物，人を含めた生物など存在するものはすべて形をもっており図形といえよう。子どもはこのような環境に生まれ育ち，大人が数量を扱う様子やさまざまな形を目にして，数量や図形に強い関心をもち理解していく。

乳幼児が日常経験を通して覚えるこの知識をインフォーマル算数という。この知識では必ずしも個数を数えたり，重さや長さを測るとは限らないので誤る場合もある。しかし乳幼児期にこの知識を習得しているからこそ小学校算数を容易に学び始められるといえよう。保育でのインフォーマル算数の指導は乳幼児が興味に従ってはじめた数量や図形を扱う自発的行動を尊重し，そこでの学びを援助する方法を基本とする。

2）数は実在しない概念

数は集合，数詞，数字，数唱（すうしょう），計数ではない。集合は事物の集まり，数詞は数を示す言葉，数字は数を示す文字で，どれも数の表現メディアである。数唱は数詞を順序通りに唱えることで，計数は物の個数を計測する方法である。1つ2つと数えて個数を計測できるものは分離量といい，長さ，面積，体積，重さのように個数として計測できないものを連続量という。目で見て扱う実在するものはすべて量である。同じものでもその個数や長さ，重さ，体積にも着目できるように，分離量か連続量かは何を思考の対象にするかで決まる。

さて，石3個を「サン」，車3台も「サン」，ノック音3回も「サン」という。対象のサイズに関係なく，音でもサンと認識する。このように事物のあり方から抽象した結果が数である。数は事物のあり方から抽象して頭のなかに作り出す概念であり実在しない。この抽象的な数を乳幼児は生活におけるさまざまな経験を通して理解していくのである。

3）数量に関する感覚と言葉

乳児は授乳や食事のときに「たくさん飲んでね」「お腹いっぱいかな」などと話しかけられる。空腹が満たされていく感覚とその言語音とを結びつけ，2歳頃には「いっぱい」「もっと」などの言葉を使うようになる。入浴では肩までつかって10までの数唱を聞き，乳児期から数唱を聞き覚える。集合の個数を把握できなくても，3個以下の集合を生後4カ月の乳児は知覚的に区別するという。1歳頃になるとベビーベッドなどにあるそろばん玉のような可動の玉やコート掛けのフックなど，同形物の直線状配列に注目する。2歳頃になると自分で同型・同色のブロックなど同じ物をフローリングのつなぎ目にそって直線状に並べる。この乳幼児の行動は，大人も長く続く石段や並んだ敷石などをみると思わず数えるように，数量への関心を示すものであろう。乳幼児は生活経験を通して身体感覚として量の多少を捉え，物の配列やその個数に注意を向けるようになる。

2 集合，数詞，数字にかかわる幼児期の経験と適切な援助

1）集合の個数を把握する過程

確実に計数するために一度数えたものを再び数えないように区別しなければならず，初期には指を使う。さらに数える物の大きさや性質に関係なく，大きなケーキでも１つ，それを切り分けたケーキでも１つと，分離した１つの物は１つと数えることがわかり，さらに数詞と対応づける物の順序は関係がなく，どう数えても結果は同じとわかる必要がある。この抽象的な規則を獲得してはじめて，どんな事物も計数して集合数を把握できるのである。

３歳頃には計数するようになる。しかし，それは大人の行為の模倣だけで集合数を把握する手続きでないことがある。計数では「数える行為」が大切なのではなく，集合の個数を知るためとわかると，数唱の最後の数詞で命名するようになる。３歳代では３個までは数詞と物を一対一対応できるが，４個以上になると対応づけに失敗する幼児も少なくない。４歳代でも10個を超えると一対一対応できなくなるのがふつうである。

また計数は数える事物によって難易がある。例えばおはじきを簡単に計数できても，鉛筆のような細長いもの，紙のような広く重なるものは難しい。おはじきは片手で扱え，数えたものとこれから数えるものとを区別しやすいからである。鉛筆や紙では大人がやるように鉛筆の一端を数えたり，紙を少しずらしてその一片を数えたりはしない。一端や一片が鉛筆１本，紙１枚と対応するとの理解がない。それを大人が教えても簡単には納得できない。１つひとつを離して広げ，それぞれが個物とみえる状態ならば数えられるが，４歳代でもそのように広げて数えようとしない。さらにノック音や時報音の回数のように見えないものや，縄跳びを跳んだ回数，ブランコで揺れた回数など手で扱えないものの計数は５歳代でも誤ることが多い。数える対象の固有のリズムに数唱のリズムを同期させられないのである。なぜなら幼児の初期の数唱には独特のリズムがあり，そのテンポを意識的にコントロールできないからである。いろいろな事物を計数する経験を重ね，習熟していくしかない。

３歳代後半になると３個以内の小さな集合は数えなくても，一目で個数を把握するようになる。その方略（やり方）をサビタイズ（subitizing）や直観的数把握という。サビタイズは目で見た集合の配置パターンと記憶にある集合イメージを瞬時に照合し，一致すると，集合イメージの数詞で対象集合を命名すると考えられている。事物を計数する経験を積み，３個以下の集合のいろいろな配置パターンと数詞を確実に記憶して可能になる。単に言葉であった数詞は集合イメージと結合して数のメディアとなる。

４歳代後半になると幼児の多くが４個をサビタイズするようになるが，３個から４個に進むまでに約１年かかる。４個をサビタイズできると，例えば「３と２を合わせると５」「５を分けると４と１」という数の合成と分解を行い，５以上の数を導き出せるようにもなるという。幼児はさまざまな集合を扱い計数してゆっくりと自然数の構造を理解する。そこでさまざまな個数の集合を作ったり数えたりしやすいように，おはじきや王

冠，木の実など同型で扱いやすい物をたくさん用意する環境準備と，幼児が気づいたことに共感したり，疑問に答えたりすることが大人に求められる援助である。

2）数字の使用と大きな数

算用数字はふだんの生活環境のなかにありふれており，乳児期から子どもは大人がそれを命名する言葉を聞き，３歳頃には教えられなくても数字の字形を覚え，読むようになる。基本となる算用数字（digit）は０を含めて10種類しかないが，幼児はふつうサビタイズ可能な小さな数の数字から命名を覚える。数字は命名され数詞に転換されて集合イメージと結びつけられ数のメディアとして機能する。数詞は数字や集合など数のメディアとメディアを結ぶ役割をする。集合を計数やサビタイズで数詞と結びつける経験があるからこそ数字での数の操作ができるのである。数詞と集合イメージが結合していない幼児に数字の読みを教え，それを覚えれば数字で数がわかり，数を操作できるというのではない。

数詞のイチ，ニ，サンという字音の呼称は十進法の規則に完全に従う。この数詞で行う数字命名も十進法に従う。10までの数字命名は１つひとつ記憶しなければならないが，10を超えた数字は十進法の命数法を理解すれば機械的に命名できる。例えば，21から29までは十の位の数詞名「に」に位名の「じゅう」を付け，さらに１から９までの数詞を順番に付ければよい。

５歳頃には幼児の多くが３，４けたの数字も命名し，幼児期の終わり頃にはこの命数法を理解する。しかし数字の位置が示す位の意味はわからない。それには十進法の記数法と位取りの原理の知識が必要だが幼児期には獲得できない。幼児期はその基礎として大きな数の数字を見て命名を聞く経験を通して，十，百，千，万などの位名を覚え漠然と使用できれば十分である。ふだん幼児が見聞きする数字，数詞は日付，時刻，価格や物の重さ，長さなどで，その数値は理解の範囲を超え，実感できないのがふつうである。しかし先述したように，そうした大きな数値をわからなくてもかかわる意味はある。理解できないからと故意に遠ざける必要はない。

十進法は10を１つの束にして数を処理する便利な方法だが，幼児は大きな集合や数値を扱う場合，５をひとまとまりにしているという。さらに数を指導する場合でも10よりも５を基準にした方が受容されやすく，幼児の数知識は５を基礎とした構造をもつと考えられている。そこで初期には５を束にし，５歳クラス期ではときには10を束にして使い，幼児がどちらも柔軟に使って処理するような援助が望まれる。

3）２数の比較判断と数の保存

２集合の多少比較では１歳半頃には４個以下の集合において多い方を判断できるという。この知覚的区別による判断は小さい集合では有効だが，大きな集合では確実ではない。集合要素を一対一対応させるか，計数し数詞で比較しなければならない。幼児の多くは計数し２集合の多少を判断する。集合を数詞に転換し，数詞系列で比較するのである。10以上の大きな数を系列化し，その数詞系列を確実に記憶するには，数唱の範囲を拡大し大きな集合を計数してその個数を把握する経験を積み重ねることが必要である。ふだん幼児は数詞系列を尺度にして数値の大小を比較する。しかし幼児はピアジェ*の数の標準的保存課題といわれる実験では，２集合の等判断を見た目の変化で誤ることが示された。

その手続きは実験者が赤いおはじき８個を直

＊ ジャン・ピアジェ (Jean Piaget, 1896-1980)：スイス出身の心理学者。「認知発達段階論」を提唱した。子どもの認知の発達は外界から知識を与えられることではなく，子どもの認識と環境との相互作用によって段階的に行われていくものとし，20世紀以降の発達心理学に多大な影響を与えた。

線状に並べ，対象児にそれと同じ個数だけ青いおはじきを並べるように指示する。並べ終わったら２集合が同数かを尋ねる。対象児が同数を確認したら，実験者が赤いおはじきの間隔を広げて配置を変え，再度２集合が同数か尋ねる，というものである。

その結果，５歳頃では幼児の多くが一対一対応で同数に並べた後，２集合の同数を認めても変形後では赤の方が多いと答えたのである。そこで幼児の数の思考は配置を変形しても同じ（同一性）とか前の状態に戻せば同じ（可逆性）などと論理的な思考でなく知覚によるもので，幼児は数概念をもたないとされた。そして変形後でも等判断する７歳頃にはじめて数を理解するとされたのである。

しかしピアジェの研究はさらに検討され，問題が指摘された。例えばこの手続きでは一度答えた質問を再度問うが，これは日常生活ではあり得ない。そこで幼児はすでに答えを確認した問いを繰り返されると自分の答えが誤りで実験者が別の答えを要求していると思い，答えを変えると指摘された。また８個の集合では失敗するが，３個の集合では成功するので個数の多さが課題遂行に影響するとされた。さらにこの課題では集合配置の変形だけで，同等に重要な，物が増減すると集合の個数が変化する変形は未検討だが，５個以下の小さな集合を使った実験で幼児はそれを理解していることが示された。これらをふまえて標準的保存課題ができないから幼児が数概念をもたないというのは誤りで，今日ではピアジェがいう以上に幼児は数の本質を理解していると考えられている。

さて日常生活では食器や靴などの生活用品でも子どもの玩具でもなんらかの共通項でまとめて整理する。登園すれば幼児は自分の帽子やかばんを所定の場所に掛け，ロッカーから必要な道具を出し入れし，当番としてグループの幼児に教材を配布したり，フルーツバスケット，リレー競走などのゲームをする。こうした日々行う物の類別，整理，収納，分配や遊びは集合作り，集合と集合の一対一対応，多少等判断である。子どもは必然的な状況でこうした経験をしている。

これらを幼児が遂行できるような大人の援助は数量の積極的な指導といえる。こうした視野をもち生活のなかで数量を学習していると意識できればその機会を確実にとらえ，より適切な指導が可能になる。

4）集合の合成，分解とたし算・ひき算

幼児の多くは数の合成や分解，たし算，ひき算を園や家庭で意図的に教えられなくてもできるようになる。生後５カ月の乳児が２個という小さな集合ではあるが，その合成と分解の結果をわかるという。この生得的な能力を使って生活のなかで集合に物を加えれば多くなり反対に物を取れば少なくなる経験をし，合成･たし算が個数を増やし，分解･ひき算が個数を減らすことを理解していく。そして幼児期になれば合成，分解の結果を数詞で

答え，満6歳を過ぎる頃には個人差はあるものの9個以下の合成，分解が可能になる。

合成，分解，たし算，ひき算の方略として，幼児は指折り数える，指を立て声だけで数える，指を立てるが数えずに答える，記憶から結果を引き出す，などを使う。難しい問題ほど指を使って数えるように，計数は大きな役割を果している。

園では集合の合成，分解は，出欠席の人数確認やそれに基づく物の分配などの際に日々行っている。クラスをいくつかのグループに分けて活動をするが，その人数を5人前後に調整することで小さな集合の合成，分解を繰り返し経験する機会となる。

だから生活の基本となるグループ人数を適切に決めることが指導の基礎である。またドッジボールやトランプ，かるたのような人数や物の個数で勝敗を競う遊びでは幼児は合計を求め，差を確かめようとする。勝負を競うだけでなく，知りたい数を求められるような援助も望まれる。

3　連続量にかかわる基礎的な経験と保育者による援助

連続量の長短，多少，軽重，広狭という初歩的な認識は幼児期に行われる。しかしその量の確実な計測は単位の理解が前提となり，幼児期には困難である。それでも工夫次第で幼児にも連続量をわかるように示すことはできる。

1）体積と量感覚

ふだんの生活では大きな果物やケーキなどの固形の食物は適当な大きさに切り分けて食べる。この様子を見て，全体の量は不変でも個数が増え，分離した1つの物は大きさに関係なく1個であることを経験し，量と数の関係や数の意味を知るきっかけとなる。とくに好物の食べものでは，切り分けられた物の大きさが異なれば，量の多少に注目し敏感に反応するので，量感覚が育つ経験にもなる。固形食物の切り分けは幼児には難しいが，飲み物の注ぎ分けは適当なサイズの水差しがあれば3歳児でもできる。飲み物をコップに分ける場合，皆が大好きだから等分するとか，のどが渇いているからたくさんほしいという分け方もある。状況や必要に応じて柔軟に分配できることが大切である。

ふだんから幼児自身が水やお茶などをさまざまな形の容器に分配するのは，容器の形が違えば水面の高さが等しくても量が等しいとは限らないことに気づく基礎経験になる。

2）重　さ

幼児は同じ物が多数あると大きさの大小に関心を示し，比較して順に並べたりする。例えば収穫したサツマイモを幼児の手の届く所に置くと，見比べたり持ったりして大きさを比べ順位をつける。5歳クラス期になると大きさはイモの長さや太さという尺度ではなく，重さの尺度と気づく。ところが重さは見えないので直接比較ができない。重さの比較は手に持った知覚では確実ではない。そこで台所用自動秤を使うが，計測というより重さを針の振れとして視覚化するのである。

そのために秤の目盛り盤の周囲に厚紙を貼り，振れた針の位置をマークして比較する。これは秤の目盛りの数値を読んでの比較ではないから，幼児でも容易に重い順を決められるし，その結果を納得する。

3）長　さ

幼児は自分の成長を期待しているから，身長とその伸長に強い関心をもつ。しかし自分の身長を直接見られないので，それを視覚化できれば身長を実感する機会となる。5歳クラスで身長を計測したときに，保育者は身長と同じ長さの紙テープを切って幼児にわたす。彼らはすぐにテープの長さを比べ合い，どちらが長いかなど話すだろう。次は自分のテープの長さと部屋のドア，テーブルなど，いろいろな物と比べはじめる。一段落したらテープに名前を大きく書き，壁に貼っておく。気が向くと仲間同士で自分のテープと現在の身長を比べて，どれくらい背が伸びたかを確かめたりする。数カ月後に身長計測をするときには別の色の紙テープを使う。それを壁の各自のテープの隣に貼り，さらに物差しを使って1メートルの位置に印を付ける。身長増加に気づかせ，さらに物差しで測ることにも関心を向けられるのである。

テープを使用すれば身長の長さを持ち運び，積極的に比較し，学ぶ機会を作り，意欲を生む。目に見えない長さの違いや変化を工夫して視覚化することで長さという量や単位，物差しという道具に対する幼児の関心を高められるのである。

4 図形にかかわる経験と保育における取り扱い

保育所保育指針や幼稚園教育要領では幼児が図形に関心をもつように期待されているが，その図形とは何であろうか。1歳児でも絵本や写真のイヌ，ネコ，花，家などいろいろな複雑な形を見分けるし，3歳児ともなればいろいろな生物の形や玩具を見分けて，その名前を記憶している。幼児は形に対して鋭敏であるし，よく記憶しているから興味をもっているとわかる。乳幼児はこのように大人が関心をもたせようとするずっと以前から形に興味をもって記憶しており，指導の必要はまずないといってよい。したがって幼児教育でいう図形とは，小学校算数で扱う三角形や四角形，円などの単純な幾何図形をさすと考えられる。

それでは小学校算数では，どのようにして幾何図形を扱っているのだろうか。図形の本格的な指導はその面積を計算することで始まる。そのためにそれは長さの単位を学習し，物差しで計測して数量化することを覚え，かけ算の学習が進行する2年生の後半になっている。それまでは数種類の幾何図形の名称と特徴を覚える程度の学習である。幾何図形はその面積の算出にかけ算，わり算を適用するために導入されるから，初期には四角形や三角形など，面積の算出の容易な図形しか扱わない。単純な図形とは面積の算出が簡単な図形であり，単純な図形をわからなければ複雑な図形を理解できないというのではない。

幼児は周りの環境にある多種多様な物や生物などの複雑な形を見分けて，その名前さえ記憶している。それはそうしたい欲求，必要があるからである。一方，幾何図形についてはそれを厳密に見分け，命名する必要はふだんの幼児の生活にはない。さらに計測や面積の算出をすることもない。幾何図形に関して幼児期ではさんかく，しかく，まる，という言葉を覚えて使えるようになれば十分である。これは言葉の理解に含まれるもので，インフォーマル算数の指導としてとくに取り上げる必要はない。

5 乳幼児期における数量の指導と援助に関する留意点

乳幼児が生活のなかで数量・形とかかわり扱い，それを理解していく過程をみてきた。子どもは数量に関する基本的な能力をもって生まれてくるからこそ，乳児期から身近な事物のあり方に関心をもち，数を抽象するようになる。幼児期になると数唱し，物を計数し，その個数を知ることをおもしろがり，それらを自分の成長と有能さの証であるかのように得意気にやってみせる。幼児は数量を扱うことが好きなのである。好きだからこそ，何度も繰り返し，さらにすぐれた方法を工夫する。

しかし興味をもつ数量の側面は，それと出会う状況や個人によって大きく異なるし，数量の理解水準にはふつう個人差がある。だから指導としてクラス全体に同じ課題を与えると，たいてい不適切なものになる。

学びの機会はこれまでみてきたように遊びを含めた日常生活のなかにあり，乳幼児が具体的な事物を扱い，必然的に数量を処理する状況における援助こそが効果のある積極的な指導となる。そのためにふだんから彼らを見守り，その行動や発話から数量のどの側面に関心をもち，何を知ろうとしているのかわかろうとする保育者の姿勢が大切である。

すなわち乳幼児が基礎的な数量の能力を十分に発揮し，発達させるかどうかは日々彼らと生活を共にしている大人，保育者によって決まるといえる。

実践事例

1 数・長さ・大きさを比べる遊び

ねらい

■ 身のまわりにある物を集めたり分けたりして，数や量を感じ取る。
■ 身のまわりにある物を種類で分けることに興味をもち，分類するなかで，共通していることと違っていることに気づく。
■ 数や長さ，大きさなどの基準を理解し，比べる楽しさを味わい，いろいろな物を比べてみる。

指導上の留意点

◎ 数や長さ，大きさを知識として理解する前に，実感として感じ取る体験を重視する。
◎ 遊具を形や色，大きさで分類できるように環境を整えたり，数を確認する機会を作ったりするなど，生活のなかで数や大きさ等を意識できるようにしていく。

1 同じ！に気づく

子どもたちの身の回りには，いろいろな物がある。同じコップ，同じ弁当箱，同じおかずなど，同じだということに気づいた子どもたちは，大喜びする。「同じ」に気づく気持ちが，その後の「物の属性に気づいたり分類したりする」ことの土台になる。自然物を収穫するときにも，子どもたちは「同じ」を味わっている。

2 仲間で集める

森のなかを散策して集めたいろいろな実を，みんなで持ちよって，「仲間で集める遊び」をした。

「ドングリは，こっちの仲間だね」と言いながら分類していく。時間をかけて分類しながら，いろいろな種類があることを実感していくことが大切である。

3 違う！に気づく

「仲間集め」をしながら，子どもたちはさらに細かい気づきを重ねていく。ドングリ集めをしていたときに，同じドングリでも色が茶色のものと緑色のものがあることに気づき色で分け始めた。

「こっち（茶色）がおじいさんで，こっち（緑色）が赤ちゃん」と例えた子どもがいた。緑色のドングリの瑞々しさを感じとって「赤ちゃん」と命名している。

子どもたちの大発見は，違うことに気づき不思議を感じたときに起こる。子どもの気づきを見逃さず，共に楽しむ保育者のかかわりが大切である。

「アンズがたくさんとれたよ！」

「ドングリはここに集めようね」

4 比べることを楽しむ

1）しっぽ取り鬼で，獲得した尻尾を数える

勝敗を決めるときに獲得した尻尾を数える。その際，玉入れのカウントのように数を言いながら

投げ上げる方法もあるが，チームで獲得した尻尾を，一直線上に並べて長さで比較する方法がある。このようにすると『数』を『長さの差』で実感することができる（**図 16 − 1**）。

2）大掃除

学期末などに行われる大掃除で遊具や用具を洗ったり整頓したりするときは，数や量，分類することのおもしろさを味わうチャンスである。

分類整理できる十分なスペースと時間を確保し，成果を認めながら，満足して取り組めるようにしていく（**図 16 − 2**）。

3）どこが違うか？ゲーム

出題者はみんなの前に立ち，自分の姿をよく見て覚えてもらう。次に，出題者は廊下などに出て，どこかを少し変えてくる（例えば靴下を脱ぐ，そでをまくるなど）。再びみんなの前に立ち，変わったところを当ててもらうゲームである（**図 16 − 3**）。

4）自然のなかで

Y児が３枚のユーカリの葉を持ってきて「これ全部違うんだよ！」と目を輝かせて言った。それは，よく見るとたしかに違う３枚だった（**図 16 − 4**）。

あたり一面にユーカリの葉が落ちているなかから，それぞれに違う３枚を見つける柔軟な発想を子どもたちはもっている。

比べること，違いを見つけること，子どもはそれを遊びのなかで体験している。遊びのなかに学びがある。保育者は，それを見極める目をもたなくてはならない。

図 16 − 1　しっぽ取り鬼

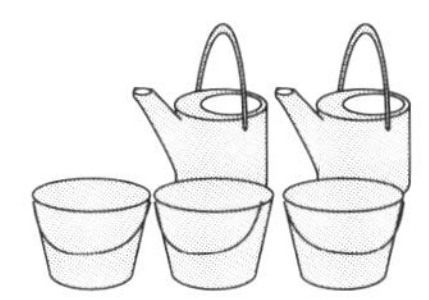

図 16 − 2　大掃除で

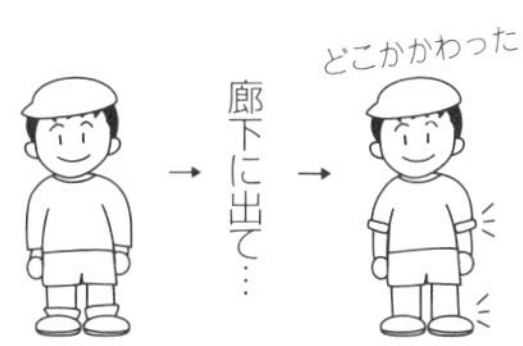

図 16 − 3　どこが違うか？

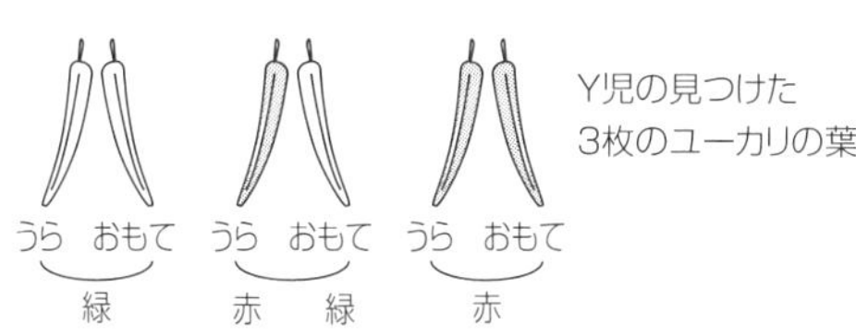

図 16 − 4　３枚のユーカリの葉

【写真提供】　ふどう幼稚園

2 カルタ遊び・トランプ遊び

ねらい

- ■文字や数に興味をもち，使って遊ぶ。
- ■ルールを理解し，守って遊ぶ楽しさを味わう。
- ■友だちと一緒に遊ぶ楽しさを味わう。

指導上の留意点

◎文字や数字への関心を，生活のいろいろな場面で育んでいかれるよう，園内環境を整えていく。

◎文字や数字への関心や理解の度合いは，個人差が大きいことに十分留意し，互いに刺激しあい関心がひろがるきっかけとなるように援助する。

1 カルタ遊び

カルタには，動物カルタ，なぞなぞカルタ，昔話カルタ等，さまざまな種類がある。子どもたちの関心や理解力を考慮に入れ，適したカルタを選択することが大切である。

カルタ遊びを十分楽しんだあとにカルタ作りをすると，言葉への関心がさらに広がる。

1）自分たちでカルタ作り

(1) 札を用意する

紙に○を書き，文字を一字書く。これで準備は完了。

(2) 作り方の説明をする

「カルタを作ろう」という投げかけに戸惑いを見せる幼児もいる。はじめに，いくつかの文字についてみんなで考えイメージがわきやすいようにする。

初めは単語になりやすい。例えば「と」に対して「とんぼ」や「トラック」等の答えが返ってきたらもうひとひねり。「とんぼが何してるの」と問いかけ，「とんぼがスイーッととんでった」などの言葉を引き出していく。

日頃から思ったことを自由に言いあえる雰囲気のクラスでは，のびのびとしたおもしろいカルタ作りができる。保育者自身の柔軟な発想やユーモア感覚が試される。

「ええっと，どこだっけかな」友だちと絵合わせカードで遊ぶ

貝殻で作った絵合わせゲーム

⑶ 作ったカルタで遊ぶ

遊びのなかで，友達が作ったカルタのよさを味わい認めあうことを大切にしたい。

2 トランプ遊び（図16－5）

家庭でも楽しんでいる遊びだが，最近はゲーム機での遊びが多くなっているため，経験不足の幼児もいる。基本的なルール（順番にカードを引く，自分の順番を待つなど）を理解できているか確かめる必要がある。

幼児の実態を把握し，ルールをよく理解している幼児を核にしながら遊びを導入すると，子どもたちが自分たちで進めていく遊びになる。

1）取り組みやすいトランプ遊び

⑴ 七並べ

1から13までの数字の並び方が理解でき，カードが並んでいく様子が見ていて明確にわかるので，みんなで楽しむ遊びになりやすい。

⑵ 神経衰弱

対（同じもの）を見つける遊び。人数が多くても楽しめる。対のカードを作り，絵合わせカードゲームとして楽しめるように用意すると，繰り返し楽しめる。

⑶ トランプを数えるとき

自分が獲得したトランプの枚数を数えるときに子どもたちは数を実感する。高さで比べたり「いーち，にぃっ」と声に出して数えたり，この時間を大切にしたい。そのためには勝ち負けにこだわりすぎないよう「自分はいくつとることができたか」ということへの関心を育てていくことが必要である。

図16－5　トランプ遊び

【写真提供】ふどう幼稚園

実践事例

3 いろいろな形の物とかかわる活動

ねらい

- 遊びで使う物を描き，紙や粘土などで造形することでもののかたちに親しむ。
- 積み木などでイメージした場を構成する。
- かたちの特徴や違いに着目して遊び，片づける。
- まる，しかく，さんかく，ほし，はーとなど形を示す言葉に関心をもつ。

指導上の留意点

◎ごっこ遊びや造形活動は子どもたちにとって楽しいものである。保育者は活動の様子をみて予測しながら，子どもがイメージしたものを具体化できるように大型積み木，ブロック，段ボールや牛乳パックなどさまざまな材料を準備する。危険が見込まれるときは助言し，ときには禁止する。その場合，子どもが理由を理解できるように具体的に説明する。

1 形を具体物に見立てる

皆で新聞紙や包装紙などをランダムにちぎり，まき散らして楽しんだ。保育者が散らばった紙片をひろって示し，「ほらみて，細長くて馬の顔みたい。みんなも何かに見える形を探して」というと，皆は次々に紙片を手に取り見ている。「これは象に見える」と具体名をあげていろいろな物に見立てた。皆が1つ以上見つけたところで，保育者は「クレパスでもっとよくわかるように色を塗りましょう」と提案し，子どもたちは彩色した。それを壁に貼り壁面装飾にした。子どもたちは，「これボクのアンパンマン，丸いのですぐに思いついた」などと話していた。さまざまな形とそれを示す言葉に関心を向けることができた。

2 必要な物を作る

1）物の形の記憶と再現

子どもたちは遊びに必要な物，例えばヒーローの武器やお家ごっこで使う道具などを実物に似せてそれらしく作っていた。実生活やテレビドラマ，アニメに出てくる物の形や名称，機能をよく覚えているから，できるのである。

2）保育者の工夫

折り紙の消費が多いので，保育者は折り紙の使用を制限すべきか悩んだ。市販品ではなくても，正方形の紙ならよいだろうと考え，不要なカタロ

いろいろな形で構成した壁面装飾

グや包装紙をいろいろなサイズの正方形に切り揃えた。すると子どもはその紙を折ってさまざまな形を作ったり，ごっこ遊びの材料に使ったりした。

家庭から牛乳パックやプリンカップなどの廃材をたくさんもらった。自由に使えるように大きな段ボールに入れておいたが，子どもたちはあまり使わない。そこで形と大きさで整理して棚に置いた。するとさまざまなものを作るようになった。形で区分されたので，容易にほしいのものが見つかる。それが造形活動を促したのである。

保育者の工夫が想像力を刺激し，イメージの具体化を促し，形との積極的なかかわりを可能にしたといえよう。

3）粘土の造形からビスケット作りへ

粘土を使ってユニークな抽象図形や動物，人物

おいしく焼けたビスケット

ビールケースのターザンロープ台

などの形を作っていた。絵の具で着色した小麦粘土を与えると，よりさまざまな物を作りだした。着色粘土はイメージの具体化を助けるのである。

この発展として，実際に食べられるビスケット作りを行うことにした。３歳クラスでは平面に伸ばした生地を市販の星型やハート型，円形など枠で型抜して作った。４歳，５歳クラスでは生地の半量にココアパウダーを混ぜ込み，２色の生地を用意した。子どもは夢中になって動物や人，アニメのキャラクターなど複雑な形の物を作った。皆で会食するとその形が話題となった。楽しみながら図形とその命名に取り組める活動といえよう。

3 基地など大きな構造物を作る

子どもたちは遊びのなかで大型積み木や段ボール，ビールケースなどを使って２階建ての基地やターザンロープの台など自分たちが中に入ったり，上に登ったりできる大きな構造物を作っていた。またビー玉や電池を遠くまで転がらせるように長い斜面のある台を作った。

作ったり，遊んだりしたときに構造物が簡単に崩れないように試行錯誤しながらバランスを工夫していた。さらにうまく使えるように考えて再構成していた。

自分たちが安全におもしろく遊ぶために，物の形と重量のバランスに敏感な感覚と思考力が必然的に育つのである。

4 片づける

ビー玉を転がす大きな斜面

園では椅子やテーブル，食器などの生活用品はもちろん，遊びの道具である人形やブロック，積み木，なべ，食器なども用途で分類し，さらに同じサイズ，同じかたちのものに分類するなど１次元から３次元くらいまでのカテゴリーに分けて片づけている。またいろいろな教材や廃材は使いやすいように同じ物をまとめて棚に置いてある。

子どもはふだん活動する際には物を出して使い，活動が終わればそれを片づけている。この毎日の片づけや材料を使うときにも，物の形にかかわっているのである。保育者が意図して適切な言葉を添えれば形の名称とカテゴリーを意識するきっかけになる。

【写真提供】上越教育大学附属幼稚園

第17章 標識・文字にかかわる保育

標識や文字の社会的役割と「理解」に必要な要素

1）生活のなかの標識や文字

(1) 標識とマーク

いきなり，少々品のない例を出して恐縮だが，外出時に，お手洗いに行くという場面を想像してみてほしい。駅やショッピングセンターのお手洗いは，多くは男女別に分けて設置されている。そういうお手洗いを利用するとき，どちらが男性用で，どちらが女性用か，私たちは何を手がかりに判断するだろうか。ほとんどの場合，入り口の近くに「男性用」「女性用」を示す絵記号が表示されているはずである（図 17 − 1）。

図 17 − 1 お手洗いの表示

なじみのない場所で，目的のものや場所を探す場合，私たちは，そのような絵記号や標識などの表示を手がかりにすることが多い。建物の中の「非常口」の表示は，だれもが目にしているのではないだろうか。これも，そのような絵記号の典型といってよいだろう。

このような表示は，屋外にもたくさんある。道路には，交通標識や横断歩道，交通信号機などが設置されている。駅や役所など公共の施設の場所を示す標識などもあるかもしれない。ロゴマークのついたお店の看板を見かけることもあるだろう。

このような絵記号や標識は，単純でわかりやすいということが大きな特徴である。

しかし，すべての標識がすべての人にわかりやすいとは限らない。例えば，図 17 − 2は何を示しているかわかるだろうか。

図 17 − 2 これはなに？

実は，これはドイツの郵便局や郵便車，郵便ポストなどに表示されている郵便マークである。昔の郵便馬車が使っていたラッパがデザインされている。ドイツの人たちにはおなじみのマークで，これを見ればすぐ「郵便」とわかるわけだ。

日本人の私たちには，これが郵便マークだといわれても，ピンとこない。しかし，ドイツ人が日本の郵便マーク「〒」を見たときにも，やはり同様の感想を抱くだろう。

これらのマークは，初めて見てもすぐ意味がわかる，というものではない。そのマークの使われている場所で，郵便の仕事を身近に見聞きしてはじめて，そのマークと郵便とが結びつくのである。

このように，標識や絵記号の理解のためには，その標識と関連した生活体験が必要である。そして，その生活体験は，その地域や時代の社会や文化と切り離すことができない。

⑵ 文字の読み書きと社会生活

現代の日本で生活している私たちは，文字を目にしない日はない，といっていいだろう。読書の習慣のない人でも，携帯電話のメールを読んだり，コンビニエンスストアの陳列棚で品物の値段を確認したりしている。テレビを見ても，道を歩いても，文字が必ず目に入ってくる。

もし，文字がわからなかったら，日常の生活はどんなふうに感じられるだろうか。

筆者は，それを想像できるような経験をしたことがある。ヴェトナムを訪れたときのことだった。ヴェトナム語は，アルファベットで表記される。だから，読み方は多少想像がつく。しかし，単語をほとんど知らないので，街を歩いていても，看板や標識の意味がさっぱりわからない。

街を歩き回って，食堂らしい店の前を通りがかったので，食事をしようと中に入った。ところが，メニューを見ても何が書いてあるのかほとんどわからない。適当にメニューを指さして注文した。出てきたのは鳥の料理だったが，頭がそのまま ついていて，一般的な日本人の感覚からすると，「え？これを食べるの？」というようなものだった。

文字の読み書きは，社会生活を送るためのコミュニケーションの，非常に大きな部分を占めている。私たちの社会は読み書きができることを前提に成り立っている。だから，読み書きができない人は，社会生活で必要な情報を得ることが非常に制限されることになる。

2）「お約束」を身につける

標識に描かれている絵記号も，身の回りにあふれている文字も，私たちはなにげなく理解して，使いこなしている。しかし，これらの絵記号や文字を，生まれつき理解できたわけではない。

例えば，「禁煙」の標識と「車両通行止め」の道路標識は，どちらも赤い斜線が入っている（図17－3）。この赤い斜線が「禁止」を表すというのは，赤信号は「止まれ」を表す，というのと同じで，いわば「お約束」である。

図17－3 禁止を表す斜線

これはつまり，その「お約束」を知っている人だけが，その絵記号の意味を理解できる，という意味なのである。図17－2で郵便を示すというのも，「お約束」というわけだ。

これは，文字についても同様である。「あ」という文字は，「あ」という発音とはまったく似ているところがない。それでも，「あ」という音は「あ」という文字で表しましょう，という「お約束」を理解することで，文字を読むことが可能になる。

つまり，標識や文字を理解できるようになるということは，これらの「お約束」を身につけるということでもあるのである。

2 標識や文字の指導に向けた発達の観点と留意点

1）標識の理解に必要な「体験」

ときに，企業のロゴマークとか，自動車や電車の種類や名前，あるいは，昆虫や恐竜の種類などをたいへんよく覚えている，2歳くらいの男の子に出会うことがある。

例えば，見ればすぐに企業名を言い当てたりする。ひと目でその電車が何という鉄道会社の何という特急か，わかる。人間図鑑のようなものである。

しかし，標識は本来，社会生活のうえで必要な情報を伝えるためにある。だから，社会的なルールに従ったり，生活上の知識を生かしたりすることと結びついたとき，標識の理解が本当に意味のあるものになる。つまり，実際の赤信号で立ち止まることができないなら，いくら言葉で「赤は止まれ」と言えたとしても，意味がないのである。

そして，ただ赤信号の絵を見せて「赤は止まれ」と唱(とな)えさせるよりは，実際の道路で赤信号で立ち止まる行動をとらせることのほうが，より効果的に理解を深められる。これは，幼児においてはとくにそうである。

2）話し言葉と書き言葉の発達

文字を使いこなせるようになる過程を考える際に考慮したいことが２つある。１つは，書き言葉の発達と，話し言葉の発達はたいへんにつながりが深いこと。もう１つは，日本語の書き言葉には，かな文字と漢字が使われているということである。

幼児が文字を使えるようになる道筋を，いくつかの観点から紹介しよう。

(1)「かたまり」でとらえている段階

話し言葉の発音が不正確であったり不明瞭であったりすることが，子どもが幼いうちはよくある。例えば，「こいのぼり」を「こいのり」と発音したりする。そして，本人はそれで正しく発音しているつもりなのである。

このような段階の子どもは，まだ，「こいのぼり」が「こ」「い」「の」「ぼ」「り」という音の組み合わせである，ということには気づいていない。そのように分解的，分析的に言葉をとらえることはできず，単語を１つの「かたまり」として聞いて，発音している。

このような「かたまり」型の認識は，文字の認識においても起きる。例えば，ひらがなで「ゆみこ」と書いてある自分の名前を見て，それが自分の名前を表しているとわかるようになった子どもでも，「ゆ」「み」「こ」という個別の文字は読めなかったりすることがある。これは，「ゆみこ」という文字の組み合わせ全体をひとかたまりにとらえているのだと考えるとわかりやすい。

それは大人の「読める」状態とはちがっているのである。

(2) 音として分析的にとらえる段階

かな文字は，文字の形が比較的単純で，文字と発音との対応関係がかなりはっきりしている。一方，漢字のほうは，単語によって読み方が異なり，形も複雑なものが多い。そのような特徴のため，通常，子どもたちは，かな文字を先に使えるようになる。

しかし，かな文字を使うためには，「こいのぼり」がひとかたまりの「こいのり」なのではなく，「こ」「い」「の」「ぼ」「り」という音の組み合わさったものである，ということを理解しなければならない。

「かたまり」の認識から，このように音の部品をとらえる認識に至るためには，言葉の音を比べたり音に分解したりして遊ぶようなさまざまな経験が役立つだろう。

例えば，音の似た言葉を使う「だじゃれ」を，小さな子どもたちはおもしろがる。「ビルはビルでも顔にあるビルはなあに（答え：くちびる)」などというなぞなぞも，だじゃれの要素がある。また，ある音で始まる言葉を出し合う「言葉集め」(最初に「く」のつく言葉は？)のような遊びや，「しり取り」など，言葉の発音に着目する言葉遊びはいくつもある。

このように述べてくると，話し言葉の発達を待って，それから文字を指導するほうがよい，という印象を抱く読者がいるかもしれない。

ふつう，書き言葉の基礎に，話し言葉があることはまちがいない。しかし，書き言葉と親しむことが，話し言葉に影響を与えることも，ないわけではない。

ひらがなを１文字ずつ，ぽつりぽつりと読めるようになった子どもは，文字を拾い読みしていくうちに，それまで「かたまり」でとらえていた言葉が，いくつかの音の組み合わせであることに気づくことがある。つまり，「こいのり」だと思っていた言葉が「こ」「い」「の」「ぼ」「り」であることに気づく，というような具合である。

このように，話し言葉がやや未熟な時期にあっても，書き言葉と接することが意味をもつ場合もあるのである。

(3)　文字の使用を誘う環境とは

杉山亮著『子どものことを子どもにきく』(新潮社，2000) は，この本の著者が自分の息子に行ったインタビューをまとめたものである。インタビューは子どもが３歳になった誕生日から始まっている。

そのなかでとくに印象深かったのは，幼い子どもは，字が読めなくても，自分の住所が言えなくても，いろいろなことがわからなくても，平然と笑っていられるということである。文字が使えなくても，本人はまったく困っていないのである。そのような子どもに文字を教え込もうとしても，うまくいくはずはない。

しかし，その子どもたちも，大きくなって今の世の中で生活していくためには，文字の読み書きを身につけていかなければならない。

文字がなくても平気な世界に住んでいる子どもが文字に興味を向けるきっかけは，やはり，大きい人が文字に親しんでいる姿を日常的に見ることだろう。

大きい人が本を読んでくれる。大人が熱心に書物や印刷物を読んでいる姿を見る。手紙のやりとりをしているのを見る。伝言を書き置いたり，カレンダーで日付を確認したり，パソコンでたくさんの文字を操ったりしているのを見る。ふだん使うものに書いてある名前で持ち主を確かめる。食事に出かけてメニューを選ぶのを見る。

身近な大きい人たちがそのように文字を使いこなしているのを見て，幼い子どもたちは，まず，自分もそんなふうにしてみたいと単純にあこがれる。最初のうちは，わけもわからず本を逆さに持って，読んでいるつもりになっているかもしれない。しかし，徐々に，文字を読み書きできる楽しさや便利さに気づいていくことだろう。

自分で読み書きをしようとしはじめたときに，いくつかの困難がある。似た形の文字を混同してしまうとか，例えば「〉の丆」のように鏡文字を書いてしまうといったことは，よくある。１文字ずつ拾い読みをする段階の子どもたちは，文字がならんだ単語や文章をすらすらと読むことはできない。「グレープフルーツ」を「ぐれーぷるーつ」というように，不正確な発音のとおりに書いてしまう。

こういった未熟さは，大人の観点からすれば，正すべき間違いと言えないこともない。しかし，書き言葉獲得の初期には，細かな間違いをいちいち指摘して訂正させるよりも，文字に関心を持ち，自分でもそれを使ってみようとする意欲を，大切に受け止め，育てていきたい。

これは文字に限らないことだが，子ども自身が抱くそのような自発的な意欲こそが，子どもがその社会の文化を吸収して「一人前」に成長する原動力となるのである。

実践事例　標識で遊ぼう

ねらい

■身近にある絵記号に親しみ，その意味に関心をもつ。

■標識や看板が，大切な情報を伝えていることに気づく。

指導上の留意点

◎絵記号の意味について，言葉で伝えるだけでなく，できるだけ実際に体験できるように工夫する。

◎探索や遊びの要素を採り入れて，絵記号や標識の意味をただ教え込むだけに終わらないように留意する。

1 やじるし探検（図17－4）

絵記号の中でもっとも単純で，もっとも身近なものの1つに，矢印がある。矢印には，目ざすものへ人を導いたり，矢印のさす方向に注意を向けさせたりする働きがある（交通標識の矢印の中には，それ以外の意味をもつものもある）。

散歩などで市街地を歩いたり，公共施設へ出かけたりする機会に，矢印を探してみよう。建物の中にも，道路にも，看板にも，公衆電話や自動販売機にも，矢印はたくさん見つけられるはずである。その矢印の先には何があるだろうか。

蓮見絵里子・蓮見智幸『やじるし』（福音館書店）のような絵本を，導入に使うこともできる。

2 マークかるた

『マークの図鑑』（すずき出版）のような本を参考に，子どもたちが生活の中で出会う標識や絵記号のカードを作る。「横断歩道」「歩行者横断禁止」などの道路標識の他にも，「非常口」「トイレ」「エレベーター」「レストラン」「飲料水」「電話」「進入禁止」などの案内標識は，子どもたちが生活の中でときどき目にするものだろう（図17－5）。

このようなマークを描いたカードを取り札にしたかるた遊びや，トランプの神経衰弱のような遊びをすることができれば，遊びながら，標識の絵記号に親しむことができるだろう。

しかし，単に標識や絵記号に親しんで終わりにするのではなく，実際にその標識や絵記号を生活の中で利用する体験を，保育の中で工夫したいものである。

3 標識を採り入れたごっこ遊びや競走

馬場のぼる作『11ぴきのねこふくろのなか』（こぐま社）のねこたちは，遠足の途中，立て札で禁

図17－4 やじるしみつけた！

図17－5 いろいろな標識

図17－6 標識を採り入れたごっこ遊び

じられたことを次々破り，とうとうウヒアハというばけものにつかまってしまう。なんとかウヒアハから逃れてきたねこたちは，最後に，道路で「わたるな」という立て札を見て，横断歩道橋を渡る。

この絵本を読んで，子どもたちに「もし，『わたるな』と書いてあるのに道路を渡ってしまったらどうなる？」とたずねると，多くの子どもは「車にひかれる」などと答えるだろう。

そのような，標識の実際的な意味を知るようになったら，ごっこ遊びのなかに標識を採り入れることも可能になる（図17－6）。

また，スタートからゴールまで，標識に従って進む障害物競走とか，標識に従って進まないと鬼に捕まる変形鬼ごっこなども，工夫できるかもしれない。

4 日常的に標識に注目し，活用すること

マークかるたも，標識を採り入れたごっこ遊びも，標識となじみになるための１つの方法に過ぎない。

絵記号や標識は，本来，その情報を生活の中に生かしてこそ，価値がある。

そのように考えるなら，保育に標識を材料として採り入れて，保育の中で標識のことを教えようとするだけでは，標識の本来の働きを十分に子どもに伝えることはできないというべきであろう。

幼児にとって，いちばんわかりやすく，実際的な学びは，実際の生活の中で，状況と結びついた形で経験することである。標識についても，室内で，あるいは園外保育の際に，さまざまな場所で出会う標識や絵記号を，その場所の状況と結びつけながら受け止められるようにすることが，保育者の役割としてたいへん重要となる。

そのためには，常日ごろから，さまざまな標識，看板，絵記号の案内図などを見過ごさずに，子どもたちといっしょに注目し，その意味を受け止めようとする姿勢が必要であろう。

また，そこで示されている情報の意味や生かし方についても，実際的な場面で体験的に理解できるような活動を工夫していくことが望ましい。

実際的，体験的ということで，保育における飼育場面を例にとれば，次のようなことが考えられるだろう。

ウサギの名前を子どもたちと相談して決めて，ウサギを飼育している小屋に，名づけた名前を書いた名札を設置する。あるいは，ウサギの世話をする当番の仕事の手順を，図や記号なども取り入れて掲げる。また，ウサギが子育てをしているときには，ウサギの子育てを妨げないように配慮することを教えるとともに，ウサギ小屋に進入禁止の交通標識 を表示してその意味を知らせる。

標識，看板といったものを単独で採り上げて指導するというよりは，生活の中に採り入れていくという視点が大切である。

第18章 社会・地域施設にかかわる保育

1 社会・地域施設にかかわる保育の意義

幼児の生活は，家庭や地域社会と園とが連続性をもって営まれている。幼児を取り巻く地域社会が大きく変化し，かかわりが乏しくなっているなかで，園が地域にかかわる保育を展開していく意義は大きくなっており，幼稚園教育要領の中にも明記されている。

実践を展開するうえでは，つねに，根本に立ち返り全職員で意義を確認することが重要である。

2 計画立案・指導における留意点

1）計画立案時における留意点

(1) 地域の実態に応じる

１つひとつの園が，それぞれに違う１つひとつの地域をもっている。まず初めに自分の園の地域を知ることが必要である。

地域を知るには，足，目，耳をフルに活用しなくてはならない。不思議なことに情報を求めているという姿勢をあらわすことで，情報が集まってくる。集まってきた情報の中から，無理をせずにできる形で交流を始めていくことが望ましい。

(2) まず地域に出かけよう

地域との出会いやかかわりは，まさに現場で起こっている。大規模なかかわりを計画する前に，子どもたちとともに地域を歩き，出会った人と挨拶を交わす体験の積み重ねを大切にしたい。積極的に外へ出て行く姿勢が求められている。

(3) スモールステップで始めよう

地域の敬老会や福祉施設など，相手側も交流を求めている場合が多くある。消防施設や図書館などは教育の一環として施設開放や体験学習の機会を設定してくれる。

求めていけばいろいろなかかわりの場を得ることができるが，その際，幼児の実態（時期，年齢など）に留意した無理のない計画を立案することが望ましい。

(4) かかわりを続けることの大切さ

社会や地域施設にかかわる保育を展開するなかで，園が地域の中に位置づくこと，言い換えれば地域の園になることが究極の目的である。そのためにも連続したかかわりを大切にしたい。

かかわりの後には連絡を取ったり，気軽に声を掛け合ったりする。互いに親密だという思いをもち続ける努力を忘れないようにしたい。

2）指導における留意点

(1) 笑顔の挨拶から始めよう

かかわりの基本は挨拶である。地域の人々との交流の場合や地域施設を訪問する場合，どのような場合においても，出会った人に笑顔で挨拶することが基本である。

それをまず保育者自身が率先して行う。先生が笑顔で挨拶し言葉を交わしている姿を見て，子どもたちは安心して自分たちもかかわろうという気持ちをもつようになる。子どもたちのモデルとなる保育者の動きが大切である。

⑵ 直接かかわる体験の重視

「よく来たね」と頭をなでてくれたおじいちゃんの手の大きさ。「また来るね」と言って差し出した小さな子どもの手を，そっと包んだおばあちゃんの手の暖かさ。にっこりと微笑を交わす瞬間に，心の通い合いが生まれる。

かかわりにおいては，さまざまなプログラムを立てるが，その際に，直接かかわる場面を確実に作るようにしたい。

⑶ 戸惑いも受け止めて

幼児期は個人差が大きい。大喜びでいろいろな人とかかわる幼児もいれば，人見知りの激しい幼児もいる。困ったような顔をして立ち止まっている幼児には，無理をせず，気持ちを受け止め教師と一緒に行動するように呼びかける。

戸惑う姿を，さまざまなことを敏感に感じ取り，自分の行動を探っている姿だととらえ，ゆっくり見守っていく。

⑷ かかわりの前と後が大切

地域の施設訪問や地域の方々とのかかわりについて，事前に予定を伝えたりどのようなところなのかを知らせたりすることで，子どもたちの期待感が高まる。このような事前指導が重要であることは言うまでもないが，事前指導と同じくらい重要なのが事後指導である。

訪問したことやかかわったことを振り返りながら「うれしかった気持ち」「驚いたこと」などを率直に話す機会を作っていく。

場合によっては「困ったこと」「いやだったこと」が出されることもある。さまざまな感情体験をすることこそが，交流活動の目的の１つである。いやだったなと思う気持ちも大切に受け止めながら，次の機会へ思いがつながるようにアドバイスしていく。

かかわりのあとで，お礼の電話などをするときに子どもたちから出てきた「うれしかった気持ち」を伝えると，かかわりの成果を互いに確認しあうことができる。次につながる事後の取り組みを大切にしたい。

3）安全に関する留意点

園の危機管理が大きな課題となっている今，地域へ開かれた園を目指すうえで，安全面での配慮は欠かすことができない。

相次ぐ不審者による事件を受けて安全のために園を閉じるのではなく，地域の方々の力で守られている園となるよう，地域の方々とのかかわりを重ねていく。

同時に，警察の指導を受けながら安全に関する訓練を受け，危険から身を守る力を幼児に養っていくとともに，園内の危機管理体制を見直し，保育者１人ひとりの危機管理意識を高めていくことが必要である。

実践事例

1 地域の人々との交流

ねらい

■ 地域の方々と出会い，挨拶をしたり一緒に過ごしたりすることを通して親しさを感じ取る。

■ 地域の方々に支えられていることを感じ，感謝の気持ちをもつ。

指導上の留意点

◎ 場の用意をしたり地域の方と話したりすることで，出会いに対する期待を高めるとともに，幼児の不安感をとりのぞくように配慮する。

◎ 地域の方々の，さまざまな特技や知識を発揮していただける場を設定し，感謝を伝えていく。

◎ 子どもの心に残ったものに共感し受け止めながら，相手を敬い思いやる気持ちをはぐくみ，次のかかわりへの期待につなげていく。

1 園に来ていただく活動

1）交流のきっかけ作り

地域の敬老会や園児の祖父母など，子どもたちの身近にいる祖父母の方々との出会いの機会を作る。園に来ていただけるよう，子どもたちが招待状を書く。敬老会の方の所には，近所の園児が届けることで，心が通いあうきっかけになる。

「おじいちゃんやおばあちゃんに園に来てもらいたい！」という子どもたちの思いを掘り起こしていくことが大切である。

2）活動の工夫（図 18 － 1，2 参照）

(1)「いらっしゃいませ！」出迎えが肝心

受付には担当の保育者とともに係の幼児が待機している。いらしてくれたお年寄りに「おはようございます！」と挨拶する子どもたちの笑顔が最高のもてなしになる。

(2) かかわりのもてる遊びを随所に

折り紙コーナー，あやとりコーナー，カルタコーナーなど，何人かのかたまりで遊べるコーナーを設定しておく。子どもたちの思いを受け止めながら気長につきあう姿，自分の幼い頃を思い起こし和やかに楽しく遊ぶ姿など，高齢者の姿から学ぶことが多くある。

図 18 － 1　子どもと一緒に準備をする

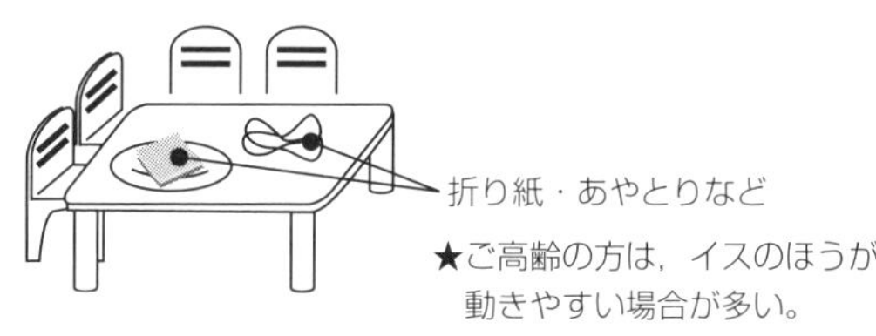

図 18 － 2　かかわって遊べるコーナーを作る

大縄跳び

遊びの相談

2 出かけていく活動（図 18－3）

1）地域の公園で

公園を散歩すると，ジョギングしている人やゆっくり散歩している人，車椅子を押しながら語り合っている老夫婦など，さまざまな人と出会うことができる。

「こんにちは」と明るく挨拶を交わす。保育者が率先して笑顔で挨拶をすると，子どもたちはさらに大きな声で挨拶をするようになる。

不審者対応など安全面での注意はつねに怠らないことが重要であることは言うまでもないが，初めての人とも挨拶を交わし気持ちを交わしあう気持ちよさも同時に体験させていきたい。

2）デイサービス訪問

園の近隣にあり，相手側にも交流したいという気持ちがある場合には，デイサービスなどの老人施設を訪問して交流することができる。

長いすに乗った高齢者と出会い，かかわりをもつことなどで，高齢者を大切にいたわろうという気持ちを育てていきたい。

事前の打ち合わせを十分にし，双方にとって無理のないかたち（短時間，簡単なプログラム等）の交流を積み重ねていくことが大切である。

◆ 気軽にあいさつしよう!!

◆ 地域の方との，心温まるかかわりを大切に。
保育者も一緒にかかわることで，安全面もチェックする。

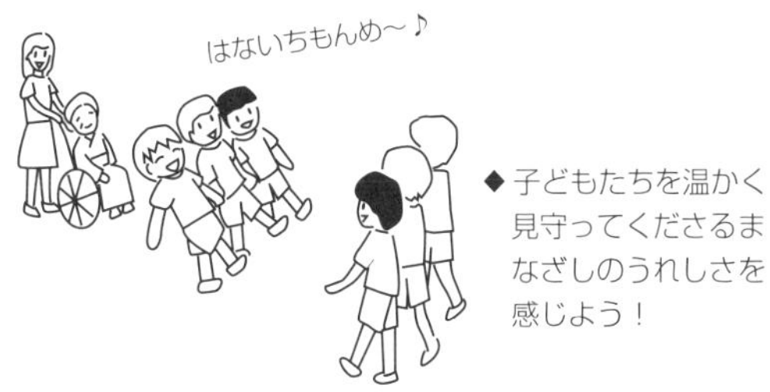

◆ 子どもたちを温かく見守ってくださるまなざしのうれしさを感じよう！

図 18－3　外に出よう！出会いをもとめて！

2 社会見学

ねらい

■ 幼稚園周辺の施設や機関と連携をとり，かかわりがもてる経験を通して，自分たちの生活を支えている様々な職業があることを知り，感謝の気持ちをもつ。
■ さまざまな人と出会いかかわることを通して，進んで挨拶をしたり親しさを感じ取る。

指導上の留意点

◎ 地域の実態を十分に把握し，実態に応じた活動を計画する。
◎ 幼児が興味をもって見学できるように，事前指導を十分に行う。園外での行動については，安全指導を積み重ねていく。
◎ 幼児の遊びや生活との関連を考慮に入れた見学を計画することで，遊びや生活とのつながりが生まれ，豊かな経験になるようにしていく。

1 町を歩こう

子どもたちは地域で育っている。子どもたちと一緒に町を歩くと園のまわりにいろいろな場所があることがわかる。「いつもこのお店で買い物をするんだよ」「このお風呂屋さんに来るんだ」と歩きながら交わされる会話から，子どもたちの生活が見えてくる。

仕事帰り，少し余裕のあるときに，園の周りを歩いてみることから，町のおもしろさや地域を生かした保育の可能性が見えてくるはずである。

2 商店街に買い物に行く（図 18 − 4）

調理活動をする際に，係の子ども数人を引率して近所の店に材料を買いに行く。店には事前に子どもたちが買い物に行くという連絡をしておく。

「玉ねぎ５個ください！」と少し緊張気味に話す子どもたちの声をお店の人はしっかり受け止めてくれる。帰り道，重い荷物を持ちながらも，無事に役割を果たしたという満足感が，子どもたちを包んでいる。

このように，調理活動や行事の準備などを進めるときに，買い物を子どもたちの活動として位置づけることにより，経験が豊かなものになる。活動の様子を保護者に伝えることで，家庭生活との連続性を図っていくことも大切なことである。

◆買い物グッズ

◆買い物に行く前に

◆お店に着いたら…

◆帰り道

図 18 − 4　町を歩く・買い物に行く

パトカー出動だ！

③ 消防署見学をめぐって（図 18－5）

避難訓練の一環として，消防署見学を年間計画に位置づけて行っている。

見学当日，消防署内の安全指導担当者が，幼児にもわかりやすいように，消防署の仕事について説明してくれた。ふだんはなかなか見ることができない訓練の様子を見せてもらい，消防士のきびきびとした行動に目を見張る子どもたちだった。

事前打ち合わせで「できるだけ体験を多く」という要望を伝えておいたので，小グループに分かれ，救急車の中に入ったり，消防自動車のホースを持ってみたりすることができた。

見学の最後には，「町の安全は私たちが守っています」という消防士さんたちの力強い言葉を聞き，子どもたちも教師も「よろしくお願いします」と頭をさげた。

救急車の中に入ってみました。
酸素ボンベなど，いろいろな器具がそろっているのを見ました。

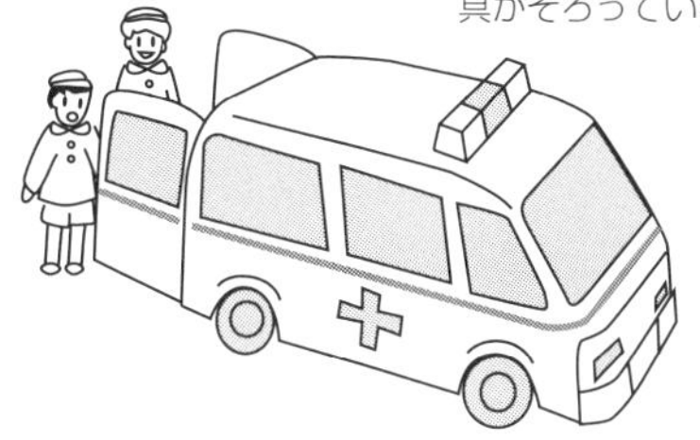

消防服を着てみました。
ズッシリと重い服に驚いていました。

◆ 見学のあとで

「はしご」は牛乳パックをつないで作ろうよ！」はしご車作りに夢中です。

図 18－5　消防署見学

1）はしご車を作りたい！

数日後，A 児は「はしご車作るんだ！」と大きな段ボール箱を家から持って来た。仲間が集まり，知恵を集めてはしご車を作りあげ，さらに訓練の真似をして遊び始めた。

見学のお礼を伝えつつ，はりきって訓練をしている子どもたちの様子を消防署の方に電話で伝えると，仕事の合間に様子を見に来てくださったことがあった。出会いのかけがえのなさを痛感した体験だった。

【写真提供】　ふどう幼稚園

第19章 安全保育

子どもを取り巻く環境については，それにかかわる活動の目的がどれほど重要なものであっても，第一に子どもへの危険性の有無に十分な配慮を払う必要がある。安全な保育を考えるうえで，この環境を施設・設備と生物の両面から論じる。

1 施設・設備の安全管理

広い意味での安全管理には，事故や災害につながるような子どもの，あるいは周囲の大人の心身状態から，園内外の環境，例えば園舎内や通園路までの把握，伝染病予防，その他さまざまなものが含まれる。しかし，ここではおもに園内の施設・設備に関する安全管理について概説する。

園での事故や災害の発生は，ブランコ，すべり台，鉄棒，ジャングルジムなど体育遊戯設備関連で多いが，その他園庭や園舎内のあらゆる場所で起こる可能性がある。とくに箱ブランコは2000年前後に重大な事故が続いたため，ほとんどの園で撤去された。

施設・設備の安全は，学校保健安全法の「第3章　学校安全」の第26条で学校安全に関する学校の設置者の責務について，第27条で学校安全計画の策定等について，第28条で学校環境の安全の確保について，第29条で危険等発生時対処要領の作成等について，第30条で地域の関係機関等との連携について，それぞれ定められている。

また幼稚園教育要領「第2章　ねらい及び内容」の領域「健康」の「3 内容の取扱い」において「(6) 安全に関する指導に当たっては，情緒の安定を図り，遊びを通して安全についての構えを身に付け，危険な場所や事物などが分かり，安全についての理解を深めるようにすること。(後略)」とある。さらに同領域の内容として，「(9) 自分の健康に関心をもち，病気の予防などに必要な活動を進んで行う」，「(10) 危険な場所，危険な遊び方，災害時などの行動の仕方が分かり，安全に気を付けて行動する」と示されている。安全管理については，領域「健康」に関する解説書・参考書などを参照されたい。

2 危険な生き物

園内外で子どもがかかわる動植物の中には加害性のあるものもいる。保育者はそれらについての知識をもつとともに，扱いには注意を要する。子どもと接する機会の比較的多い危険な動植物とそれらへの対処法などについて述べる。

1）危険な植物

人間に対する加害のタイプ別に解説する。

(1) 食中毒

ハシリドコロ，バイケイソウ，トリカブト，ユズリハ，ヒガンバナ，キョウチクトウ，アセビ，シキミ，ドクウツギ，タケニグサ，さらにベニテングタケのようないわゆる毒キノコ類，その他きわめて多くの植物が時には生命を脅(おびや)かすほどの有害な成分を含んでいる。しかしこれらは積極的に食用に

図19－1　ヨウシュヤマゴボウ

図19－2　ワルナスビ

でもしない限り，実害はほとんどない。ここでは，園庭や園外での活動の際，子どもが口にして食中毒を起こす可能性のある有害植物について述べる。これらを誤って食べたいずれの場合でも，できるだけ早く吐き出させて医師の治療を受ける。

ヨウシュヤマゴボウ　9月から10月にかけて赤紫色の多数の実をブドウのように房状（ふさじょう）につけ，これをよく色水遊びに使う。間違って多くを口にすると，けいれん，嘔吐，下痢，さらには呼吸麻痺を起すので，遊びに使うときには注意を要する（**写真19－1**）。

チョウセンアサガオ類・ワルナスビ類　最近よく見かけるようになったキダチチョウセンアサガオやワルナスビ（**写真19－2**）など，有毒なナス科植物が栽培されたり，野外で自生していたりする。植物全体に，傷を付けると独特の臭気があるチョウセンアサガオ類を誤食することはまずないであろう。しかしそれらの種子や，プチトマトに似ていて子どもが口にしかねないワルナスビ，イヌホウズキなどの果実には腹痛やめまいに始まり死亡例もある猛毒が含まれる。誤食したらまず吐き出させて医師の診断を受けるとともに，これらの植物は見つけしだい，駆除すべきである。

ウメの実　6月頃，大きくなって落ちた実は香り高い。それを拾って多くを食べると発汗，けいれん，呼吸困難を引き起こすことがある。子どもには食べないよう注意をする。

(2) 接触皮膚炎

ウルシ，ヤマウルシ，ハゼノキ，ヤマハゼ，ツタウルシ（**写真19－3**），ヌルデなどのウルシ科木本に触るとそれらのもつ化学物質によってかぶれや水疱などの皮膚炎となる子どもは多い。山野に比較的普通に自生し，被害例もよく聞かれるので，保育者はこれらの木を見分ける能力が求められる。

また，イチジクの葉や枝の切り口から出る白い汁やイチョウの実（銀杏）に触っても皮膚炎とな

写真19－3　ツタウルシ

る子どももいる。症状がいたって軽い場合は自然治癒を期待してもよいが，激しいときには医師の診察を受けることが必要である。

(3) 花粉症

主に風媒花の種の花粉によるアレルギー性鼻炎，気管支喘息やじんましんなど，花粉症を引き起こす植物は早春から晩秋まで，多種多様にある。

以下に症状の出る時期の順番に並べる。

２～４月：スギ・ヒノキ
３～５月：シラカバ・ハンノキ
４～５月：マツ類・ケヤキ・クルミ・コナラなどブナ科植物
５～７月：ヒメスイバ
５～７月・８～９月：カモガヤやイネなどのイネ科植物
８～９月：ブタクサやヨモギなどキク科植物
９月　　：カナムグラ

これらの種の花粉に対する子どもの感受性の有無，症状の程度には個人差が大きいこと，年によって花粉の量が異なるので症状にも差があること，などはよく知られるところである。有効な予防策は花粉症対応のマスクを常用したり野外活動を避けたりすることである。

ヒメスイバ，イネ，カナムグラ，ブタクサなど，いわゆる雑草はあらかじめ刈り取ることで事態の改善を図れる。しかし花粉はどこからでも風に乗って飛来するので，完全には防ぎきれない。発症したときに対症療法を医師に委ねるべきだろう。

2）危険な動物

加害性のある動物についての解説は，おおむね系統分類群ごとに行う。※カタツムリ類やアカミミガメのもつ病原性は，第 11 章を参照のこと。

(1) 脊椎(せきつい)動物

アカハライモリ・ヒキガエル・アマガエルなど　体表の特定の部位，とくに両眼の後方にある器官から分泌される物質の付着した手で目をこすったりすると，激しくしみたり痛みが走る。したがって，これらを触った手はよく洗い，目に入ったらすぐに眼科医の処置を受ける。

スッポン・カミツキガメ　後者は外来種で，飼育にもて余して池などに捨てられて定着した例を近年はよく耳にする。どちらも突然に素早く首を伸ばして激しく噛みつくことがある。場合によっては指先を食いちぎられることもあるので，近づくときは十二分の慎重さが要求される。

ヤマカガシ・マムシ・ハブなど　ハブは沖縄・奄美地方だけに分布し，咬まれた場所とその後の処置の仕方によっては死に至ることもある。これ以外のヘビの毒性は強くはないが，医師による治療の必要がある。ヘビ毒はヤマカガシとそのほかでは成分と症状，処置法が違う。したがって，どのヘビに咬まれたのか，体の模様や色などをよく覚えておくべきである。

ニワトリ・ウサギ・イヌなど　つっつく，咬むなどの直接の加害性には注意を要する。しかしそれ以上に，抱いたり触ったりしてそれらの毛や羽毛，皮膚のかすなどを知らないうちに吸い込むことによって，アレルギー症状であるアトピー性皮膚炎，じんましん，気管支喘息，アレルギー性皮膚炎，さらにはアナフィラキシー*などになる子どもの増加が問題となっている。その原因となるのはほとんどの動物であるが，子どもによって感受性の有無，発症の程度の差は大きい。また，成人ではあるが，ハムスターに咬まれてその唾液が抗原となったアナフィラキシーショックで死亡した例もある。

とくにハチ毒についてはアナフィラキシーに気をつける必要がある。同種のハチに２回目以降に刺された場合（たとえば１回目ミツバチで２回目も同種），呼吸困難や意識消失などの人命にか

＊アナフィラキシー：アレルギー反応による皮膚や粘膜，消化器，呼吸器の症状が同時に，かつ急激に出現した状態。特に血圧低下や意識レベルの低下などをきたす重篤な状態を「アナフィラキシーショック」と呼ぶ。保育現場における対応として「保育所におけるアレルギー対応ガイドライン（2019年改訂版）」（2019，厚生労働省）が，幼稚園における対応として「学校のアレルギー疾患に対する取り組みガイドライン」（2008，公益財団法人学校保健会，文部科学省監修）が公表されている。

かわる急激なアレルギー反応であるアナフィラキシーショックを引き起こす子どもがいる。食物アレルギーや花粉症で知られる現象で，これへの緊急対処として該当の子どもに医師の処方の下，補助治療剤「エピペン®」を常備している園がある。この医薬品が，ハチ刺されによるアナフィラキシーショックにも有効であることは知っておくべきである。

花粉症対策なども含め，子どものアレルギー体質について全職員があらかじめ知っておくことや，いったん発症した場合は園医あるいは皮膚科，内科医師などの専門医に相談をする必要がある。

⑵ 節足動物など

チスイビル・ヤマビル　チスイビルは池や水田，農業用水路の中にいて，足を入れたりすると吸い付いて吸血する。ヤマビルは湿った森林の林床にいて靴元からはい上がり，足の血を吸う。どちらに吸血されても痛みはないが，吸われた跡はなかなか血が止まらない。

ムカデ　茶褐色で細長く，多数の体節のそれぞれに1対のやや長い足があり，素早い動きをする。トビズムカデ，アカズムカデ，アオズムカデなどは，捕まえられたり靴の中に潜んでいるのを知らずに履いたりすると咬む。咬まれた部分に激痛が走るが，それ以上に症状が悪くなることはほとんどない。抗ヒスタミン軟膏の塗布が効果的。

写真19－4　マダニ

カバキコマチグモ・セアカゴケグモなど　ほとんどのクモは人間に危害を加えない。わずかにいる加害性のクモの代表がこの2種である。カバキコマチグモは草原のススキの葉を斜めに折って重なった部分に潜む。セアカゴケグモは近年，海外から西日本を経てほぼ日本全土に定着しつつある体長10～3mmのクモで，野外の狭くて比較的暖かい場所で網を張って獲物を待っている。どちらも手で扱わない限り人間を咬むことはない。咬まれると激しい痛みがあり，ステロイド軟膏を塗布する。

ダニ類　マダニは林や草原にいて，知らぬ間に服の中にまで入り込み血を吸っている（**写真19－4**）。2mmほどの大きさから吸血によって5mm以上に膨れあがる。皮膚から離すことが困難で，強引に引っ張っても口器がちぎれて皮膚の中にとどまると，化膿の原因になるので注意を要する。ピンセットなどでしっかりと挟んで引き離す。さらにはダニ媒介脳炎など，重篤な感染症を引き起こすおそれもある。刺咬（しこう）された場合，1，2週間は発熱・頭痛などの体調変化に気をつける必要がある。

イエダニは普段，ネズミに付いていて，時に人

写真 19－5　フタモンアシナガバチ

写真 19－7　アオイラガ幼虫

写真 19－6　クマバチ

写真 19－8　チャドクガ幼虫

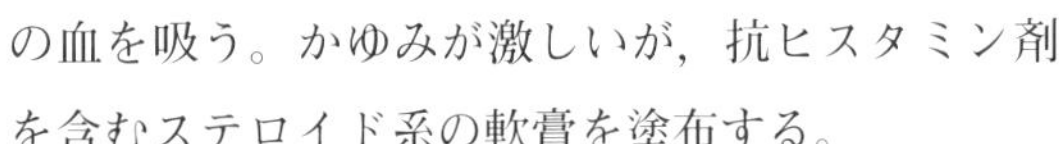

の血を吸う。かゆみが激しいが，抗ヒスタミン剤を含むステロイド系の軟膏を塗布する。

昆虫類　人間に対する加「害」の仕方からいくつかの型に分けた。

A型（攻撃的防御型）　スズメバチやアシナガバチ（**写真 19－5**），ミツバチなど社会性のハチは巣を守るため，過剰防衛する。巣に近づいたり捕まえたりしない。

B型（専守防御型）　自分の身に直接危険がふりかかったときにだけ“武力”を行使する。具体的には，①刺す，②皮膚炎を起こす液体，③におい等。

B①型　クマバチ（**写真 19－6**）やハナバチ，ベッコウバチなどは手で扱わない限りは刺さない。マツモムシなど水生のカメムシには手で触ると吸汁型の口で刺すものがいる。

ガの幼虫（ドクガ類は成虫も）のなかには毒針毛をもつものがわずかにいる（その他のあらゆる毛虫は無害）。イラガ類（**写真 19－7**）の毛に触れると猛烈な痛みがあるが，いずれ痛みは和らぐ。一方，ドクガ（**写真 19－8**）やカレハガなどの幼虫に触ったら，まず接触部分をこすらず水洗いする。処置を誤ると治るのが長びいたりアレルギー症状が出ることがある。

B②型　体がつぶれて出る体液によって皮膚炎を引き起こす。何気なくつぶした昆虫がこれらであるかを見極めてから適切な処置をする。アオカミ

写真19－9　アカアシアブとアブ属の一種

キリモドキとアオバアリガタハネカクシが代表。

B③型　触れると悪臭を出すオサムシやゴミムシ，カメムシなどのこと。普通は皮膚炎を起こすほどのものではなく，前2種なら石けんで洗い落とせばよい。カメムシのにおいはいずれ揮発して自然に消える。

C型(吸血加害型)③型　カやアブ(写真19－9)，ブユやマダニなど。産卵の栄養補給などのために吸血しなければならない。口で血を吸ったりなめたりしていて，身を守るために人を刺すことはない。一部のカなどで日本脳炎などの病原を媒介するが，直接の被害より，その後の痒さのために掻き崩すほうが日常的には問題である。

以上に挙げたムカデや有毒なクモ，ダニ，さまざまな有害昆虫から被害を受けた場合は，体質にもよるが，皮膚科あるいは内科での処置が望ましい。なおその際，どのような“むし”に，“いつ・どこで”刺咬されたかを，わかる限り医師に伝えることが重要である。

3　危険回避のための備えと留意点

ここまで園での危険そのものと，それへの保育者の対処について解説してきた。これらの危険に関する雑多な要素を把握する方法はないものであろうか。また，子どもにとって危険のすべてが園から排除されればよいのであろうか。

1）事故・災害を起こさないために

子どもを取り巻くさまざまな危険要素を保育者が把握しておくため，「環境点検表」の作成とそれに基づいた日々のチェックは必要不可欠である。この表の目的は事故・災害の未然の防止であるが，不幸にして起きたときの対処法も書き加えておく。

さらに，第7章で簡単に触れた自然環境の把握のための「自然地図」(p.41) と同様，園内外の「事故・災害地図」を，できれば子どもと一緒に作成したいものである。このことによって，子ども自身，危険についての主体的な認識が高まろう。

2）子どもの危険察知・回避能力を育むために

事故をきっかけに園庭から箱ブランコが撤去され，安全性がことさら重視されるようになってきたのは，現在の社会風潮からはやむを得ないことなのかも知れない。しかし，危険を冒しての遊び（冒険）がいかに子どもの成長・発達に重要であるかは論をまたない。さらに，自らが痛い思いをした経験からでなければ，子ども自身のなかに危険を察知し，それを回避する能力は育まれない。

保育者は子どもの安全への最大限の配慮はもとより，そのことを強く念頭に置き，子どもと環境のかかわりについての事例を積み重ね，広い見識と深い洞察力に基づいた指導と環境づくりが求められる。

【写真提供】　落合　進

巻末附録1　参考図書とおすすめホームページ

※「おすすめホームページ」に掲載するURL（ならびにQRコード）は，変更される可能性があります（最終閲覧：2023年9月4日）

第1章　幼児教育の基本

1）小田 豊・榎沢良彦 編『新しい時代の幼児教育』有斐閣，2002
2）無藤 隆・増田時枝・松井愛奈 編著『保育の実践・原理・内容』ミネルヴァ書房，2006

第2章　領域「環境」のねらい

1）無藤 隆『知的好奇心を育てる保育－学びの三つのモード論』フレーベル館，2001
2）柴崎正行・田中泰行 編『保育内容「環境」』ミネルヴァ書房，2001

第3章　発達と環境

1）無藤 隆・岩立京子 編著『乳幼児心理学』北大路書房，2003
2）無藤 隆・清水益治 編著『保育心理学－子どもを知る』北大路書房，2002

第4章　環境の構成

1）河邊貴子『遊びを中心とした保育－保育記録から読み解く「援助」と「展開」』萌文書林，2005
2）仙田 満『子どもとあそび－環境建築家の眼』岩波書店，1992

第5章　保育者の役割

1）小田豊・笠間浩幸・柏原栄子編著『保育者論』北大路書房，2009

第6章　指導計画の作成

1）文部科学省『幼稚園教育指導資料第1集　指導計画の作成と保育の展開』フレーベル館，1996（2013年7月改訂）
2）文部科学省「幼児の思いをつなぐ指導計画の作成と保育の展開」2021
3）柴崎正行・戸田雅美 編『教育課程・保育計画総論』ミネルヴァ書房，2003
4）森上史朗・阿部明子『幼児教育課程・保育計画総論』建帛社，2003

第7章　園内環境

1）幼児保育研究会 編『最新保育資料集2022』ミネルヴァ書房，2022
2）重田史絵「わが国の福祉サービス第三者評価制度の変遷から見る『利用者の選択に資する情報提供』に関する考察」東洋大学学術情報リポジトリ，13，pp.133-158，2018
3）全国社会福祉協議会ホームページ「第三者評価事業　評価基準について」

4）無藤 隆「園は子どもの宇宙である」，発達47，ミネルヴァ書房，1991
5）山田辰美 編『ビオトープ教育入門』農山漁村文化協会，2001

第8章　いのちを大切にする保育

1）中山周平『野や庭の昆虫』小学館，2001
2）高桑 進ほか「いのちの不思議を感じる生命環境教育の実践と評価」京都女子大学宗教・文化研究所研究紀要18，pp. 255-291，2005
3）高桑 進『京都北山　京女の森』ナカニシヤ出版，2002
4）NPO子ども劇場全国センター発行「るーぷる」最終号－特集－つながりあう「いのち」，2004
5）森山茂樹・中江和恵『日本子ども史』平凡社，2002
6）瀧井宏臣『こどもたちのライフハザード』岩

波書店，2004

第９章　幼児期の環境教育

1）文部科学省国際統括官付，日本ユネスコ国内委員会「持続可能な開発のための教育（ESD）推進の手引き」2016.3月（2021.5月改訂）
https://www.mext.go.jp/content/20210528-mxt_koktou01-100014715_1.pdf

2）公益財団法人日本ユニセフ協会（ユニセフ日本員会）SDGs CLUB「SDGsって何だろう？」
https://www.unicef.or.jp/kodomo/sdgs/about/

3）阿部 治「持続可能な開発のための教育（ESD）とは何か？」，「持続可能な開発のための教育の10年」推進会議編『「国連持続可能な開発のための教育の10年」への助走』pp.4-5，2004
4）井上初代・小林研介『幼稚園で進める環境教育』明治図書，1996
5）田尻由美子・無藤 隆「幼稚園・保育所における『自然に親しむ保育』を中心にした環境教育のあり方について」環境教育15（1），2005

第 10 章　植物にかかわる保育

1，２節

1）杉村 昇『名前といわれ　野の草花図鑑１～４』偕成社，1997
2）杉村昇『花の色別　道ばたの草花図鑑１・２』偕成社，2000
3）いがりまさし『野草のおぼえ方　上・下』小学館，1998
4）多田多恵子『したたかな植物たち　あの手この手のマル秘大作戦』エスシーシー，2002
5）鷲谷いづみ・埴 沙萠『タネはどこからきたか？』山と渓谷社，2002
6）高森登志夫・古矢一穂『たねのずかん』福音館書店，2003
7）松原巌樹『落ち葉でしらべよう　どんぐりのいろいろ』小峰書店，2003

3，4節

1）Jeannie Baker 『Belonging』 Walker Books, 2004
2）カレル・チャペック，小松太郎 訳『園芸家12カ月（新装版）』中公文庫，2020

●実践事例１，３，４，５，７

1）平成14年度目黒区教育委員会研究開発園研究集録「自然の中で自ら遊びを創り出す子どもの育成－森の幼稚園の実践から－」
2）JAグループ「バケツ稲づくりに役立つ資料」
https://life.ja-group.jp/education/bucket/document/

3）星川清親，新田洋司『新版 解剖図説 イネの生長』農山漁村文化協会，2023

●実践事例２

1）冨成忠夫・茂木 透・長 新太『ふゆめ がっしょうだん』福音館書店，2003
2）いわさゆうこ・大滝玲子『どんぐりノート』文化出版局，1995
3）いわさゆうこ『20本の木のノート』文化出版局，2004
4）中山康夫『野遊びいっぱい植物編』萌文社，2004

第１１章　動物にかかわる保育

1）岡田 要 監修『図解動物飼育の事典』東陽出版，1984
2）中山周平『野や庭の昆虫』小学館，2001
3）岡島秀治,平井博監修『原色ワイド図鑑 飼育１（陸生動物）』学習研究社，2002
4）堤俊夫監修『原色ワイド図鑑　飼育２（水生動物）』学習研究社，2002
5）槐 真史 編著／伊丹市昆虫館 監修『ポケット図鑑 日本の昆虫1400（1）チョウ・バッタ・セミ』文一総合出版，2013

6）槐 真史 編著／伊丹市昆虫館 監修『ポケット図鑑 日本の昆虫1400 (2) トンボ・コウチュウ・ハチ』文一総合出版，2013
7）門田裕一 監修／畑中喜秋他『小学館の図鑑NEO〔新版〕植物』小学館，2018
8）新村 毅 編『動物福祉学』昭和堂，2022
9）全国学校飼育動物獣医師連絡協議会（CAS）
https://www.vets.ne.jp/~school/pets/kyougikai.html

10）全国学校飼育動物研究会
http://www.schoolanimals.jp/

11）公益社団法人 日本動物福祉協会
https://www.jaws.or.jp/

●実践事例１～５

1）藤岡久美子「子どもの発達と動物との関わり―動物介在教育の展望」山形大学大学院教育実践研究科年報，4，pp.4-11，2013
2）三上ふみ子・一戸とも子「動物との触れ合いが幼児期後期の子どもに及ぼす心理的効果」日本看護研究会雑誌，36（3），pp.1-7，2017
3）高橋敏之・中谷恵子・久保由美子「小動物の飼育と幼児とのかかわり―自然に感動し命を大切にする心を育む保育」子ども社会研究，6，pp.97-107，2000
4）環境省ホームページ「動物の愛護と適切な管理 パンフレット・報告書等」
https://www.env.go.jp/nature/dobutsu/aigo/2_data/pamph.html

第12章 園外保育の実際

1）林 幸治・柳井直美「子供の身近な自然とのかかわりに関する実践的研究」近畿大学九州短期大学紀要第30号，2000
2）林 幸治・奥村千鶴「子供の身近な自然とのかかわりに関する実践的研究（その２）」近畿大学九州短期大学紀要，第33号，2003
3）井上初代・五十嵐市郎 編著『幼稚園の行事３ 遠足・園外保育』明治図書，2001
4）MFTホームページ「外で遊ぶことの大切さ」
https://mft.jp/condition_eco1.htm#gsc.tab=0

第13章 自然現象にかかわる保育

５節

1）NHK 子ども科学電話相談
NHKラジオ第一放送で放送されている番組のサイト。「どうして空は青いの？」「どうして海の水はしょっぱいの？」というような，子どもの素朴な疑問に専門家が答える。
https://www.nhk.jp/p/kodomoq/rs/P3X5LNZ17X/

●実践事例１～３

1）加藤幸子 文／沢田としき 絵『あめあがり』ちいさなかがくのとも10月号，福音館書店，2004
2）長谷川摂子 文／英 伸三 写真『かがくのとも傑作集 わくわく・にんげん「みず」』福音館書店，1987
3）加古里子 作／絵『かわ』福音館書店，1966
4）たなか よしゆき 文／のさか ゆうさく 絵『どろだんご』福音館書店，2002

●実践事例６

1）西久保礼造 編『園行事運営事典』ぎょうせい，1988
2）マーガレット・ワイズ・ブラウン 作／ガー

ズ・ウィリアムズ 絵／まつおかきょうこ 訳『まんげつのよるまでまちなさい』ペンギン社，1978
3）イブ・スパング・オルセン 作／絵，山内清子 訳『つきのぼうや』福音館書店，1975
4）エメット・ジョナサン 文／キャバン・ヴァネッサ 絵／おびかゆうこ 訳『ぼく，おつきさまがほしいんだ』徳間書店，2002
5）いわむらかずお『14ひきのおつきみ』童心社，1988

第14章　物にかかわる保育

1）上勝町役場 企画環境課「上勝町ゼロ・ウェイストポータルサイト」

2）平本督太郎『10歳からの図解でわかるSDGs「17の目標」と「自分にできること」がわかる本』メイツ出版，2021
3）米村でんじろうサイエンスプロダクション
http://www.denjiro.co.jp/

●実践事例１～５

1）平野恵理子『たたんで むすんで ぬのあそび』福音館書店，2008
2）森田知都子・森さつき『つつんで・むすんで』大日本図書，2003
3）たきがわたかし・たきがわきょうこ『ふしぎなハンカチ遊び100』鈴木出版，2004
4）杉山弘之・杉山輝行『杉山きょうだいのしゃぼんだまとあそぼう』福音館書店，1993
5）立花愛子『素材を生かす手作りおもちゃアイデア集』チャイルド本社，2002
6）立花愛子・佐々木 伸『あそべるアイディア工作 親子でつくる！』ナツメ社，2005
7）増田良子・福田節子 編著『くらしとあそび 自然の12ヶ月〈8〉11月』岩崎書店，1999
8）小学館ホームページ「保育と遊びのプラットフォーム［HoiClue］」
https://hoiclue.jp/

9）公益財団法人 ソニー教育財団「ソニー幼児教育支援プログラム 保育のヒント」
https://www.sony-ef.or.jp/preschool/index.html

10）e-CHANNELホームページ「ほいくis　外遊び・室内遊び一覧」
https://hoiku-is.jp/series/detail/27/

第15章　文化や伝統に親しむ保育

1）繁下和雄 編『あそびのテーマパーク』全国社会福祉協議会出版部，2002
2）カルチャーブックス編集部 編『365日「今日は何の日か？」事典』講談社，1991
3）田中宣一・宮田 登 編『三省堂 年中行事事典』三省堂，1999
4）萌文書林編集部 編『新訂版 子どもに伝えたい年中行事・記念日』萌文書林，2019
5）高橋 司・塩野マリ『年中行事なるほどBOOK』ひかりのくに，2005
6）公益財団法人 鉄道弘済会 保育所・認定こども園全国24カ所の保育施設，情報発信ネット
https://www.kousaikai.or.jp/sukoyaka/

7）公益社団法人 北海道森と緑の会
https://www.h-green.or.jp/

8）おりがみくらぶ
（株）シティプランが運営する無料情報サイト。おりがみの図はB5/A4サイズでプリントアウト可。英語版の頁も。
https://www.origami-club.com/

第16章　数量・図形にかかわる保育

1）片山雅男「保育内容・環境における数と量の取扱いの指導」夙川学院短期大学教育実践研究紀要，13，pp.21-32，2019
2）丸山良平・無藤 隆「幼児のインフォーマル算数について」発達心理学研究，8（2）pp.98－110，1997
3）中沢和子 『幼児の数と量の教育』 国土社，1981
4）榊原知美「5歳児の数量理解に対する保育者の援助：幼稚園での自然観察にもとづく検討」保育学研究，52，pp.19-30，2014
5）シーガル，M.／外山紀子 訳『子どもの知性と大人の誤解』 新曜社，2010
6）シーグラー,R.S.／無藤 隆 訳『子どもの思考』誠心書房，1992
7）吉田 甫『子どもは数をどのように理解しているのか』新曜社，1991

第17章　標識・文字にかかわる保育

1）蓮見絵里子 文・デザイン／蓮見智幸 写真『やじるし』福音館書店，月刊かがくのとも（11），2004
2）山岡小麦 イラスト／鈴木出版企画室 編『マークの図鑑』鈴木出版，1998
3）杉山 亮『子どものことを子どもにきく』新潮社，2000
4）公益財団法人 共用品推進機構「コミュニケーション支援用絵記号デザイン原則（JIS T0103）」
文字や話し言葉の使用が難しい人に向けて，コミュニケーションに使える絵記号をホームページ上で公開している。人，動作，食べ物，身の回りや町中のもの，自然物などについて絵記号が規格され，それぞれ「見るだけでわかる」よう工夫がなされている。
https://www.kyoyohin.org/ja/research/japan/jis_t0103.php

第18章　社会・地域施設にかかわる保育

1）遊び・劇表現活動研究所（アフタフ・バーバン）編『まちを遊ぶ　まち・イメージ・遊び心』晩成書房，1993

第19章　安全保育

1）日本自然保護協会 編・監修『フィールドガイドシリーズ2 野外における危険な生物』平凡社，1994
2）増田隆男『保育と子育て21 保育所・幼稚園で事故が起きたとき ：対応と安全管理』かもがわ出版，2004
3）山中龍宏 監／子育てグッズ研究会 編『イラスト版 子どもの事故防止―子どもを守る46の生活の知恵』合同出版，2001
4）今泉忠明他 監『学研の図鑑 LIVE（ライブ）危険生物 新版』学研プラス，2022
5）田中哲郎『新子どもの事故防止マニュアル改訂第4版』診断と治療社，2007
6）厚生労働省「保育所におけるアレルギー対応ガイドライン(2019 年改訂版)」2019
※2023年９月４日現在，こども家庭庁HP移行作業中のためURL未定
7）公益財団法人 日本学校保健会，文部科学省監修「学校のアレルギー疾患に対する取り組みガイドライン（令和元年度改訂）」2020

巻末附録２　幼稚園教育要領

（平成 29 年 3 月 31 日　文部科学省告示第 62 号）※抜　粋

第１章　総則

第１　幼稚園教育の基本

幼児期の教育は，生涯にわたる人格形成の基礎を培う重要なものであり，幼稚園教育は，学校教育法に規定する目的及び目標を達成するため，幼児期の特性を踏まえ，環境を通して行うものであることを基本とする。

このため教師は，幼児との信頼関係を十分に築き，幼児が身近な環境に主体的に関わり，環境との関わり方や意味に気付き，これらを取り込もうとして，試行錯誤したり，考えたりするようになる幼児期の教育における見方・考え方を生かし，幼児と共によりよい教育環境を創造するように努めるものとする。これらを踏まえ，次に示す事項を重視して教育を行わなければならない。

1　幼児は安定した情緒の下で自己を十分に発揮することにより発達に必要な体験を得ていくものであることを考慮して，幼児の主体的な活動を促し，幼児期にふさわしい生活が展開されるようにすること。

2　幼児の自発的な活動としての遊びは，心身の調和のとれた発達の基礎を培う重要な学習であることを考慮して，遊びを通しての指導を中心として第２章に示すねらいが総合的に達成されるようにすること。

3　幼児の発達は，心身の諸側面が相互に関連し合い，多様な経過をたどって成し遂げられていくものであること，また，幼児の生活経験がそれぞれ異なることなどを考慮して，幼児一人一人の特性に応じ，発達の課題に即した指導を行うようにすること。

その際，教師は，幼児の主体的な活動が確保されるよう幼児一人一人の行動の理解と予想に基づき，計画的に環境を構成しなければならない。この場合において，教師は，幼児と人やものとの関わりが重要であることを踏まえ，教材を工夫し，物的・空間的環境を構成しなければならない。また，幼児一人一人の活動の場面に応じて，様々な役割を果たし，その活動を豊かにしなければならない。

第２　幼稚園教育において育みたい資質・能力及び「幼児期の終わりまでに育ってほしい姿」

1　幼稚園においては，生きる力の基礎を育むため，この章の第１に示す幼稚園教育の基本を踏まえ，次に掲げる資質・能力を一体的に育むよう努めるものとする。

(1) 豊かな体験を通じて，感じたり，気付いたり，分かったり，できるようになったりする「知識及び技能の基礎」

(2) 気付いたことや，できるようになったことなどを使い，考えたり，試したり，工夫したり，表現したりする「思考力，判断力，表現力等の基礎」

(3) 心情，意欲，態度が育つ中で，よりよい生活を営もうとする「学びに向かう力，人間性等」

2　１に示す資質・能力は，第２章に示すねらい及び内容に基づく活動全体によって育むものである。

3　次に示す「幼児期の終わりまでに育ってほしい姿」は，第２章に示すねらい及び内容に基づく活動全体を通して資質・能力が育まれている幼児の幼稚園修了時の具体的な姿であり，教師が指導を行う際に考慮するものである。

(1) 健康な心と体

幼稚園生活の中で，充実感をもって自分のやりたいことに向かって心と体を十分に働かせ，見通しをもって行動し，自ら健康で安全な生活をつくり出すようになる。

⑵ 自立心

身近な環境に主体的に関わり様々な活動を楽しむ中で，しなければならないことを自覚し，自分の力で行うために考えたり，工夫したりしながら，諦めずにやり遂げることで達成感を味わい，自信をもって行動するようになる。

⑶ 協同性

友達と関わる中で，互いの思いや考えなどを共有し，共通の目的の実現に向けて，考えたり，工夫したり，協力したりし，充実感をもってやり遂げるようになる。

⑷ 道徳性・規範意識の芽生え

友達と様々な体験を重ねる中で，してよいことや悪いことが分かり，自分の行動を振り返ったり，友達の気持ちに共感したりし，相手の立場に立って行動するようになる。また，きまりを守る必要性が分かり，自分の気持ちを調整し，友達と折り合いを付けながら，きまりをつくったり，守ったりするようになる。

⑸ 社会生活との関わり

家族を大切にしようとする気持ちをもつとともに，地域の身近な人と触れ合う中で，人との様々な関わり方に気付き，相手の気持ちを考えて関わり，自分が役に立つ喜びを感じ，地域に親しみをもつようになる。また，幼稚園内外の様々な環境に関わる中で，遊びや生活に必要な情報を取り入れ，情報に基づき判断したり，情報を伝え合ったり，活用したりするなど，情報を役立てながら活動するようになるとともに，公共の施設を大切に利用するなどして，社会とのつながりなどを意識するようになる。

⑹ 思考力の芽生え

身近な事象に積極的に関わる中で，物の性質や仕組みなどを感じ取ったり，気付いたりし，考えたり，予想したり，工夫したりするなど，多様な関わりを楽しむようになる。また，友達の様々な考えに触れる中で，自分と異なる考えがあることに気付き，自ら判断したり，考え直したりするなど，新しい考えを生み出す喜びを味わいながら，自分の考えをよりよいものにするようになる。

⑺ 自然との関わり・生命尊重

自然に触れて感動する体験を通して，自然の変化などを感じ取り，好奇心や探究心をもって考え言葉などで表現しながら，身近な事象への関心が高まるとともに，自然への愛情や畏敬の念をもつようになる。また，身近な動植物に心を動かされる中で，生命の不思議さや尊さに気付き，身近な動植物への接し方を考え，命あるものとしていたわり，大切にする気持ちをもって関わるようになる。

⑻ 数量や図形，標識や文字などへの関心・感覚

遊びや生活の中で，数量や図形，標識や文字などに親しむ体験を重ねたり，標識や文字の役割に気付いたりし，自らの必要感に基づきこれらを活用し，興味や関心，感覚をもつようになる。

⑼ 言葉による伝え合い

先生や友達と心を通わせる中で，絵本や物語などに親しみながら，豊かな言葉や表現を身に付け，経験したことや考えたことなどを言葉で伝えたり，相手の話を注意して聞いたりし，言葉による伝え合いを楽しむようになる。

⑽ 豊かな感性と表現

心を動かす出来事などに触れ感性を働かせる中で，様々な素材の特徴や表現の仕方などに気付き，感じたことや考えたことを自分で表現したり，友達同士で表現する過程を楽しんだりし，表現する喜びを味わい，意欲をもつようになる。

第３　教育課程の役割と編成等

１　教育課程の役割

各幼稚園においては，教育基本法及び学校教育法その他の法令並びにこの幼稚園教育要領の示すところに従い，創意工夫を生かし，幼児の心身の発達と幼稚園及び地域の実態に即応した適切な教育課程を編成するものとする。

また，各幼稚園においては，６に示す全体的な計画にも留意しながら，「幼児期の終わりまでに育ってほしい姿」を踏まえ教育課程を編成すること，教育課程の実施状況を評価してその改善を図っていくこと，教育課程の実施に必要な人的又は物的な体制を確保するとともにその改善を図っていくことなどを通して，教育課程に基づき組織的かつ計画的に各幼稚園の教育活動の質の向上を図っていくこと（以下「カリキュラム・マネジメント」という。）に努めるものとする。

２　各幼稚園の教育目標と教育課程の編成

教育課程の編成に当たっては，幼稚園教育において育みたい資質・能力を踏まえつつ，各幼稚園の教育目標を明確にするとともに，教育課程の編成についての基本的な方針が家庭や地域とも共有されるよう努めるものとする。

３　教育課程の編成上の基本的事項

⑴ 幼稚園生活の全体を通して第２章に示すねらいが総合的に達成されるよう，教育課程に係る教育期間や幼児の生活経験や発達の過程などを考慮して具体的なねらいと内容を組織するものとする。この場合においては，特に，自我が芽生え，他者の存在を意識し，自己を抑制しようとする気持ちが生まれる幼児期の発達の特性を踏まえ，入園から修了に至るまでの長期的な視野をもって充実した生活が展開できるように配慮するものとする。

⑵ 幼稚園の毎学年の教育課程に係る教育週数は，特別の事情のある場合を除き，39週を下ってはならない。

⑶ 幼稚園の１日の教育課程に係る教育時間は，４時間を標準とする。ただし，幼児の心身の発達の程度や季節などに適切に配慮するものとする。

４　教育課程の編成上の留意事項

教育課程の編成に当たっては，次の事項に留意するものとする。

⑴ 幼児の生活は，入園当初の一人一人の遊びや教師との触れ合いを通して幼稚園生活に親しみ，安定していく時期から，他の幼児との関わりの中で幼児の主体的な活動が深まり，幼児が互いに必要な存在であることを認識するようになり，やがて幼児同士や学級全体で目的をもって協同して幼稚園生活を展開し，深めていく時期などに至るまでの過程を様々に経ながら広げられていくものであることを考慮し，活動がそれぞれの時期にふさわしく展開されるようにすること。

⑵ 入園当初，特に，３歳児の入園については，家庭との連携を緊密にし，生活のリズムや安全面に十分配慮すること。また，満３歳児については，学年の途中から入園することを考慮し，幼児が安心して幼稚園生活を過ごすことができるよう配慮すること。

⑶ 幼稚園生活が幼児にとって安全なものとなるよう，教職員による協力体制の下，幼児の主体的な活動を大切にしつつ，園庭や園舎などの環境の配慮や指導の工夫を行うこと。

５　小学校教育との接続に当たっての留意事項

⑴ 幼稚園においては，幼稚園教育が，小学校以降の生活や学習の基盤の育成につながることに配慮し，幼児期にふさわしい生活を通して，創造的な思考や主体的な生活態度などの基礎を培うようにするものとする。

⑵ 幼稚園教育において育まれた資質・能力を踏まえ，小学校教育が円滑に行われるよう，小学校の教師との意見交換や合同の研究の機会などを設け，「幼児期の終わりまでに育ってほしい姿」を共有するなど連携を図り，幼稚園教育と小学校教育との円滑な接続を図る

よう努めるものとする。

6　全体的な計画の作成

各幼稚園においては，教育課程を中心に，第３章に示す教育課程に係る教育時間の終了後等に行う教育活動の計画，学校保健計画，学校安全計画などとを関連させ，一体的に教育活動が展開されるよう全体的な計画を作成するものとする。

第４　指導計画の作成と幼児理解に基づいた評価

1　指導計画の考え方

幼稚園教育は，幼児が自ら意欲をもって環境と関わることによりつくり出される具体的な活動を通して，その目標の達成を図るものである。

幼稚園においてはこのことを踏まえ，幼児期にふさわしい生活が展開され，適切な指導が行われるよう，それぞれの幼稚園の教育課程に基づき，調和のとれた組織的，発展的な指導計画を作成し，幼児の活動に沿った柔軟な指導を行わなければならない。

2　指導計画の作成上の基本的事項

(1) 指導計画は，幼児の発達に即して一人一人の幼児が幼児期にふさわしい生活を展開し，必要な体験を得られるようにするために，具体的に作成するものとする。

(2) 指導計画の作成に当たっては，次に示すところにより，具体的なねらい及び内容を明確に設定し，適切な環境を構成することなどにより活動が選択・展開されるようにするものとする。

ア　具体的なねらい及び内容は，幼稚園生活における幼児の発達の過程を見通し，幼児の生活の連続性，季節の変化などを考慮して，幼児の興味や関心，発達の実情などに応じて設定すること。

イ　環境は，具体的なねらいを達成するために適切なものとなるように構成し，幼児が自らその環境に関わることにより様々な活動を展開しつつ必要な体験を得られるようにすること。その際，幼児の生活する姿や発想を大切にし，常にその環境が適切なものとなるようにすること。

ウ　幼児の行う具体的な活動は，生活の流れの中で様々に変化するものであることに留意し，幼児が望ましい方向に向かって自ら活動を展開していくことができるよう必要な援助をすること。

その際，幼児の実態及び幼児を取り巻く状況の変化などに即して指導の過程についての評価を適切に行い，常に指導計画の改善を図るものとする。

3　指導計画の作成上の留意事項

指導計画の作成に当たっては，次の事項に留意するものとする。

(1) 長期的に発達を見通した年，学期，月などにわたる長期の指導計画やこれとの関連を保ちながらより具体的な幼児の生活に即した週，日などの短期の指導計画を作成し，適切な指導が行われるようにすること。特に，週，日などの短期の指導計画については，幼児の生活のリズムに配慮し，幼児の意識や興味の連続性のある活動が相互に関連して幼稚園生活の自然な流れの中に組み込まれるようにすること。

(2) 幼児が様々な人やものとの関わりを通して，多様な体験をし，心身の調和のとれた発達を促すようにしていくこと。その際，幼児の発達に即して主体的・対話的で深い学びが実現するようにするとともに，心を動かされる体験が次の活動を生み出すことを考慮し，一つ一つの体験が相互に結び付き，幼稚園生活が充実するようにすること。

(3) 言語に関する能力の発達と思考力等の発達が関連していることを踏まえ，幼稚園生活全体を通して，幼児の発達を踏まえた言語環境を整え，言語活動の充実を図ること。

(4) 幼児が次の活動への期待や意欲をもつこ

とができるよう，幼児の実態を踏まえながら，教師や他の幼児と共に遊びや生活の中で見通しをもったり，振り返ったりするよう工夫すること。

(5) 行事の指導に当たっては，幼稚園生活の自然の流れの中で生活に変化や潤いを与え，幼児が主体的に楽しく活動できるようにすること。なお，それぞれの行事についてはその教育的価値を十分検討し，適切なものを精選し，幼児の負担にならないようにすること。

(6) 幼児期は直接的な体験が重要であることを踏まえ，視聴覚教材やコンピュータなど情報機器を活用する際には，幼稚園生活では得難い体験を補完するなど，幼児の体験との関連を考慮すること。

(7) 幼児の主体的な活動を促すためには，教師が多様な関わりをもつことが重要であることを踏まえ，教師は，理解者，共同作業者など様々な役割を果たし，幼児の発達に必要な豊かな体験が得られるよう，活動の場面に応じて，適切な指導を行うようにすること。

(8) 幼児の行う活動は，個人，グループ，学級全体などで多様に展開されるものであることを踏まえ，幼稚園全体の教師による協力体制を作りながら，一人一人の幼児が興味や欲求を十分に満足させるよう適切な援助を行うようにすること。

4　幼児理解に基づいた評価の実施

幼児一人一人の発達の理解に基づいた評価の実施に当たっては，次の事項に配慮するものとする。

(1) 指導の過程を振り返りながら幼児の理解を進め，幼児一人一人のよさや可能性などを把握し，指導の改善に生かすようにすること。その際，他の幼児との比較や一定の基準に対する達成度についての評定によって捉えるものではないことに留意すること。

(2) 評価の妥当性や信頼性が高められるよう創意工夫を行い，組織的かつ計画的な取組を推進するとともに，次年度又は小学校等にその内容が適切に引き継がれるようにすること。

第５～７（省略）

第２章　ねらい及び内容

この章に示すねらいは，幼稚園教育において育みたい資質・能力を幼児の生活する姿から捉えたものであり，内容は，ねらいを達成するために指導する事項である。各領域は，これらを幼児の発達の側面から，心身の健康に関する領域「健康」，人との関わりに関する領域「人間関係」，身近な環境との関わりに関する領域「環境」，言葉の獲得に関する領域「言葉」及び感性と表現に関する領域「表現」としてまとめ，示したものである。内容の取扱いは，幼児の発達を踏まえた指導を行うに当たって留意すべき事項である。

各領域に示すねらいは，幼稚園における生活の全体を通じ，幼児が様々な体験を積み重ねる中で相互に関連をもちながら次第に達成に向かうものであること，内容は，幼児が環境に関わって展開する具体的な活動を通して総合的に指導されるものであることに留意しなければならない。

また，「幼児期の終わりまでに育ってほしい姿」が，ねらい及び内容に基づく活動全体を通して資質・能力が育まれている幼児の幼稚園修了時の具体的な姿であることを踏まえ，指導を行う際に考慮するものとする。

なお，特に必要な場合には，各領域に示すねらいの趣旨に基づいて適切な，具体的な内容を工夫し，それを加えても差し支えないが，その場合には，それが第１章の第１に示す幼稚園教育の基本を逸脱しないよう慎重に配慮する必要がある。

健　康（省略）

人間関係（省略）

環　境

〔周囲の様々な環境に好奇心や探究心をもって関わり，

それらを生活に取り入れていこうとする力を養う。〕

1　ねらい

(1) 身近な環境に親しみ，自然と触れ合う中で様々な事象に興味や関心をもつ。

(2) 身近な環境に自分から関わり，発見を楽しんだり，考えたりし，それを生活に取り入れようとする。

(3) 身近な事象を見たり，考えたり，扱ったりする中で，物の性質や数量，文字などに対する感覚を豊かにする。

2　内容

(1) 自然に触れて生活し，その大きさ，美しさ，不思議さなどに気付く。

(2) 生活の中で，様々な物に触れ，その性質や仕組みに興味や関心をもつ。

(3) 季節により自然や人間の生活に変化のあることに気付く。

(4) 自然などの身近な事象に関心をもち，取り入れて遊ぶ。

(5) 身近な動植物に親しみをもって接し，生命の尊さに気付き，いたわったり，大切にしたりする。

(6) 日常生活の中で，我が国や地域社会における様々な文化や伝統に親しむ。

(7) 身近な物を大切にする。

(8) 身近な物や遊具に興味をもって関わり，自分なりに比べたり，関連付けたりしながら考えたり，試したりして工夫して遊ぶ。

(9) 日常生活の中で数量や図形などに関心をもつ。

(10) 日常生活の中で簡単な標識や文字などに関心をもつ。

(11) 生活に関係の深い情報や施設などに興味や関心をもつ。

(12) 幼稚園内外の行事において国旗に親しむ。

3　内容の取扱い

上記の取扱いに当たっては，次の事項に留意する必要がある。

(1) 幼児が，遊びの中で周囲の環境と関わり，次第に周囲の世界に好奇心を抱き，その意味や操作の仕方に関心をもち，物事の法則性に気付き，自分なりに考えることができるようになる過程を大切にすること。また，他の幼児の考えなどに触れて新しい考えを生み出す喜びや楽しさを味わい，自分の考えをよりよいものにしようとする気持ちが育つようにすること。

(2) 幼児期において自然のもつ意味は大きく，自然の大きさ，美しさ，不思議さなどに直接触れる体験を通して，幼児の心が安らぎ，豊かな感情，好奇心，思考力，表現力の基礎が培われることを踏まえ，幼児が自然との関わりを深めることができるよう工夫すること。

(3) 身近な事象や動植物に対する感動を伝え合い，共感し合うことなどを通して自分から関わろうとする意欲を育てるとともに，様々な関わり方を通してそれらに対する親しみや畏敬の念，生命を大切にする気持ち，公共心，探究心などが養われるようにすること。

(4) 文化や伝統に親しむ際には，正月や節句など我が国の伝統的な行事，国歌，唱歌，わらべうたや我が国の伝統的な遊びに親しんだり，異なる文化に触れる活動に親しんだりすることを通じて，社会とのつながりの意識や国際理解の意識の芽生えなどが養われるようにすること。

(5) 数量や文字などに関しては，日常生活の中で幼児自身の必要感に基づく体験を大切にし，数量や文字などに関する興味や関心，感覚が養われるようにすること。

言　葉（省略）

表　現（省略）

第３章　教育課程に係る教育時間の終了後等に行う教育活動などの留意事項（以下省略）

保育所保育指針

（平成 29 年 3 月 31 日　厚生労働省告示第 117 号）※抜　粋

第１章　総則

この指針は，児童福祉施設の設備及び運営に関する基準（昭和 23 年厚生省令第 63 号。以下「設備運営基準」という。）第 35 条の規定に基づき，保育所における保育の内容に関する事項及びこれに関連する運営に関する事項を定めるものである。各保育所は，この指針において規定される保育の内容に係る基本原則に関する事項等を踏まえ，各保育所の実情に応じて創意工夫を図り，保育所の機能及び質の向上に努めなければならない。

１　保育所保育に関する基本原則

(1) 保育所の役割

ア　保育所は，児童福祉法（昭和 22 年法律第 164 号）第 39 条の規定に基づき，保育を必要とする子どもの保育を行い，その健全な心身の発達を図ることを目的とする児童福祉施設であり，入所する子どもの最善の利益を考慮し，その福祉を積極的に増進することに最もふさわしい生活の場でなければならない。

イ　保育所は，その目的を達成するために，保育に関する専門性を有する職員が，家庭との緊密な連携の下に，子どもの状況や発達過程を踏まえ，保育所における環境を通して，養護及び教育を一体的に行うことを特性としている。

ウ　保育所は，入所する子どもを保育するとともに，家庭や地域の様々な社会資源との連携を図りながら，入所する子どもの保護者に対する支援及び地域の子育て家庭に対する支援等を行う役割を担うものである。

エ　保育所における保育士は，児童福祉法第 18 条の４の規定を踏まえ，保育所の役割及び機能が適切に発揮されるように，倫理観に裏付けられた専門的知識，技術及び判断をもって，子どもを保育するとともに，子どもの保護者に対する保育に関する指導を行うものであり，その職責を遂行するための専門性の向上に絶えず努めなければならない。

(2) 保育の目標

ア　保育所は，子どもが生涯にわたる人間形成にとって極めて重要な時期に，その生活時間の大半を過ごす場である。このため，保育所の保育は，子どもが現在を最も良く生き，望ましい未来をつくり出す力の基礎を培うために，次の目標を目指して行わなければならない。

(ア) 十分に養護の行き届いた環境の下に，くつろいだ雰囲気の中で子どもの様々な欲求を満たし，生命の保持及び情緒の安定を図ること。

(イ) 健康，安全など生活に必要な基本的な習慣や態度を養い，心身の健康の基礎を培うこと。

(ウ) 人との関わりの中で，人に対する愛情と信頼感，そして人権を大切にする心を育てるとともに，自主，自立及び協調の態度を養い，道徳性の芽生えを培うこと。

(エ) 生命，自然及び社会の事象についての興味や関心を育て，それらに対する豊かな心情や思考力の芽生えを培うこと。

(オ) 生活の中で，言葉への興味や関心を育て，話したり，聞いたり，相手の話を理解しようとするなど，言葉の豊かさを養うこと。

(カ) 様々な体験を通して，豊かな感性や表現力を育み，創造性の芽生えを培うこと。

イ　保育所は，入所する子どもの保護者に対し，その意向を受け止め，子どもと保護者の安定した関係に配慮し，保育所の特性や保育士等の専門性を生かして，その援助に当たらなければならない。

(3) 保育の方法

保育の目標を達成するために，保育士等は，次の事項に留意して保育しなければならない。

ア 一人一人の子どもの状況や家庭及び地域社会での生活の実態を把握するとともに，子どもが安心感と信頼感をもって活動できるよう，子どもの主体としての思いや願いを受け止めること。

イ 子どもの生活のリズムを大切にし，健康，安全で情緒の安定した生活ができる環境や，自己を十分に発揮できる環境を整えること。

ウ 子どもの発達について理解し，一人一人の発達過程に応じて保育すること。その際，子どもの個人差に十分配慮すること。

エ 子ども相互の関係づくりや互いに尊重する心を大切にし，集団における活動を効果あるものにするよう援助すること。

オ 子どもが自発的・意欲的に関われるような環境を構成し，子どもの主体的な活動や子ども相互の関わりを大切にすること。特に，乳幼児期にふさわしい体験が得られるように，生活や遊びを通して総合的に保育すること。

カ 一人一人の保護者の状況やその意向を理解，受容し，それぞれの親子関係や家庭生活等に配慮しながら，様々な機会をとらえ，適切に援助すること。

(4) 保育の環境

保育の環境には，保育士等や子どもなどの人的環境，施設や遊具などの物的環境，更には自然や社会の事象などがある。保育所は，こうした人，物，場などの環境が相互に関連し合い，子どもの生活が豊かなものとなるよう，次の事項に留意しつつ，計画的に環境を構成し，工夫して保育しなければならない。

ア 子ども自らが環境に関わり，自発的に活動し，様々な経験を積んでいくことができるよう配慮すること。

イ 子どもの活動が豊かに展開されるよう，保育所の設備や環境を整え，保育所の保健的環境や安全の確保などに努めること。

ウ 保育室は，温かな親しみとくつろぎの場となるとともに，生き生きと活動できる場となるように配慮すること。

エ 子どもが人と関わる力を育てていくため，子ども自らが周囲の子どもや大人と関わっていくことができる環境を整えること。

(5) 保育所の社会的責任

ア 保育所は，子どもの人権に十分配慮するとともに，子ども一人一人の人格を尊重して保育を行わなければならない。

イ 保育所は，地域社会との交流や連携を図り，保護者や地域社会に，当該保育所が行う保育の内容を適切に説明するよう努めなければならない。

ウ 保育所は，入所する子ども等の個人情報を適切に取り扱うとともに，保護者の苦情などに対し，その解決を図るよう努めなければならない。

2 養護に関する基本的事項（省略）

3 保育の計画及び評価（省略）

4 幼児教育を行う施設として共有すべき事項

(1) 育みたい資質・能力

ア 保育所においては，生涯にわたる生きる力の基礎を培うため，1の(2)に示す保育の目標を踏まえ，次に掲げる資質・能力を一体的に育むよう努めるものとする。

(ア) 豊かな体験を通じて，感じたり，気付いたり，分かったり，できるようになったりする「知識及び技能の基礎」

(イ) 気付いたことや，できるようになったことなどを使い，考えたり，試したり，工夫したり，表現したりする「思考力，判断力，表現力等の基礎」

（ウ）心情，意欲，態度が育つ中で，よりよい生活を営もうとする「学びに向かう力，人間性等」

イ　アに示す資質・能力は，第２章に示すねらい及び内容に基づく保育活動全体によって育むものである。

(2) 幼児期の終わりまでに育ってほしい姿

次に示す「幼児期の終わりまでに育ってほしい姿」は，第２章に示すねらい及び内容に基づく保育活動全体を通して資質・能力が育まれている子どもの小学校就学時の具体的な姿であり，保育士等が指導を行う際に考慮するものである。

ア　健康な心と体

保育所の生活の中で，充実感をもって自分のやりたいことに向かって心と体を十分に働かせ，見通しをもって行動し，自ら健康で安全な生活をつくり出すようになる。

イ　自立心

身近な環境に主体的に関わり様々な活動を楽しむ中で，しなければならないことを自覚し，自分の力で行うために考えたり，工夫したりしながら，諦めずにやり遂げることで達成感を味わい，自信をもって行動するようになる。

ウ　協同性

友達と関わる中で，互いの思いや考えなどを共有し，共通の目的の実現に向けて，考えたり，工夫したり，協力したりし，充実感をもってやり遂げるようになる。

エ　道徳性・規範意識の芽生え

友達と様々な体験を重ねる中で，してよいことや悪いことが分かり，自分の行動を振り返ったり，友達の気持ちに共感したりし，相手の立場に立って行動するようになる。また，きまりを守る必要性が分かり，自分の気持ちを調整し，友達と折り合いを付けながら，きまりをつくったり，守ったりするようになる。

オ　社会生活との関わり

家族を大切にしようとする気持ちをもつとともに，地域の身近な人と触れ合う中で，人との様々な関わり方に気付き，相手の気持ちを考えて関わり，自分が役に立つ喜びを感じ，地域に親しみをもつようになる。また，保育所内外の様々な環境に関わる中で，遊びや生活に必要な情報を取り入れ，情報に基づき判断したり，情報を伝え合ったり，活用したりするなど，情報を役立てながら活動するようになるとともに，公共の施設を大切に利用するなどして，社会とのつながりなどを意識するようになる。

カ　思考力の芽生え

身近な事象に積極的に関わる中で，物の性質や仕組みなどを感じ取ったり，気付いたりし，考えたり，予想したり，工夫したりするなど，多様な関わりを楽しむようになる。また，友達の様々な考えに触れる中で，自分と異なる考えがあることに気付き，自ら判断したり，考え直したりするなど，新しい考えを生み出す喜びを味わいながら，自分の考えをよりよいものにするようになる。

キ　自然との関わり・生命尊重

自然に触れて感動する体験を通して，自然の変化などを感じ取り，好奇心や探究心をもって考え言葉などで表現しながら，身近な事象への関心が高まるとともに，自然への愛情や畏敬の念をもつようになる。また，身近な動植物に心を動かされる中で，生命の不思議さや尊さに気付き，身近な動植物への接し方を考え，命あるものとしていたわり，大切にする気持ちをもって関わるようになる。

ク　数量や図形，標識や文字などへの関心・感覚

遊びや生活の中で，数量や図形，標識や文字などに親しむ体験を重ねたり，標識や文字の役割に気付いたりし，自らの必要感に基づきこれらを活用し，興味や関心，感覚をもつようになる。

ケ　言葉による伝え合い（省略）

コ　豊かな感性と表現

心を動かす出来事などに触れ感性を働かせる中で，様々な素材の特徴や表現の仕方などに気付き，感じたことや考えたことを自分で表現したり，友達同士で表現する過程を楽しんだりし，表現する喜びを味わい，意欲をもつようになる。

第２章　保育の内容

この章に示す「ねらい」は，第１章の１の(2)に示された保育の目標をより具体化したものであり，子どもが保育所において，安定した生活を送り，充実した活動ができるように，保育を通じて育みたい資質・能力を，子どもの生活する姿から捉えたものである。また，「内容」は，「ねらい」を達成するために，子どもの生活やその状況に応じて保育士等が適切に行う事項と，保育士等が援助して子どもが環境に関わって経験する事項を示したものである。

保育における「養護」とは，子どもの生命の保持及び情緒の安定を図るために保育士等が行う援助や関わりであり，「教育」とは，子どもが健やかに成長し，その活動がより豊かに展開されるための発達の援助である。本章では，保育士等が，「ねらい」及び「内容」を具体的に把握するため，主に教育に関わる側面からの視点を示しているが，実際の保育においては，養護と教育が一体となって展開されることに留意する必要がある。

１　乳児保育に関わるねらい及び内容（省略）

２　１歳以上３歳未満児の保育に関わるねらい及び内容

(1)　基本的事項

ア　この時期においては，歩き始めから，歩く，走る，跳ぶなどへと，基本的な運動機能が次第に発達し，排泄（せつ）の自立のための身体的機能も整うようになる。つまむ，めくるなどの指先の機能も発達し，食事，衣類の着脱なども，保育士等の援助の下で自分で行うようになる。発声も明瞭になり，語彙も増加し，自分の意思や欲求を言葉で表出できるようになる。このように自分でできることが増えてくる時期であることから，保育士等は，子どもの生活の安定を図りながら，自分でしようとする気持ちを尊重し，温かく見守るとともに，愛情豊かに，応答的に関わることが必要である。

イ　本項においては，この時期の発達の特徴を踏まえ，保育の「ねらい」及び「内容」について，心身の健康に関する領域「健康」，人との関わりに関する領域「人間関係」，身近な環境との関わりに関する領域「環境」，言葉の獲得に関する領域「言葉」及び感性と表現に関する領域「表現」としてまとめ，示している。

ウ　本項の各領域において示す保育の内容は，第１章の２に示された養護における「生命の保持」及び「情緒の安定」に関わる保育の内容と，一体となって展開されるものであることに留意が必要である。

(2)　ねらい及び内容

ア　健　康（省略）

イ　人間関係（省略）

ウ　環　境

周囲の様々な環境に好奇心や探究心をもって関わり，それらを生活に取り入れていこうとする力を養う。

（ア）ねらい

①　身近な環境に親しみ，触れ合う中で，様々なものに興味や関心をもつ。

②　様々なものに関わる中で，発見を楽しんだり，考えたりしようとする。

③　見る，聞く，触るなどの経験を通して，感覚の働きを豊かにする。

（イ）内容

①　安全で活動しやすい環境での探索活動等を通して，見る，聞く，触れる，嗅ぐ，味わうなどの感覚の働きを豊かにする。

② 玩具，絵本，遊具などに興味をもち，それらを使った遊びを楽しむ。
③ 身の回りの物に触れる中で，形，色，大きさ，量などの物の性質や仕組みに気付く。
④ 自分の物と人の物の区別や，場所的感覚など，環境を捉える感覚が育つ。
⑤ 身近な生き物に気付き，親しみをもつ。
⑥ 近隣の生活や季節の行事などに興味や関心をもつ。

（ウ）内容の取扱い

上記の取扱いに当たっては，次の事項に留意する必要がある。

① 玩具などは，音質，形，色，大きさなど子どもの発達状態に応じて適切なものを選び，遊びを通して感覚の発達が促されるように工夫すること。
② 身近な生き物との関わりについては，子どもが命を感じ，生命の尊さに気付く経験へとつながるものであることから，そうした気付きを促すような関わりとなるようにすること。
③ 地域の生活や季節の行事などに触れる際には，社会とのつながりや地域社会の文化への気付きにつながるものとなることが望ましいこと。その際，保育所内外の行事や地域の人々との触れ合いなどを通して行うこと等も考慮すること。

エ　言　葉（省略）

オ　表　現（省略）

(3) 保育の実施に関わる配慮事項

ア　特に感染症にかかりやすい時期であるので，体の状態，機嫌，食欲などの日常の状態の観察を十分に行うとともに，適切な判断に基づく保健的な対応を心がけること。

イ　探索活動が十分できるように，事故防止に努めながら活動しやすい環境を整え，全身を使う遊びなど様々な遊びを取り入れること。

ウ　自我が形成され，子どもが自分の感情や気持ちに気付くようになる重要な時期であることに鑑み，情緒の安定を図りながら，子どもの自発的な活動を尊重するとともに促していくこと。

エ　担当の保育士が替わる場合には，子どものそれまでの経験や発達過程に留意し，職員間で協力して対応すること。

3　3歳以上児の保育に関するねらい及び内容

(1) 基本的事項

ア　この時期においては，運動機能の発達により，基本的な動作が一通りできるようになるとともに，基本的な生活習慣もほぼ自立できるようになる。理解する語彙数が急激に増加し，知的興味や関心も高まってくる。仲間と遊び，仲間の中の一人という自覚が生じ，集団的な遊びや協同的な活動も見られるようになる。これらの発達の特徴を踏まえて，この時期の保育においては，個の成長と集団としての活動の充実が図られるようにしなければならない。

イ　本項においては，この時期の発達の特徴を踏まえ，保育の「ねらい」及び「内容」について，心身の健康に関する領域「健康」，人との関わりに関する領域「人間関係」，身近な環境との関わりに関する領域「環境」，言葉の獲得に関する領域「言葉」及び感性と表現に関する領域「表現」としてまとめ，示している。

ウ　本項の各領域において示す保育の内容は，第１章の２に示された養護における「生命の保持」及び「情緒の安定」に関わる保育の内容と，一体となって展開されるものであることに留意が必要である。

(2) ねらい及び内容

ア　健　康（省略）

イ　人間関係（省略）

ウ　環　境

周囲の様々な環境に好奇心や探究心をもって関わり，それらを生活に取り入れていこうとする力を養う。

（ア）ねらい

① 身近な環境に親しみ，自然と触れ合う中で様々な事象に興味や関心をもつ。

② 身近な環境に自分から関わり，発見を楽しんだり，考えたりし，それを生活に取り入れようとする。

③ 身近な事象を見たり，考えたり，扱ったりする中で，物の性質や数量，文字などに対する感覚を豊かにする。

（イ）内容

① 自然に触れて生活し，その大きさ，美しさ，不思議さなどに気付く。

② 生活の中で，様々な物に触れ，その性質や仕組みに興味や関心をもつ。

③ 季節により自然や人間の生活に変化のあることに気付く。

④ 自然などの身近な事象に関心をもち，取り入れて遊ぶ。

⑤ 身近な動植物に親しみをもって接し，生命の尊さに気付き，いたわったり，大切にしたりする。

⑥ 日常生活の中で，我が国や地域社会における様々な文化や伝統に親しむ。

⑦ 身近な物を大切にする。

⑧ 身近な物や遊具に興味をもって関わり，自分なりに比べたり，関連付けたりしながら考えたり，試したりして工夫して遊ぶ。

⑨ 日常生活の中で数量や図形などに関心をもつ。

⑩ 日常生活の中で簡単な標識や文字などに関心をもつ。

⑪ 生活に関係の深い情報や施設などに興味や関心をもつ。

⑫ 保育所内外の行事において国旗に親しむ。

（ウ）内容の取扱い

上記の取扱いに当たっては，次の事項に留意する必要がある。

① 子どもが，遊びの中で周囲の環境と関わり，次第に周囲の世界に好奇心を抱き，その意味や操作の仕方に関心をもち，物事の法則性に気付き，自分なりに考えることができるようになる過程を大切にすること。また，他の子どもの考えなどに触れて新しい考えを生み出す喜びや楽しさを味わい，自分の考えをよりよいものにしようとする気持ちが育つようにすること。

② 幼児期において自然のもつ意味は大きく，自然の大きさ，美しさ，不思議さなどに直接触れる体験を通して，子どもの心が安らぎ，豊かな感情，好奇心，思考力，表現力の基礎が培われることを踏まえ，子どもが自然との関わりを深めることができるよう工夫すること。

③ 身近な事象や動植物に対する感動を伝え合い，共感し合うことなどを通して自分から関わろうとする意欲を育てるとともに，様々な関わり方を通してそれらに対する親しみや畏敬の念，生命を大切にする気持ち，公共心，探究心などが養われるようにすること。

④ 文化や伝統に親しむ際には，正月や節句など我が国の伝統的な行事，国歌，唱歌，わらべうたや我が国の伝統的な遊びに親しんだり，異なる文化に触れる活動に親しんだりすることを通じて，社会とのつながりの意識や国際理解の意識の芽生えなどが養われるようにすること。

⑤ 数量や文字などに関しては，日常生活の中で子ども自身の必要感に基づく体験を大切にし，数量や文字などに関する興味や関心，感覚が養われるようにすること。

エ　言　葉（省略）

オ　表　現（省略）

(3) 保育の実施に関わる配慮事項

ア　第１章の４の(2)に示す「幼児期の終わりまでに育ってほしい姿」が，ねらい及び内容に基づく活動全体を通して資質・能力が育まれている子どもの小学校就学時の具体的な姿であることを踏まえ，指導を行う際には適宜考慮すること。

イ　子どもの発達や成長の援助をねらいとした活動の時間については，意識的に保育の計画等において位置付けて，実施することが重要であること。なお，そのような活動の時間については，保護者の就労状況等に応じて子どもが保育所で過ごす時間がそれぞれ異なることに留意して設定すること。

ウ　特に必要な場合には，各領域に示すねらいの趣旨に基づいて，具体的な内容を工夫し，それを加えても差し支えないが，その場合には，それが第１章の１に示す保育所保育に関する基本原則を逸脱しないよう慎重に配慮する必要があること。

４　保育の実施に関して留意すべき事項（省略）

第３章　健康及び安全

保育所保育において，子どもの健康及び安全の確保は，子どもの生命の保持と健やかな生活の基本であり，一人一人の子どもの健康の保持及び増進並びに安全の確保とともに，保育所全体における健康及び安全の確保に努めることが重要となる。

また，子どもが，自らの体や健康に関心をもち，心身の機能を高めていくことが大切である。

このため，第１章及び第２章等の関連する事項に留意し，次に示す事項を踏まえ，保育を行うこととする。

１　子どもの健康支援（省略）

２　食育の推進（省略）

３　環境及び衛生管理並びに安全管理

(1) 環境及び衛生管理

ア　施設の温度，湿度，換気，採光，音などの環境を常に適切な状態に保持するとともに，施設内外の設備及び用具等の衛生管理に努めること。

イ　施設内外の適切な環境の維持に努めるとともに，子ども及び全職員が清潔を保つようにすること。また，職員は衛生知識の向上に努めること。

(2) 事故防止及び安全対策

ア　保育中の事故防止のために，子どもの心身の状態等を踏まえつつ，施設内外の安全点検に努め，安全対策のために全職員の共通理解や体制づくりを図るとともに，家庭や地域の関係機関の協力の下に安全指導を行うこと。

イ　事故防止の取組を行う際には，特に，睡眠中，プール活動・水遊び中，食事中等の場面では重大事故が発生しやすいことを踏まえ，子どもの主体的な活動を大切にしつつ，施設内外の環境の配慮や指導の工夫を行うなど，必要な対策を講じること。

ウ　保育中の事故の発生に備え，施設内外の危険箇所の点検や訓練を実施するとともに，外部からの不審者等の侵入防止のための措置や訓練など不測の事態に備えて必要な対応を行うこと。また，子どもの精神保健面における対応に留意すること。

４　災害への備え（省略）

第４章　子育て支援（省略）

第５章　職員の資質向上（以下省略）

さくいん

保育内容　子どもと環境
―基本と実践事例―

2006年3月31日　第一版第1刷発行
2010年4月1日　第二版第1刷発行
2011年4月1日　第二版第2刷発行
2023年10月12日　第三版第1刷発行

編著者　田尻由美子　無藤　隆
著　者　滝澤真毅・落合　進
高桑　進・藤井　修
宮里暁美・丸山良平
林　幸治・佐々木淑子
富田健弘・山口雪子
発行者　宇野文博
発行所　株式会社　同文書院
〒112-0002
東京都文京区小石川5-24-3
TEL (03)3812-7777
FAX (03)3812-7792
振替　00100-4-1316
DTP　稲垣園子
印刷・製本　中央精版印刷株式会社

Printed in Japan　ISBN978-4-8103-1524-0